科学出版社“十三五”普通高等教育本科规划教材

科学技术概论

尹显明　王银玲　主编

科学出版社
北京

内 容 简 介

本书以近代科技发展的历史过程和发展规律，现代自然科学的基本内容和方法，当代高科技领域的发展状况，以及科学技术发展与社会、经济和人类自身发展的相互影响为教学内容，使读者获得科学技术基本知识与科学思想，了解各学科的最新成果与发展趋势，增强科技意识，引导其关注科技进步与社会发展，使其具备科学思想、科学精神和科学态度，进而提高读者的科学素养和科研创新能力，增强其进行科学活动的自觉性。

本书着眼于现代科技进步，弘扬科学精神，可作为普通高等教育通识教材，可供高等院校文体类专业学生参考，也可供其他专业和社会读者阅读。

图书在版编目(CIP)数据

科学技术概论 / 尹显明，王银玲主编. —北京：科学出版社，2018.8
（科学出版社“十三五”普通高等教育本科规划教材）
ISBN 978-7-03-058230-0

Ⅰ. ①科… Ⅱ. ①尹… ②王… Ⅲ. ①科学技术-概论-教材 Ⅳ. ①N43

中国版本图书馆 CIP 数据核字(2018)第 152123 号

责任编辑：邓　静　张丽花 / 责任校对：郭瑞芝
责任印制：霍　兵 / 封面设计：迷底书装

科学出版社出版
北京东黄城根北街 16 号
邮政编码：100717
http://www.sciencep.com
石家庄继文印刷有限公司 印刷
科学出版社发行　各地新华书店经销
*
2018 年 8 月第　一　版　开本：787×1092　1/16
2023 年 8 月第七次印刷　印张：13
字数：308 000

定价：49.00 元
（如有印装质量问题，我社负责调换）

前　言

本书为非工科本科生拓展知识面、提升科学素养和科研创新能力而编写。全书内容涉及近代科学技术发展的重大历史事件和发展规律，现代自然科学和科学方法的基本内容，当代高科技领域的发展状况和社会应用，以及科学技术发展与社会、经济和人类自身发展的相互影响等。编写过程中考虑到学生的知识背景不同和文理科差别，全书尽量简化一些理论性过强和太过深奥的科学知识与学科门类的讲解，适当增加了一些学生感兴趣、贴近生活、趣味性和互动性较高的内容，注重对科学前沿和高精尖技术的介绍与讲解。

本书共四篇，共十二章内容。第一篇：科学技术导言，介绍科学、技术和科学技术的相关概念及关系。第二篇：近代科学技术，内容包括近代科学技术的产生和全面发展。第三篇：现代科学技术，内容包括现代生物技术、新材料技术、信息技术、海洋技术、空间科学与空间技术、激光技术、新能源技术、现代交通技术等。第四篇：科学技术与社会，阐明科学技术和社会经济、政治、文明发展的密切关系。

本书由尹显明、王银玲担任主编，陈吉明、李涛、张立红参加编写。其中第一章、第六章、第十一章、第十二章由王银玲编写；第二章、第三章、第十章由陈吉明编写；第五章、第七章由李涛编写；第四章、第八章、第九章由张立红编写。

本书涉及领域广泛，在编写过程中参阅和引用了大量资料，有的来自正式出版的书籍，也有部分来自网络，由于篇幅所限未能一一详细注明出处，在此一并表示感谢！

限于编者水平，书中不当之处在所难免，敬请读者和各行专家批评指正，以便能进一步修改完善。

编　者

2018年4月

目　　录

第一篇　科学技术导言

第二篇　近代科学技术

第三篇 现代科学技术

第四篇 科学技术与社会

第一篇　科学技术导言

科学技术是第一生产力。放眼古今中外，人类社会的每一项进步，都伴随着科学技术的发展，尤其是现代科技的突飞猛进，为社会生产力发展和人类的文明开辟了更为广阔的空间，有力地推动了经济和社会的发展。因此，准确把握科学与技术的本质、区别和联系意义重大。

第一章　绪　　论

科学与技术是两个不同的概念，随着科学技术的发展，科学与技术的内涵不断充实，同时越来越显现出二者既相互依存、相互作用，又相互渗透、相互转化的密切联系。科学技术是第一生产力，它给人类提供知识、方法和手段，并改变着人们的生产方式、生活方式和思维方式。

第一节　科　　学

一、科学的概念

“科学”一词，英文为“science”，源于拉丁文的“scio”，后来演变为“scientia”，其本意是学问、知识。日本著名科学启蒙大师福泽谕吉将“science”译成“科学”，并在日本广泛使用。到 1893 年，康有为引进并使用“科学”二字，此后“科学”二字在中国广泛运用。科学概念有广义和狭义之分，广义概念是指自然科学、社会科学、人文科学和思维科学，包括科学事实、概念、定律、理论等科学知识构成的解释层面，器物技术表现的外化层面，科学知识独立认识价值的社会认同和体制依托表现的社会建制层面，以及科学精神、科学思想和科学方法代表的精神层面。狭义概念仅指自然科学，不包括技术。

在英语中，“科学”主要是指自然科学。在汉语中，“科学”既包含自然科学，也包含社会科学。

“科学”一词的使用频率在 20 世纪急剧增加，迄今为止，关于科学的解释有若干种，每一种解释都反映出科学在某一方面的本质特征。但总体来讲，科学包含以下三个层面的基本含义。

首先，科学是一种特殊形式的社会活动，即知识生产活动，是一种创造性智力活动。

其次，科学是一种知识体系。我国的《辞海》给科学下的定义是关于自然界、社会和思维的知识体系。这是科学概念的最基本内涵。科学知识体系是一个动态系统，随着实践的发展而不断变化。

最后，科学是社会发展的实践力。科学不仅是知识生产活动和知识体系，而且是社会发展的实践力量，科学作为实践力量，通过被人们掌握、利用而发展着，起到改造客观世界的作用，所以说，“知识就是力量”。

但从本质上看，科学是反映客观事物属性及运动规律的知识体系，回答“为什么(why)”的问题，就像解释电灯为什么会亮一样。

二、科学的特征和属性

从不同角度来看科学，人们可以发现，科学具有以下特征和属性。

(1)科学知识的客观真理性。自然科学的研究对象是自然界各种物质课题的结构和运动形式。科学的任务是揭示物质运动的客观规律，达到真理性的认识。科学必须从事实出发，按世界的本来面目反映世界，科学的假设是需要的，但不允许无谓的臆造和无根据的假设。科学要用现象的自然原因来解释现象，完全撇开超自然的任何影响。

(2)科学内容的无阶级性。科学虽然是社会意识的一种，但它是社会意识中非意识形态的部分，不属于上层建筑，它属于生产力的范畴，科学的内容与社会经济基础的要求没有关系，所以科学本身没有阶级性。

(3)科学劳动的探索性。既然科学是对自然界运动规律的反映，而自然界又处于永不休止的变化中，所以科学活动总是处于积极探索的过程中。人类总会有所发现、有所发明、有所创造、有所前进，而不会穷尽“终极真理”。

(4)科学认识形式的抽象性。科学虽然以自然界为研究对象，但它并不停留在对自然界的直观描述阶段。它要透过纷繁复杂的表面现象揭示其内在的本质，进而发现规律。为此，就要经过去粗取精、去伪存真、由此及彼、由表及里的抽象过程，并以概念、范畴、原理等形式确定下来。只有借助于思维的抽象力，才能把握事物的本质及其运动规律。

(5)科学理论的解释性和预见性。科学来源于实践，它还要回到实践中去，它要对人们在生产实践和科学实验中所提出的各种问题作出解释。科学理论的目标就是提供系统的、严密的、有根据的解释。科学的预见性是指根据对自然现象的本质联系的深刻认识，科学理论能够对自然事物的发展趋势或者尚未发现的事物作出推断和判断。自然界的一切事物都是遵循一定的规律发展变化的。因此，人们一旦掌握了客观规律，就能够预见它的发展进程和结局。

三、科学的体系结构

科学的体系结构如图1-1所示。

科学体系结构
- 从纵向上分为基础科学、技术科学、应用科学、工程科学等
- 从横向上分为边缘科学、横断科学、综合科学等
- 从总体上分为软科学、硬科学、大科学、小科学等

图1-1　科学的体系结构

科学作为人类的认识系统，它的结构是不断发生变化的，在科学发展的不同时期，科学体系结构的表现形式也是不同的。20世纪科学实践的范围从深度和广度上迅速发展，这不仅丰富了科学的组成要素，也促进了各个具体学科之间的联系，使现代科学形成了一个门类齐全、结构紧密、层次分明的大系统。

1. **从纵向上分**

现代科学可以分为四大门类，即基础科学、技术科学、应用科学和工程科学，构成了现代科学体系的一级结构，在科学体系结构中占有特殊地位，发挥着各自的特殊功能。

(1) 基础科学是研究自然界的各种物质及其运动形式的科学，它是以概念、定理、公理等形式组成的理论知识体系。基础科学包括物理学、化学、天文学、生物学等，在这些基础科学中，每一门又可划分为若干分支学科。基础科学的研究成果是整个科学的理论基础，它对技术科学和工程科学的发展起着很重要的作用。

(2) 技术科学是研究通用性的一般技术理论的科学，它是基础科学与工程科学之间的中介和桥梁，致力于把基础科学的理论转化为生产技术，以提高人们改造自然的能力。因此，技术科学在科学体系结构中具有其特定的地位。技术科学包括机械工艺学、计算机科学、原子能科学、激光科学、电子学等。

(3) 应用科学是研究把基础科学和技术科学应用到特定生产过程的原理与方法的科学，它的目的在于直接改造自然，主要任务是研究各种专业生产的设计、施工、研制中的技术问题，它是最接近生产实践的科学门类。应用科学包括通信技术、医药技术、交通技术、农业技术、采掘技术等专业技术学科。

(4) 工程科学是现代科学、历史经验、文化、艺术和祖传生存技能的选粹结晶，是科学的重要组成部分。工程科学是人类社会生存发展的需求所驱动，直接研究和参与解决生产中的实际问题，是最接近生产实践的科学门类。工程科学能为社会、政府和政治家指明道路与方向。

2. **从横向上分**

现代科学的体系结构是一个由边缘科学、横断科学、综合科学组成的交叉系统。边缘科学是指由两门或两门以上的科学相互渗透、相互影响所产生的新兴学科，如量子化学、量子生物学、物理化学、化学物理、人体物理等。横断科学是指从不同的角度与不同的侧面研究事物、现象和过程所共有的规定性及其规律的科学，如控制论、信息论、系统论等。综合科学是指把多门学科的知识、理论和方法综合起来对某一领域进行系统研究的科学，如能源科学、空间科学、环境科学等。

3. **从总体上分**

现代科学的体系结构从总体上分为软科学、硬科学、大科学和小科学等。

(1) 软科学。一般地把研究解决管理、经济、科技、社会等问题的学科统称为软科学，如科学学、管理学、决策科学、领导科学、技术经济学、人才学及各种政策研究和发展战略研究等。

(2) 硬科学。与软科学相对应的是把研究自然科学某一领域的各个学科，如基础科学各学科及工、农、医等应用科学，统称为硬科学。

(3) 大科学。包括大量人员、巨额资金、昂贵设备和复杂组织在内的科技研究活动，是多学科、多专业相互交叉、相互渗透、多元复合、高度综合的科学技术，是一种巨大的“科学社会产业”，是国家组织规划的科学技术事业，是科学化、系统化的科学技术，是全球性相互依存的科学技术。

(4) 小科学。相对于大科学而言，指以个体或单位小规模方式从事的科学技术研究活动。

四、科学思想、科学方法、科学研究和科学精神

(1) 科学思想。科学思想一般是指在科学的历程中，对科学现象和科学活动的理性思考、

认识、看法与基本观点、观念。它是在各种特殊科学认识和研究方法的基础上提炼出来的、能够发现与解释其他同类或更多事物的合理观念和推断法则，它对进一步的、更广泛的科学研究和社会实践具有导向作用。

(2)科学方法。科学方法是人们在认识和改造世界中遵循或运用的、符合科学一般原则的各种途径与手段，包括在理论研究、应用研究、开发推广等科学活动过程中采用的思路、程序、规则、技巧和模式。它是认识世界和改造世界的最根本、最科学的方法，是一切方法的总方法。

(3)科学研究。科学研究是运用科学方法，从事有目的、有计划、有系统地认识客观世界、探索客观真理的活动过程。在科学研究中，人们有意识地搜集有关研究对象的事实材料，通过对事实材料的分析、综合、比较、抽象、概括，去揭露事物的本质，发现事物运动变化的规律性，以及建立说明事物的理论。当然，认识事物的本质，掌握事物的规律性，建立解释事物的理论、法则，是为了达到对事物预测和控制的目的。因此，科学研究在揭露事物现象规律性的同时，也寻找改造客观世界的途径。

(4)科学精神。科学精神是科学家共同具有的价值观的集中体现；同时，科学精神以一种文化的形式注入整个社会，不仅成为人类进入理性社会的标志，而且形成现代文明的象征。科学精神的核心是实事求是，开拓进取是科学精神的活力。科学精神包括探索精神、实证精神、原理精神、创新精神、独立精神。

第二节 技　　术

1. 技术的概念

“技术”一词来源于古希腊语。古希腊伟大的思想家亚里士多德(Aristotle，公元前384—前322年)称“技术是制造的智慧”。1615年，英国的巴克爵士创造了“technology”一词，表示技术原理和过程。同样，国内外学者从不同侧面对技术有着不同的诠释。但较早给技术下定义的是法国科学家狄德罗(1713—1784年)，他指出：“技术是为某一目的的共同协作组成的各种工具和规则体系。”这代表了在近代科学诞生以后人们对技术的看法。显然，人类的技术活动加速了人类文明发展的进程，也使技术本身的内容和形式变得越来越复杂。

在技术现象越来越复杂的情况下，人们往往从不同的角度对技术进行解读。在现代对技术有着狭义和广义两种不同的理解。

(1)广义技术的理解。广义上的技术是指人类在改造自然、改造社会和改造人类自身的一切活动中所创造与应用的全部手段和方法的总和。换言之，一切有效的手段和方法都是技术，不仅包括生产技术、工程技术，还包括管理技术、宣传技术、军事谋略等。

(2)狭义技术的理解。狭义上的技术：一是指根据生产实践经验和自然科学原理而发展起来的各种工艺操作方法与技能；二是指相应的生产工具和其他物资设备；三是指生产的工艺过程或作业程序与办法。

我国学者给技术下的广义定义是：“人类在为自身生存和社会发展所进行的实践活动中，为了达到预期目的而根据客观规律对自然、社会进行调节、控制、改造的知识、技能、手段、规则方法的集合。”这表明，技术已经超越了工程学的范围，从生产领域向社会生活各领域扩展。

但从本质上看，技术是利用客观规律创造人工事物的过程、方法和手段，回答“怎么做

(how)”的问题，如怎样使电灯亮起来。

2. 技术的特征和属性

(1)技术具有自然和社会的双重属性。发展和运用技术既要以科学理论为指导，使之符合自然规律，又要考虑社会经济、政治、教育和文化等条件，使之与社会需要相适应。

(2)技术是主体要素和客体要素的统一。技术是在客体的物质要素和主体的精神要素相互作用与相互影响中形成和发展的，既不能忽视人的主体要素，也不能忽视客体要素。

(3)技术是直接的生产力。技术在社会经济系统中属于直接生产力范畴，人们将科学原理转化为技术发明，广泛地应用到生产过程中，增加劳动者的知识与技能，促进技术的改进，技术便成为直接的生产力。

(4)技术具有鲜明的商品属性。技术具有与一般商品类似的价值和使用价值，因而技术具有商品属性，技术主要是为社会、为他人使用的，每项技术的经济效益大多可以计算，技术可以买卖，可以作为无形资产或资本入股。

3. 技术的体系结构

技术的体系结构如图 1-2 所示。

技术体系结构
- 按产业理论划分为一次产业技术(农业技术)、二次产业技术(工业技术)、三次产业技术(服务业技术)、四次产业技术(信息技术)
- 按生产要素划分为劳动密集型技术、资本密集型技术、知识密集型技术等
- 按科学应用划分为机械技术、化学技术、生物技术等

图 1-2 技术的体系结构

第三节 科学与技术的关系

一、科学与技术的区别

如果说科学是认识世界，那么技术是变革世界。科学提高人类的认识水平，技术增强人类生存能力，改善人类的生活质量。具体来说，科学与技术的主要区别如下。

(1)科学与技术的构成要素不同。科学的构成要素是概念、范畴、定律、原理、假说。技术的构成要素分为两类：一类是主体要素，即经验、理论、技能；另一类是客体要素，即工具、机器等装置。

(2)科学与技术的任务不同。科学的任务是有所发现，揭示自然界的新现象、新规律；技术的任务是利用自然、控制自然，创造人工自然物。

(3)科学与技术所要解决的问题不同。科学主要解决“是什么”和“为什么”的问题；技术主要解决“做什么”和“怎么做”的问题。

(4)科学与技术的研究过程不同。科学研究的目标有较大不确定性，往往难以预见在未来会有什么发现，也难以计算出某种新发现需要多长时间、付出多大代价；技术开发虽然也有一定不确定性，但新产品的研制、新工艺的开发还是有既定的目标的，有较明确的步骤和经费预算，技术开发工作的计划性比较强。

(5)科学与技术的劳动特点不同。科学研究的自由度要大些，个体性较强；技术开发活动虽然必须发挥个人的独创性，但是其活动的集体性较强。

(6)科学与技术的成果的表现形式不同。科学研究的成果主要表现为学术论文、学术专著，

它的价值主要在于深化人类认识，增加人类知识宝库；技术开发的成果主要表现为工艺流程、设计方案、技术装置，它的价值主要在于实用性、经济性和可行性，以及对社会实践的推动作用。

二、科学与技术的联系

(1)科学促进技术的发展。现代技术的进步高度依赖现代科学的发展，任何现代技术的创新、发明都必须以基础理论的重大突破为先导，都是在现代科学的基础上开发出来的。

(2)技术的发展为科学研究提供必要的物质手段。现代科学的发展对技术进步有高度的依赖性，重大的科学研究完全离不开先进、复杂的技术手段及各类型技术人员的合作。

(3)科学与技术的一体化。在 19 世纪中叶以前，科学与技术之间缺乏有机的联系，有各自相对独立的文化传统；19 世纪以后，开始了科学向技术的转化；到了 20 世纪，科学与技术的关系更加密切，出现了科学技术化、技术科学化的一体化趋势；在现代，科学与技术之间有密切的相互依存关系，很多情况已很难将两者截然分开。现在，它们相互渗透、相互融合，人们经常将两者作为一个整体来研究和陈述，并把“科学技术”作为一个统一的整体概念连起来使用。

三、科学技术

科学和技术之间有着泾渭分明的区别。然而，它们之间由一系列中间环节将两者联系起来，这就是纯粹基础科学研究、基础研究、应用研究、技术开发研究和生产技术。前面讨论的科学与技术的区别，是截取两头以将它们两极化，即一极是理论科学与基础研究，另一极是生产技术。

事实上，科学技术是从基础研究到生产技术的整个连续体，它是人类认识自然和改造自然的整个能动性的链条，其中每一个环节都可以称为一种科学技术，于是就有了“科学技术”这个统一概念。

根据联合国经济合作与发展组织(OECD)1970 年公布的《科学与技术的测量》报告，可以将科学技术划分为四个部分。

(1)基础研究(basic research)。基础研究的目的是探索自然规律，获得新的知识和理论，它不是由实践或应用来定向的。例如，爱因斯坦的相对论研究就属于一种基础研究。基础研究又可分为两类：纯粹基础研究和定向基础研究。纯粹基础研究的课题是由科学家自己自由决定的，而定向基础研究的课题则是由雇用科学家的组织按照特殊领域来决定的。

(2)应用研究(applied research)。应用研究是为了实用的目的而进行研究和获得知识，它研究基础研究中得出的科学原理如何应用，如何将其转化为生产技术、工程技术和工艺流程的原理与方法。工科大学、农科大学、医科大学、财经管理科大学各专业的专业基础课程及实验，就是反映应用研究的结果。

(3)技术开发研究(technological development research)。技术开发研究主要是将理论上的成果和实验室的技术通过中间实验改造为可直接用于生产的东西，包括新材料、新设计、新产品、新流程、新系统和新服务等。在发达国家，这项研究主要在企业中进行。例如，目前日本、美国、德国三个国家企业中的技术开发研究经费就占了该国全部科学技术研究经费的 70%左右，其人员占该国全部科学技术研究人员的 65%。

(4)生产技术(technology)。生产技术实现了科学的应用，体现为生产中的物质设备与装备以及生产者的技术水平。

上述四类科学技术活动及其相互关系，可以用生物化学及其医学应用的一个例子来加以说明。例如，弄清抗体的生物大分子的氨基酸结构的研究属于基础研究，应用这些知识来区分不同疾病的抗体属于应用研究，合成治疗某种疾病的抗原与抗体的研究属于技术开发研究，大批量生产治疗某种疾病的抗体的技术属于生产技术。20 世纪以前，这四种研究在社会组织和人员上是分离开来的；而在 20 世纪以后，这四类科学技术研究只是在功能上区分开来，在社会组织上不能区分，如图 1-3 所示。

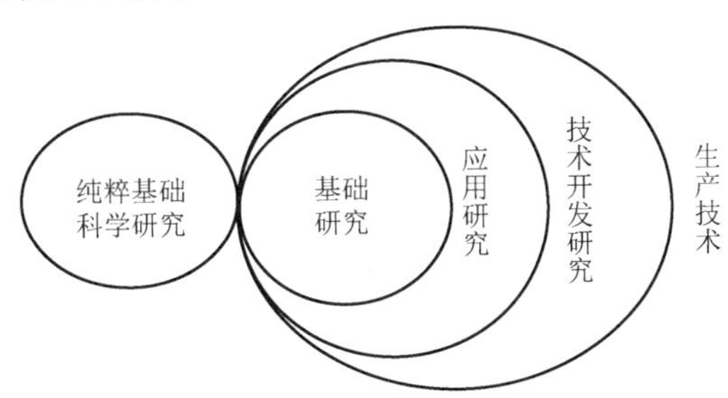

图 1-3 R&D 组织模式下的四类科学技术研究的关系

从学科角度来讲，科学技术是交叉学科，兼有人文科学、自然科学和技术科学的特点。其学科归属也呈现两栖的性质：它在总体上既是历史学的一大部类，它的各门专史又是各理工学科的分支。例如，数学有数学科技史，物理有物理学科技史，建筑有建筑科技史，机械有机械科技史，等等。因为它具有这样的特点，所以在 2011 年国务院颁布的《学位授予和人才培养学科目录》中科学技术是一级学科，与历史平起平坐。

综上所述，科学不仅是依照经验理性的方法取得的一种特殊的知识体系，而且是一种社会地组织起来的文化活动和社会建制。20 世纪 30 年代以前，科学的社会建制以纯学术性科学组织为主，科学和技术在研究目的、评价方式、问题预设、社会组织、人员构成方面都有较明显的区分，而 20 世纪 30 年代以后，工业性的科学组织占主导地位，科学和技术的界限越来越模糊，两者被“科学技术”这一概念所取代，从基础研究到生产技术的整个连续系统中，每一个链条都称为科学技术。

思 考 题

1. 简述科学与技术的联系与区别。
2. 思考科学思想在生产生活中的具体体现。

参 考 文 献

程道来，2014．现代科技概论与知识产权．2 版．徐州：中国矿业大学出版社．
王曲，陈露晓，2007．自然辩证法．北京：科学普及出版社．
袁继红，周邦君，雷四兰，2015．科技史略．广州：暨南大学出版社．

第二篇　近代科学技术

近代科学的形成是一个复杂的历史过程，其产生于文艺复兴后的欧洲。哥白尼日心说、血液循环学说的建立过程在近代科学革命中具有划时代意义；科学实验方法的确立对近代科学发展影响深远。于19世纪，近代科学进入全面发展阶段。

第二章　近代科学技术的产生

近代科学技术是在经历了文艺复兴、远洋航海和宗教改革等活动中打破宗教神学的精神桎梏、批判吸收古希腊科学思想的基础上逐渐形成的。近代科学方法的革命是采用实验方法和数学手段，实现人类与自然对话，即通过对各种自然现象与规律的研究、分析、归纳和总结形成系统的知识体系。这一时期的天文学、物理学、数学、化学、生物学、地质学等都得到了系统的发展，直接构成了现代科学的基础。在近代科学兴起的同时，技术也得到了全面的发展。

第一节　近代科学革命的前夜

14—15世纪，欧洲处于社会变革之中，正面临着新时代的到来。

1. 城市兴起和手工工厂的出现

在意大利南部和地中海沿岸由于航海贸易的发达兴起一些城市，手工工厂也开始出现。手工工厂的出现促进了生产技术的改进、分工和协作的发展，为进一步改进技术和使用机器创造了条件。纺织业的兴起、脚踏纺车与脚踏织布机的推广使用，促进了金属冶炼和机械加工等行业的进步。

2. 文艺复兴

14世纪发端于意大利、随后波及整个欧洲的反神学的文艺复兴运动，是一场以复兴古希腊文化为旗帜，旨在创造资产阶级新文化的思想解放运动，是对封建势力和基督教思想统治的反叛，为科学的解放扫除了精神障碍。但丁的《神曲》和薄伽丘的《十日谈》拉开了文艺复兴的序幕。达・芬奇的《蒙娜・丽莎》《最后的晚餐》，拉斐尔的《圣母玛利亚》，米开朗琪罗的《大卫》《摩西》等绘画和雕塑，以及莎士比亚、塞万提斯等在文学领域的复兴著作，都是这个时代最杰出的成果。他们蔑视和拒斥基督教经院哲学，讴歌着人性的解放，呼唤着理性和自由。重见天日的希腊和罗马古籍像一缕清新的海风吹进被中世纪沉闷压抑的气氛中。诗人、画家、文学家的创作和探索激起了人们对自然现象的新兴趣，也为近代自然科学的诞生创造了非常有利的文化氛围。

文艺复兴运动的主旨是肯定人的价值，要求运用文学艺术表达人的思想感情，主张教育要发展人的个性，社会要发挥人的才能，满足人的欲望，这些主张构成人文主义思潮。这股思潮有力地冲击了中世纪以来形成的教会的绝对权威，解放了人的思想。文艺复兴破除了人们对宗教神圣不可侵犯的迷信，培育了自由研究的精神，引导人们去观察和研究自然界。古典学术的复兴使那时的知识分子了解到古希腊罗马十分活跃的学术思想和科学技术成就，这不仅鼓舞了他们进行独立思考的勇气，而且为他们研究科学技术提供了丰富的思想营养和方法启示。哥白尼、伽利略、维萨留斯和哈维等都是在文艺复兴的氛围中成长的通晓古典学术的大师。他们从古代人那里找到了自己学说的种子和雏形，并且敢于对抗宗教的势力，提出“离经叛道”的新的科学学说。

文艺复兴重现了古希腊文化的优秀遗产，尤其是理性主义的复归为近代科学提供了宝贵的精神支柱。在某种程度上，近代思想基本上是古代的复活，是借助古代学术而问世的。近代科学在它的早期阶段，也是得益于古代流传下来的天文学、数学和生物学等论著，尤其是托勒密的《至大论》、阿基米德的《力学论著》、欧几里得的《几何学》等著作。

3. 宗教改革

整个中世纪，欧洲人的心灵被教会所禁锢，教会不仅控制了普通民众的思想，还高高凌驾于世俗王权之上。然而，新时代日益深入人心的人文主义思想，力图将人从神的统治下解放出来，宗教改革便是这种时代要求的反映。从14—15世纪开始，发端于德国，波及整个中西欧国家的宗教改革运动，其目的是改革教会，建立起符合资产阶级利益的教义，同时反映了劳动人民对改革政治制度的要求。马丁·路德(Martin Luther，1483—1546年)是德国宗教改革的先驱和领袖，在维登堡教堂门上贴出了《关于赦罪符的九十五条论纲》(简称“九十五条论纲”)揭开了欧洲宗教改革的序幕。

宗教改革打破了罗马天主教会的专制局面，衍生了许多不同的新教教派，并和不同民族的国家相结合，使各个王国迅速发展壮大。虽然新教领袖对科学的敌视与罗马教会相比有过之而无不及，但宗教改革运动动摇了罗马教会至高无上的权力，打破了教会的精神独裁，给欧洲带来了自由、宽容的新气息，从最初对不同信仰的包容到后来对不同政见的包容，这场宗教改革促进了欧洲政治、经济等方面的进步。这在客观上为自然科学从神学中解放出来，创造了必要的社会前提。

4. 地理大发现

15世纪下半叶，新工厂主、商人的经济实力越来越雄厚，他们要求扩大贸易和到海外去寻找财富的意愿越发强烈，加上原来东西方贸易的陆路通道由于奥斯曼的扩张而受阻，海路通道又为阿拉伯人所垄断，因此欧洲人试图渡过大西洋，另辟通往印度和中国的新航路，远洋航海和探险事业应运而生。远洋航海探险的结果是，意大利航海家哥伦布(Columbus，1451—1506年)在西班牙国王的资助下于1492年发现了今天称为美洲的新大陆(图2-1)；葡萄牙海员麦哲伦(Magallanes，1480—1521年)在西班牙国王的支持下率领船队于1519年8月10日至1522年9月8日实现了环球航行的壮举。这是人类历史上空前的航行，人类第一次用自己的实践证实了大地真的是“球形”的，海洋都是连通的，纠正了原有的错误概念，从而使人类认识了自己生活的这个星球的真相。

图 2-1　哥伦布

意大利热那亚人哥伦布(Columbus,1451—1506 年)从《马可•波罗游记》中得知“遍地黄金”的东方，希望开辟一条通向中国和印度的新商路

哥伦布相信希腊哲学家波塞东尼奥(约公元前 135—前 50 年)对地球大小的估计(约 29000km)，错误认为亚洲在欧洲西面 4800km 处

新航路一方面为欧洲开辟了殖民掠夺的道路；另一方面使欧洲航运中心从地中海转移到了西欧大西洋沿岸，意大利沿海城市衰落，英国、荷兰等国资本主义发展起来了。

地理大发现带来了经济的急剧扩张，使西欧工商业空前发展，为资本主义的发展提供了广阔舞台，加速了封建制度的瓦解和资本主义的发展。

这一时期的航海探险都是在基本上无法准确测定经纬度的时代进行的，除了它的经济成果，也使得整个欧洲在观念上发生了巨大的变革。远航探险和地理大发现，明显激发了人们探索自然的热情，也极大地鼓舞了人们征服自然、利用自然的勇气，对欧洲的社会和科学技术产生了极大的促进作用。

中国、印度和阿拉伯等东方国家与地区的科学技术在中世纪陆续传入欧洲以后，特别是预告资产阶级社会到来的中国四大发明传入欧洲，对欧洲的社会发展和科学技术进步产生了巨大的推动作用。其中，造纸术和印刷术成为新教的工具，推动了文艺复兴运动的蓬勃发展。英国政治家、哲学家培根(Bacon，1561—1626 年)在 1620 年曾指出，“三大发明（火药、指南针、印刷术）改变了整个世界事物的面貌和状态，没有一个帝国、没有一个教派、没有一个大人物对人类事业的影响，能像这三种发明那样巨大和深远”。马克思后来也评论道：“火药、指南针、印刷术——这是预告资产阶级社会到来的三大发明。火药把骑士阶层炸得粉碎，指南针打开了世界市场并建立了殖民地，而印刷术则变成新教的工具，总的来说变成科学复兴的手段，变成了对精神发展创造前提的最强大的杠杆。”

第二节　科 学 革 命

近代科学革命，是指发生在 16—17 世纪时期科学领域中的一次伟大变革，是在欧洲社会变革的背景中发生的。文艺复兴和宗教改革在文化思想领域“摧毁了教皇的精神独裁”，为科学革命的产生创造了精神条件；地理大发现使欧洲人开阔了视野，获得了财富，为科学革命奠定了物质基础；手工业技术(如钟表、望远镜和显微镜)的发展为科学革命提供了技术条件。在这些因素所形成的合力推动下，近代科学开始了自身的革命性发展历程。这场革命主要以波兰天文学家哥白尼(Copernicus，1473—1543 年)和比利时解剖学家维萨留斯(Vesalius，1514—1564 年)同时于 1543 年分别出版的《天体运行论》和《人体构造》为标志。真正将近代科学推向快速发展道路的是开普勒和伽利略，而牛顿(Newton，1643—1727年)则对这一时期的主要科学成就进行了综合，最终完成了这次科学革命。

一、日心说引发的天文学革命

天文学是一门古老的学科，它研究广阔空间中天体的位置、分布，运动、形态结构、物理状态、化学组成和演化规律。

古代人为了生产、生活的需要，已经开始有目的地对星体、日、月的运动周期及其相对位置的变化进行观察记录，探寻其变化规律，古埃及、古巴比伦、中国、古印度这些文明古国都已经有了古代天文学。

希腊古代天文学对后来欧洲天文学有很大的影响，希腊古代天文学家特别注意研究行星在星空背景中的运动，力图精确地测量行星的位置和分析行星运动的规律，建立起宇宙体系模型，从柏拉图(Plato，公元前 427—前 347 年)开始，古希腊天文学形成了自己的特色，用几何系统来表示天体的运动，柏拉图已经提出了地球中心的思想。他的学生亚里士多德(Aristotle，公元前 384—前 322 年)继承了柏拉图的思想，并从自己的哲学思想体系出发发展了这个思想，后来，有一些学者对地心学说进行了改进，亚历山大城的天文学家托勒密(Ptolemy，90—168 年)将其系统化，形成了科学史上的地心说(图 2-2)。

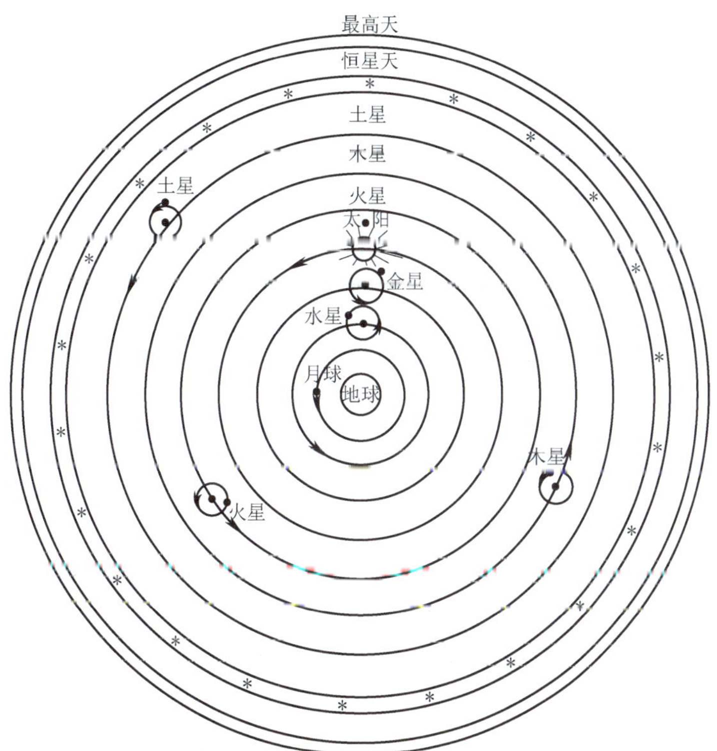

图 2-2　托勒密的地心体系

在托勒密的地心说看来，地球处于宇宙的中心，静止不动，太阳及其他行星围绕着地球运行，为了解释与弥合天文观测的差距，地心说构造出本轮-均轮体系，以使地球中心体系符合观察到的星体运动路径。在西方的中世纪，教会将其纳入严密而庞大的神学体系中，作为上帝创世说的一个不可缺少的组成部分。这样，原本很单纯的天文学理论——地心说，就变成了维护教会权威的一个重要理论支柱。15 世纪以来，随着环球航行、地理大发现，大量更精确的天文观测暴露出地心说与实际的偏差越来越大。

波兰天文学家哥白尼对托勒密的体系进行了研究，他认为该体系存在着严重的缺陷，是难以令人满意的；他设想找出一种更合理的图形安排，使每个天体都绕着它合适的中心均匀运动，在他看来，行星绕中心运动是绝对的，托勒密实际上破坏了这种观念，这是不能容忍的，因而托勒密体系必须要加以改变；哥白尼注意到毕达哥拉斯学派的“中心火”思想，于是他试图以太阳为宇宙中心出发去重新建立宇宙体系。哥白尼经过数十年的观察和研究，终于建立起以太阳为中心的宇宙体系——日心说(图 2-3)。日心说认为，地球并非静止不动，也不处于宇宙中心，地球是一颗普通的行星，它既有绕自转轴的自转，又与其他行星一起围绕宇宙中心即太阳旋转，这就使得以前看来极不协调的种种天象变得简单而和谐。

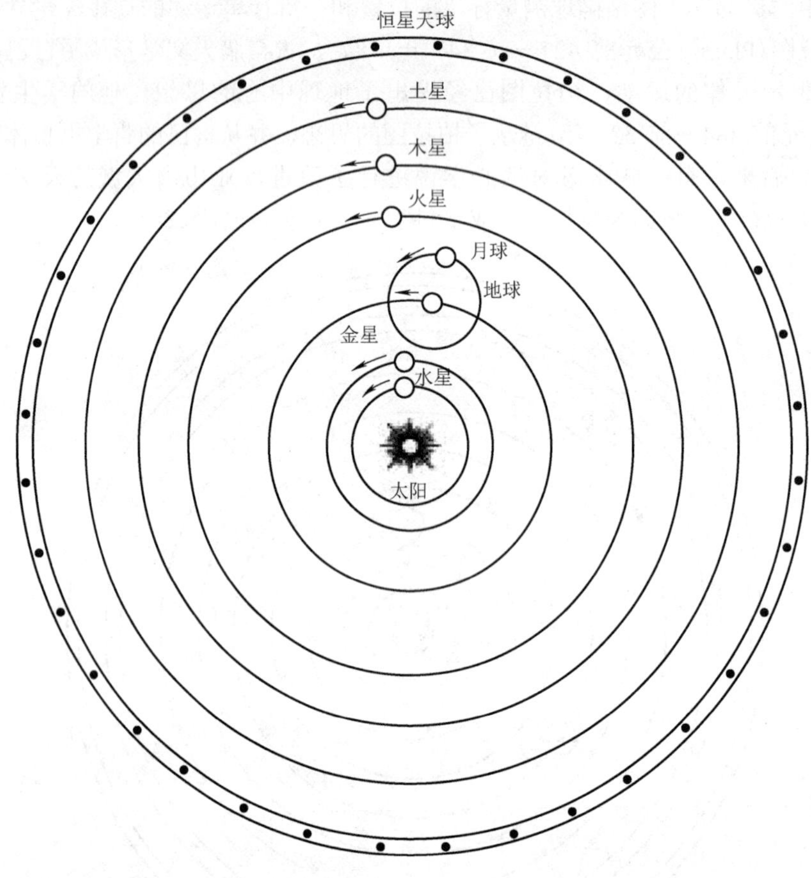

图 2-3　哥白尼的日心体系

在今天看来，虽然哥白尼的日心说错误很多，但日心说的发表仍是近代科学史上的一件划时代的大事。它把千余年来一直占统治地位的日地关系颠倒了过来，描述了一种和谐、简单、优美的太阳系结构，从而使得天文学的进一步发展有了牢靠的基础，成为科学的天文学诞生的标志；而由此引发的对于运动机制的探讨，推动了力学研究的发展，从而也就成为近代科学诞生的标志。更重要的是，哥白尼的日心说动摇了神学宇宙观的支柱，或者说，这个学说的提出意味着反对宗教化了的地心说，向人们表明宗教神学观念也不是不可动摇的，因而哥白尼著作的发表成为自然科学从神学中解放出来的宣言书。

二、血液循环理论引发医学革命

医学实践一直是人类活动的一个极为重要的方面，研究疾病的产生、性质和治疗以及研究人体的结构与功能，始终是自然科学不可缺少的组成部分，在医学理论和实践上，各种古文明都形成了自己的医学传统。

在人体生理学中，血液的运动规律具有重要的地位。因为血液贯穿全身，是联系身体各部分的渠道，所以对它的正确认识有助于进一步了解人体的其他机能。

古罗马医生盖伦(Galenus，129—199 年)的血液运动理论概括起来就是：人体的血液流动以肝脏为中心，犹如潮汐一涨一落流向全身，便被人体单向吸收。血液在心脏中通过隔膜上看不见的小孔从右心室流向左心室。

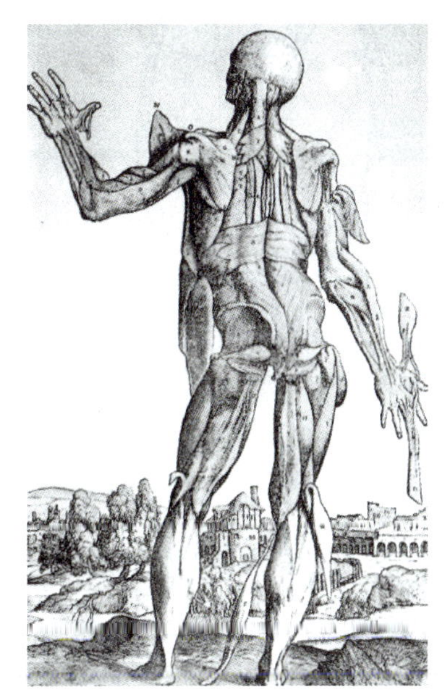

图 2-4　《人体构造》的一幅人体构造插图

文艺复兴以来，一批艺术家、医学家不仅从事动物解剖的研究，而且从事人类解剖学的研究。达·芬奇(da Vinci，1452—1519 年)为了确定人体的正确比例和结构，亲自解剖尸体，画出了许多精细的人体解剖图，他曾研究过心脏的肌肉并画出心脏瓣膜图，用水的循环来比喻血的运行，表述了血液循环的概念。

在哥白尼发表日心说的 1543 年，比利时医生、解剖学家维萨留斯在解剖实验的基础上出版了《人体构造》一书，揭开了医学领域里的革命序幕。

在《人体构造》一书中，维萨留斯不仅总结了当时解剖学的成就，用观察到的事实按照系统分述了人体各部位的构造及其功能，而且以精美的插图描绘出充满生气的躯体(图 2-4)，为人们提供了比较正确和明晰的解剖学知识体系。他根据解剖的事实指出，男人与女人的肋骨一样多，并不像《圣经》所说的女人是用男人的一条肋骨创造的，因而男人比女人少一条肋骨的说法。他的结论动摇了天主教会教条，宗教裁判所以“巫师”“盗尸”等罪名判处他死刑，后允许他去耶路撒冷朝圣以赎罪，财产全部没收。他在朝圣的归途中身染重病死去。

此外，维萨留斯纠正了古罗马医生盖伦关于两心室之间的隔膜有小孔相通等 200 多处错误的说法，论述了许多出色的生理实验。他通过解剖实践证明，人的心脏的中隔很厚，由肌肉组成，血液不可能如同盖伦所说的是通过中隔从右心室流入左心室。但是，维萨留斯没有解决血液怎样由右心室进入左心室的问题。后来，他在巴黎大学医学院的同学塞尔维特朝发现血液循环的道路上迈出了第一步。

西班牙医生迈克尔·塞尔维特(Michael Servetus，1511—1553 年)发现：血液并不是通过心脏中的隔膜由右心室直接流入左心室，而是经由肺动脉进入肺静脉，与这里的空气相混合后流入左心室。塞尔维特在 1553 年出版的《基督教的复兴》一书中，指出了盖伦“三灵气”说的错误，描述了他根据人体解剖结果发现的血液小循环的情景。这一发现通常称为小循环(或肺循环)，是导向全身循环的重要一步。后人基于他的功绩，常将肺循环称为塞尔维特循环。

维萨留斯、塞尔维特的解剖刀点破了千年权威的神秘。半个世纪后，英国医学家哈维(Harvey，1578—1657 年)进行了大量的活体解剖学实验。虽然他没有显微镜，不曾看见毛细血管，却通过实验“证明”了血液循环，而并非通过亲眼所见“发现”了血液循环，提出了血液大循环理论，并在 1628 年出版了《心血循环运动论》，从而标志着人体血液循环理论的建立(图 2-5)。

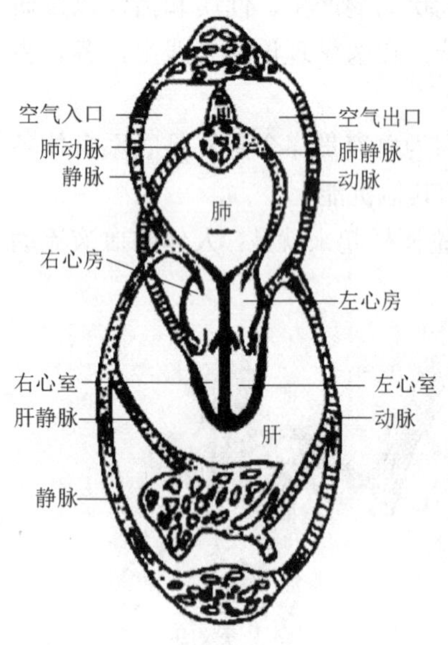

图 2-5　哈维的血液循环示意图

血液循环理论的建立过程，由于社会环境的原因，充满着艰辛的斗争。基督教教会把盖伦的医学绝对化、凝固化，作为论证宗教神学结论的理论基础。除了维萨留斯受到了教会的迫害，塞尔维特也因其在《基督教的复兴》一书中使用了他所发现的小循环来批评正统基督教的“圣父、圣子、圣灵”三位一体学说，触怒了教会，被加尔文派新教逮捕并处以死刑，在烧死之前还活活烤了两个小时。

血液循环理论的建立具有重要的科学价值，成为临床医学的理论基础，同时成为近代生理学的重要基础。在哈维以后，比较解剖学、人体生理学、医学等生物学学科逐步建立起来。

第三节　经典物理学的奠基

一、开普勒在天空“立法”

天体力学是从力学角度研究天体运动和形状的天文学分支学科。哥白尼的日心说发表随后的百余年间并未得到天文学家的公认。天文学家在对两个体系进行争论、选择的同时，对行星运动进行了不懈的观察，特别是第谷 • 布拉赫(Tycho Brahe，1546—1601 年)用毕生的精力积累了许多精确的行星运动的观测资料。第谷死后，第谷的学生即德国天文学家约翰尼斯 • 开普勒(Johannes Kepler，1571—1630 年)充分利用了第谷留下的大量精确的天文观测资料，进行了大量的数学推论，改造了哥白尼的日心说，确立了行星运动三定律，为天体力学的诞生提供了坚实的基础，获得了“天空的立法者”的美誉。

开普勒平生爱好数学，他是一个坚定的毕达哥拉斯主义者和虔诚的基督教徒，他深信上帝是依照完美的数学原则创造世界的，从数学上看越简单越美好，越接近自然。他之所以信奉哥白尼日心说，正是由于日心体系比地心体系在数学上显得更加简单、更和谐。他说：“我从灵魂深处证明它是真实的，我以难以相信的欢乐心情去欣赏它的美。”开普勒发现日心体系 34 个本轮相比较地心体系 80 个本轮少了许多，但还不够简单完美，他就开始了对日心体系的改造。

在 1609 年出版的《新天文学：基于原因或天体的物理学，关于火星运动的有注释的论述》中，开普勒发表了行星运动第一定律和行星运动第二定律。

行星运动第一定律指出，行星沿椭圆轨道绕太阳运动，太阳是位于椭圆的一个焦点上。因此，行星运动第一定律又称为椭圆定律。

行星运动第二定律指出，行星与太阳之间的连线在等时间内扫过相等的面积(图 2-6)。行星运动第二定律又称为面积定律。

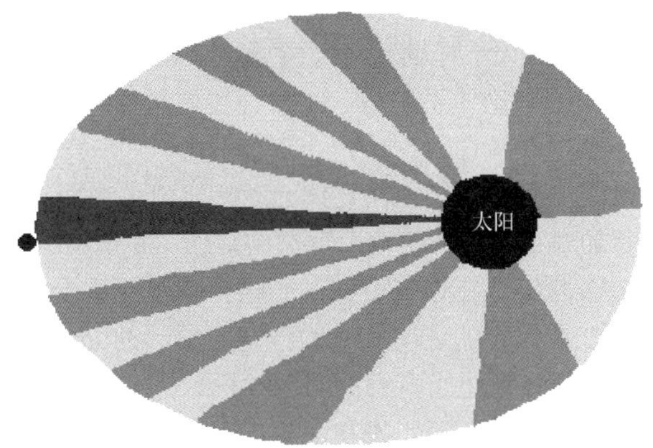

图 2-6　面积定律示意图

过了十年，即 1619 年开普勒出版了《宇宙和谐论》，发表了行星运动第三定律。

行星运动第三定律发现，行星运转周期的平方与到太阳之间距离的立方成正比($T^2=K \cdot R^3$)，也就是说行星距离太阳越远，它的运转周期越长。

开普勒定律对行星绕太阳运动做了一个基本完整、正确的描述，解决了天文学的一个基本问题。这个问题的答案曾使甚至像哥白尼、伽利略这样的天才都感到迷惑不解。行星运动的三大定律描述了行星的运动过程，而未解释行星这样运动的原因。换句话说，开普勒只是解决了天体运动学方面的问题，没有解决天体动力学方面的问题。他认为支配行星运动的这个统一的力量来自太阳，而他发现的这些运动定律，只是更普遍的物质运动规律的结果，但是他未能解决这个问题。他认为引力与磁力相类似，并且断言引力作用随着距离的增加而减少，这说明开普勒已经窥见万有引力了，他所发现的行星运动定律，已经在敲着万有引力定律的大门，为后人解决这个问题准备了前提条件。

二、伽利略对地面物体的研究

与开普勒同时代的伽利略(Galilei，1564—1642 年)是近代科学史上划时代的人物，对于近代科学的兴起作出了重要的贡献：一是捍卫和发展了哥白尼的日心说；二是奠定了经典力学的基础；三是创立了实验和数学相结合的科学研究方法。

伽利略青年时代就对科学观察、实验和数学发生了兴趣，他倾心研究欧几里得几何学和阿基米德的物理学，他于 1586 年写了一篇论文《天平》，1587 年发现了一种测定固体重心的方法，引起了科学界的重视，声名远扬，被称为“新时代的阿基米德”。

1609 年，伽利略从荷兰商人那里知道望远镜的消息后亲手制造出了一架放大 20 倍的望远镜，并把它指向了天空，他的这一举动标志着天文研究从古代的肉眼观测进入了望远镜观测时代。

用这架望远镜，伽利略在天空看到了激动人心的景象：天体并非像传统所认为的那样“完美”，太阳表面上有黑子而且黑子的运动意味着太阳有自转，月球表面如同地球那样凹凸不平，木星有三颗卫星绕它运转犹如一个哥白尼的“小太阳系”……所有这些都说明了月上世界与月下世界是统一的，都是变化的、运动的。地球绝不像天主教所宣称的那样是宇宙的中心，它和其他行星一样是太阳系的一颗普通行星。他把新发现写成了《星界的报告》一书，这本书很快在知识界引起了巨大反响，人们争相传诵“哥伦布发现了新大陆，伽利略发现了新宇宙”。1632 年，伽利略出版了《关于托勒密和哥白尼两大体系的对话》，用对话体裁讨论了新旧天文学的优劣，为哥白尼的理论体系辩护，并隐含多处对教皇和主教的嘲讽，远远超出了仅以数学假设进行讨论的范围。

伽利略最主要的贡献之一在于对于地面物体运动的研究。1636 年伽利略在监禁中偷偷地完成了《关于两种新科学的对话与数学证明》一书的写作，并于 1638 年在荷兰出版。这是他对地面物体运动研究的一个总结。在该书中，伽利略反驳了亚里士多德关于落体的速度依赖于其重量的观点，讨论了杠杆原理的证明和梁的强度问题，讨论了匀速运动、自然加速运动和抛射体的运动，从根本上否定亚里士多德的运动学说。

伽利略在动力学方面的主要成就是，发现了摆的运动规律和自由落体定律，研究了抛射体的运动规律，为后来牛顿的进一步综合奠定了基础。

伽利略是通过斜面实验发现 $S=1/2gt^2$ 的自由落体定律的。这是由于斜面的坡度按比例延长了在重力作用下运动小球的路程和所需时间，因而便于观察和计数。在这一实验中，伽利略设想，当小球从斜面上落下沿一个平面向前匀速滚动时，如果没有表面的摩擦力，小球将会无限地运动下去。因此，这里又有了新的发现：力是运动产生和改变的原因，在没有外力的作用下物体将保持原来的静止或匀速运动状态。这实际上是对惯性定律的最初表述，并且涉及了牛顿第二定律——力是改变物体运动的原因。不过，伽利略只是正确地提出了这个问题，最后完整表述这两个定律的是牛顿。在做斜面实验时伽利略发现，忽略摩擦力，尽管采用不同的斜度，小球滚到斜面底部时的速度都是相等的。

《关于两种新科学的对话与数学证明》这本书的出版标志着经典力学作为一门独立的科学诞生了。

三、近代科学的第一次大综合

牛顿在哥白尼、开普勒关于天体运动规律和伽利略关于地面物体的动力学研究的基础上，对天体力学和地面力学的研究成果进行综合，为经典力学规定了一套基本概念，总结出支配天体运动、地上物体运动与落体运动的普遍规律，即万有引力定律和牛顿运动三定律。由于这些定律的发现，牛顿最终完成了从伽利略开始的近代力学革命，建立了经典力学体系，实现了近代科学史上的第一次大综合。

在发现运动定律和万有引力定律的基础上，牛顿对已有的力学知识进行了系统的综合。他仿效古希腊欧几里得几何学的方法，把力学知识整理成为一个演绎的知识系统。1686 年，他出版了《自然哲学的数学原理》一书。其中贯穿全书最核心的内容是万有引力定律和牛顿运动三定律。牛顿在这部著作中不仅把大至宇宙天体小至光的微粒的运动，以及一切物体在真空中或在有阻力的介质中的运动全都应用运动定律和万有引力定律给予说明，还把自然界中的一切力学现象都囊括在他的力学体系之中，而且将力学和数学结合起来，用定量的方式，以数学方程表示力学中的运动方程。因此，这部著作被称为 17 世纪物理数学百科全书，它的出版标志着经典力学的成熟。

1. 牛顿运动三定律

牛顿在著名的《自然哲学的数学原理》一书中，给出了一种力的定义：“施加的力是能够使物体改变它的静止状态或匀速直线运动状态的一种作用。”这几乎就是力的现代定义。事实上，力是代表物体间的一种相互作用，由于这种作用，物体会改变速度，即获得加速度。力有很多种，这由物体间的相互作用的不同方式而决定，如重力、摩擦力、弹性力等。

在定义了力的概念以后，牛顿在伽利略关于物体运动研究的基础上，总结出了地面物体运动的三大定律。

牛顿第一运动定律：任何物体都保持静止或匀速直线运动状态，直到其他任何物体所作用的力迫使它改变这种状态为止。这一定律说明，任何物体都具有一种保持原来运动状态的特性。这种特性称为物体的惯性。因此，牛顿第一运动定律也称为惯性定律。

惯性定律继承和发展了伽利略、笛卡儿的工作。伽利略根据斜面实验发现了水平方向惯性运动，但是他对惯性概念的理解还存在着问题；笛卡儿纠正了伽利略的圆惯性概念；最后由牛顿使之完善，成为动力学的基石之一。

牛顿第二运动定律：物体受到外力时，物体所获得的加速度的大小与合外力的大小成正比($F=ma$)，而与物体的质量成反比，加速度的方向与合外力的方向相同。因此，牛顿第二运动定律也称为加速度定律。

加速度定律也继承和发展了伽利略的工作。伽利略发现了加速度概念，并把它同作用力联系起来，但是未能进一步弄清楚力和加速度的关系。牛顿在研究万有引力定律的过程中，解决了这个问题，引进了质量的概念。

牛顿第三运动定律：对于每一个作用力，总有一个大小相等、方向相反的反作用力。因此，牛顿第三运动定律也称为作用力和反作用力定律。作用力和反作用力定律是由英国瓦里斯、雷恩、惠更斯等发现的，并在英国皇家学会用实验分别做过证明。牛顿的贡献是作了进一步的概括，并把上述三条运动基本定律联结为一个整体，作为动力学的基石，建立了经典力学的理论体系。

2. 万有引力定律

牛顿在建立了力学的基本概念并发现了力学的基本定律之后，就试图用它来解决一系列的问题：他在着手解决太阳系的动力学问题中，进一步发现了万有引力定律。牛顿发现万有引力的实际历史过程和思路非常复杂，这里只是从论证的角度作一点推导。

如果说开普勒为发现万有引力定律提供了运动学的前提条件，那么伽利略就为发现万有引力定律提供了动力学的前提条件。开普勒在天体运动学方面否定了亚里士多德、托勒密、甚至哥白尼的圆形轨道的见解，但在力学方面却仍然沿袭亚里士多德的观点，认为物体运动需要不断施加推动力才能保持；伽利略用实验和数学相结合的科学方法，研究了地球上物体运动的规律，推翻了亚里士多德的旧力学见解，发现了自由落体定律、惯性原理和抛射体运动的理论，奠定了动力学的基础，但在天体运动学方面却仍然坚持天体必然沿圆周做匀速运动的圆惯性观念。开普勒和伽利略是互相通信的朋友，他们共同捍卫并发展了哥白尼日心说，但是他们互不理会对方的科学成就，没有把这两方面的突破结合起来进行综合分析研究，因而未能导致更大的突破。

为万有引力定律的诞生作出基础性工作的另一位科学巨人是荷兰著名的物理学家克里斯蒂安·惠更斯(Christiaan Huygens，1629—1695年)。惠更斯在摆钟研究中发现了物体做圆周运动时的向心加速度公式$a=\dfrac{V^2}{R}$和离心力公式$F\propto\dfrac{R}{T^2}$。这是发现万有引力定律的又一个前提条件，只要把这两个公式同开普勒第三定律联系起来，进行简单的代数推导，便能得到引力的平方反比定律，掌握打开万有引力定律大门的钥匙，可是惠更斯没有这样做。

关于引力问题，当时许多科学家都在研究，如英国的科学家胡克(Hooke，1635—1703 年)、哈雷(Halley，1656—1742 年)和雷恩(Wren，1632—1723 年)等都为此作出了贡献，到 1679 年，他们都得出了引力的平方反比定律，但他们都没能证明其逆命题，只有牛顿给出了这一数学证明。牛顿深谙数学语言，具有非常深厚的数学功力，这正是哈雷、惠更斯、胡克、雷恩等所缺少的。有的科学史家认为，在数学才能方面，胡克不如牛顿，但是在基本物理观念方面，胡克应该享有在引力平方反比定律和万有引力定律上首创的荣誉。

由此可见，万有引力定律的发现，是有其深厚的历史基础的。不过，那些成果大多是孤立的、分散的，而且在逻辑上也各自独立。牛顿将前人和同代人的成果加以创造性的综合和发展，建立起经典力学的辉煌大厦。

1666 年，牛顿将惠更斯向心加速度公式用于开普勒第三定律，推导出了引力与距离平方成反比的万有引力定律的公式，即

$$F=G\frac{mM}{r^2}$$

其中，m和M分别为两物体的质量；r为两物体质心的距离；G为引力常数。

后来牛顿又以万有引力定律为基础，从数学上反推出开普勒第三定律，给它增加了修正项，使其更加精确，并从物理学上正确回答了行星沿椭圆轨道运动的动力学原因。此外，他还从中解释了岁差现象、潮汐现象等。

万有引力定律的发现，使天体的运动与地面的运动统一起来，可以统一地加以研究；牛顿将万有引力定律应用于研究天体的运动，也就诞生了天体力学。

牛顿的工作，实现了近代科学史上的第一次重大综合。他的成就鼓舞了 18 世纪的法国科学家和数学家，他们引入新的数学工具，从而丰富和发展了经典力学体系，促进了其他学科的初步发展。

第四节　近代科学方法的革命

一、培根创立实验归纳法

培根是英国政治家和哲学家，他为科学的兴起摇旗呐喊。培根提出“知识就是力量”，他是第一个意识到科学技术能够改变世界面貌的哲学家。

培根认为当时科学落后的主要原因在于：一是人们轻视实验，轻视经验，鄙视诸多工匠职业；二是学校教育是反科学的，学生只读经典作品而反对一切标新立异的科学创见。

在科学方法论上，培根热情支持科学观察和实验，倡导把学者传统和工匠传统结合起来以推进经验与理性的结合。他是归纳科学方法论的创始人。培根的归纳法集中体现在他的《新工具》一书中。这本书之所以称为《新工具》，是以示与亚里士多德的《工具篇》相区别。培根尖锐地批评了亚里士多德以及后来经院哲学中对演绎法的过分依赖，认为三段论不能给人以新知识。他认为，新的科学方法或新的工具就是实验和归纳。他认为，科学知识是经过证

明了的知识，科学理论的基础、原始概念和原始命题是依靠经验得出来的，从经验上升到理论要运用归纳法，是一个逐步的归纳上升过程。他强调，运用归纳法时必须记住两条规则：第一条，放弃所有先入为主的概念而重新开始；第二条，暂时不要企图上升到一般的结论或接近它们。

培根不是一位科学家，几乎没有进行过认真的科学实验，也没有获得任何科学成果。他对科学的主要贡献是提倡科学并推动了科学方法的发展。马克思曾评价培根是英国唯物主义和整个现代实验科学的始祖。

培根的科学思想和方法论有其历史的局限性。例如，他在提倡归纳法和实验科学时忽视了演绎推理与数学在科学中的巨大作用。

二、笛卡儿创立数学演绎法

笛卡儿(Descartes，1596—1650年)是法国哲学家、数学家和物理学家。在哲学上，他推崇理性，是唯理论的代表，成为将哲学思想从传统的经院哲学束缚中解放出来的第一人。对于精神与物质的关系，他持有精神与物质可以互不相关的二元论观点。在数学上，他创立了解析几何。在物理学方法上，他是一位机械唯物论者，认为动物也类似于自动机，其基本的运动方式是机械运动。在科学方法论上，笛卡儿倡导唯理论的演绎法。

笛卡儿的演绎法不是简单地重提古希腊的演绎法，而认为演绎法的出发点的命题与数学公理相类似，是直观可靠的真理。他要求他的演绎法与经院哲学的复杂的烦琐的教条主义相区别，而要遵守这样的一些原则：①只把那些十分清楚明白地呈现在我的心智之前、使我根本无法怀疑的东西放进我的判断之中；②把难题尽可能分解为细小的部分，直到可以圆满解决；③按从最简单、最容易认识的对象开始，一点一点地上升到复杂的对象的认识；④把一切情形尽量完全地列举出来，尽量普遍地加以审视，以保证没有遗漏。这里的审视是指观察，笛卡儿认为观察和实验给人们提供了原始的必要素材。

笛卡儿强调演绎方法、数学方法是最主要的普遍科学方法，其演绎法为近代科学建立理论体系提供了方法论，对后来的科学发展产生了重要影响。当然，正如片面强调归纳法是有缺陷的一样，如果仅仅片面强调演绎法也是不完全的。

二、伽利略的数学与实验相结合的方法

伽利略在观察实验的基础上，经过推理和计算对现象提出假定性的说明和定量描写，并用数学公式表示出来，然后用实验方法去考核推理的结果是否正确。这种将实验研究和数学推理有机结合起来的方法，为近代科学理论的建构提供了基本范式。这是近代科学研究中的一般程序和经典方法；伽利略是这种科学研究方法和传统的奠基人。

伽利略的名言是，大自然这本书是用数学语言写成的。在他看来，只有用数学证明了的东西，才是科学的。在伽利略的著作中，既援引了丰富的实验材料，又充满了数学证明，他是把观察实验同数学方法有机结合起来的典范。值得特别提到的是，伽利略还使用了理想实验方法。理想模型将研究对象的本质属性和基本过程以最纯粹的形式甚至以极限的形式表现出来，对于深入揭示研究对象的本质属性和基本过程往往具有不可替代的作用。伽利略的斜面实验，开创了以可控性实验为基础的近代科学的新时代。

伽利略的研究方法，对后人产生了巨大的、深刻的影响，既推动了经典力学的发展，也推动了数学的发展。人们称赞伽利略是近代科学之父，是近代科学方法论的奠基人。

四、牛顿论科学方法

牛顿的《自然哲学的数学原理》不仅是一本划时代的科学著作，它在科学方法论上也具有重要的意义。

牛顿发展了从经验事实概括为自然科学原理的方法。在牛顿看来：①除了真实而已足够说明其现象者外，不必去寻求自然界事物的其他原因；②对于自然界中同一类结果必须尽可能地归于同一种原因；③物体属性，凡既不能增强者也不能减弱者，又为实验所能及的范围内的一切物体所具有者，就应视为所有物体的普遍属性；④在实验物理学中，必须把从各种现象中运用一般归纳而导出的命题看成完全正确的或者非常接近正确的，虽然可以想象出仅仅与之相反的假说，但是没有出现其他现象足以使之更为正确或者出现例外以前，仍旧应当给予如此对待。

牛顿指出，在自然科学里，应该像在数学里一样，在研究困难的事物时，总是应当先用分析的方法，然后才用综合的方法。这种分析包括做实验和观察，用归纳法从中作出普遍结论，并且不使这些结论遭到异议，除非这些异议来自实验或者其他可靠的真理方面。用这样的分析方法，就可以从复合物论证到它们的成分，从运动到产生运动的力，一般地说，从结果到原因，从特殊原因到普遍原因，一直论证到最普遍的原因，这就是分析的方法；而综合的方法则假定原因已经找到，并且已把它们立为原理，再用这些原理去解释由它们发生的现象，并证明这些解释的正确性。

牛顿的这些科学的思想方法，随着他的《自然哲学的数学原理》的传播而对科学研究方法产生了重要影响。

五、形而上学的机械唯物主义自然观

16—18 世纪，近代自然科学中只有力学达到了相对完善的地步。力学在说明自然现象时的成功，必然推动人们用力学理论解释其他自然现象，用力学的机械运动模型类比其他复杂的物质运动。例如，力学中力的概念就普遍地推广到其他领域，提出了多种多样的力，热力、电力、磁力、化学亲和力、生命力等。自然界的各种运动，往往都用机械运动来解释，笛卡儿于 17 世纪写下《动物是机器》的著作，同是法国人的拉美特利在 18 世纪更进一步写下《人是机器》的著作，英国人斯宾塞在 19 世纪中叶则写下了《社会静力学》的名著，把研究对象划分为力和微粒，并把运动原因都归结为某种力，把高级运动都简单类比作机械运动，这是一种机械唯物主义自然观。

由于自然科学的大部分领域还处在发展初期，大多数学科还处在搜集材料和分门别类加以整理的阶段，这就使人们养成了一种习惯，研究一个事物就是将该事物分解为各个部分，分门别类地加以整理。同时意味着，研究一个事物就是将该事物看成既成的东西，作为静止的东西、不变的东西，而不是看成本质变化发展的东西。随着这种习惯的沉淀和发展，在这样一种历史条件下，人们在进行分析时往往淡忘了综合，将事物的相对静止夸大成绝对的东西，甚至认为自然界从来如此、一成不变，使得那时占据主导地位的自然观成为一种机械论的形而上学的自然观。

第五节　第一次工业革命和技术革命

一、第一次工业革命和技术革命的社会环境

第一次工业革命和技术革命首先从英国开始，这不是偶然的，而有其经济的、社会的原因。

17世纪中叶，英国资产阶级继荷兰之后通过革命使资产阶级取得了国家政权，为资本主义的进一步发展开辟了道路。

英国资产阶级革命初也披着宗教改革的外衣。早在16世纪，英国就通过议案，使教会由教皇管辖改变成由国王管辖，教会在英国称为国教。此后新教逐渐由欧洲大陆传进英国，其中有一个教派，主张废除烦琐的宗教仪式并强调教徒的个人修养，称为清教派，其教徒称为清教徒。此教派逐渐得势，英国资产阶级的很多代表性人物是清教徒。清教徒受培根思想的影响，对圣经作了新的解释，认为通过观察、研究万物的性质可以增进人们对上帝的忠心。这种思想不仅与科学研究不矛盾，而且有利于研究对人类有用的技艺。

生产的发展，特别是英国采掘业、交通运输业和军事的发展，提出了许多技术问题。正是经济的发展引起了技术上的兴趣，推动了科学的发展，又造成了一种社会氛围，使人们注意科学和技术，科学社团应运而生。1662年，英国皇家学会成立，英国皇家学会遵循培根的思想，提出学会的宗旨和任务是增进关于事物的知识与一切有用的技艺。

此外，16世纪开始的长达3个世纪的圈地运动，使封建的土地所有制转化为资本主义的土地所有制，消灭了英国的自耕农，并迫使世代居住在公地上的雇农、从事家庭手工艺的工匠纷纷流向城市，造就了大批无产者。欧洲的战争使工匠纷纷逃往英国。农业耕作技术的改良、农机具的改进，为工业革命准备了所需的粮食和一部分原材料。农业资本主义化还扩大了国内市场。

英国凭借其强大的海军打败了西班牙、荷兰、法国，掌握了海上霸权，从而能够肆意掠夺殖民地。例如，仅仅1757—1815年，英国从印度掠夺的财富就高达10亿英镑。同时英国的海上贸易也迅速发展，18世纪中叶，其进出口贸易额增长了6倍，也为它带来了极大的利润。英国殖民者还通过贩卖黑人奴隶的罪恶交易，获得了巨额肮脏的金钱。这些资本的原始积累为工业革命提供了优厚的物质基础。马克思指出："英国在真正的工厂手工业时期，却是商业上的霸权造成了工业上的优势，所以殖民制度在当时起着决定性的作用。"

18世纪60年代，英国开始工业革命，同时出现了近代以来的第一次技术革命。它开始于纺织工业的机械化，以蒸汽机的广泛应用为标志。

技术、产业和市场之间是互动的，不同的技术、不同的产业之间也往往是相互制约和相互影响的，英国的工业革命开始于纺织业的机械化，以蒸汽机的广泛应用为标志，继而扩展到其他轻工业、重工业等各工业行业。英国率先变成工业国，获得了世界性的工业优势。

二、纺织技术进步——工业革命的源头

英国的工业革命开始于纺织业的机械化。英国的棉纺织业是17世纪从荷兰引进的，最初它是一个新兴的行业，在英国市场上受到处于垄断地位的传统毛纺织业的排挤，在英国以外市场上则受到印度悠久历史的质优价廉的产品的激烈竞争，英国的棉纺织业急需进行技术革新。

棉纺织业包括纺纱和织布两个部门。1733年英国钟表匠凯伊(Kay，1704—1774年)发明

了飞梭，使织布效率提高了 1 倍，并使布面加宽。飞梭的普遍使用，造成了纺纱和织布之间的严重不协调，长期发生“纱荒”。曾当过木工的织布工人哈格里沃斯(Hargreaves，？—1778 年)发明了竖锭纺车，以他女儿珍妮的名字命名为珍妮纺车(也称珍妮机)，并于 1770 年登记了专利。珍妮机一开始就能用 12～18 个纱锭，提高了纺纱效率，消除了在纺纱和织布之间的瓶颈，成为英国工业革命的火种，珍妮机到 1790 年已在英国得到了广泛应用。

珍妮机带动的纱锭日益增多，使人力作为动力越来越困难，水力纺纱机应运而生。1769 年理发师阿克赖特(1732—1792 年)发明了水力纺纱机，并于 1771 年建造第一个水力纺纱机的纱厂。一系列新的纺纱机的发明第一次使纺纱的速度超过了织布的速度，又形成了新的不平衡。1785 年，水力推动的织机问世，使生产效率提高了 10 倍。1791 年第一个用这种设备的织布厂建立起来，随后便得到普及。水力机体积大，又必须在特定地区使用，需要建厂房集中大量生产，这就促使了工厂制度的诞生，水力受自然条件的限制，难以常年均衡地供应动力，并且限制了工厂的选址。纺织行业的发展，同时带动了一系列的相关先行行业的机械发明和改进。大量机械的发展、使用，使动力问题又成为亟待解决的社会需要。

三、钢铁产业的发展

英国工业革命时期的另一大产业是钢铁产业。钢铁产业和纺织产业的发展几乎是同时的，但在技术上却表现出不同的特点。纺织工业的变革是因机械发明而产生的，而冶金工业的变革则是因化学发明而推动的。一方面，机械代替了体力劳动；另一方面，增加生产数量和改进生产质量的方法，而劳动力的作用并没有显著减少。但它们却有一点是共同的，即都是技术改进和技术发明，而不是通过增加劳动力来促进生产的发展。

英国是一个煤炭储量丰富的国家，同时是一个较早开采煤炭的国家，钢铁工业实现重大技术突破后，钢铁工业的巨大需求刺激了采煤工业的飞速发展。

英国是一个铁矿资源丰富的国家，但在 18 世纪初，由于缺乏燃料，整个英国的钢铁工业萎靡不振，英国的五金工业只能靠进口瑞士和俄国的钢铁来维持。那时，英国用木材来冶炼矿石，因此高炉也都设在英国南部有森林的地方。用木材来供应炼铁厂，致使每个炼铁厂都对其周围的森林进行了掠夺式的砍伐，并且从来没有人想到过去植树造林。森林在迅速地消失着，以致渔民担心今后连造船的木材也会没有了。人们群起而攻之，于是政府下了各种禁令，限制某些地方钢铁厂的数量，或禁止在某些地方建立钢铁厂。这些禁令没有制止住森林的继续减少，另外，随着燃料的缺乏，金属产品的价格随成本的提高而不断提高，生铁产量也明显低于消费量。

一方面是森林的急剧减少，另一方面是英国丰富的煤矿资源没有得到广泛的开采利用。实际上，18 世纪初英国的冶金工业也在使用煤，但在最关键的部分，即冶铁方面，煤却没有发挥作用，煤没有用来熔化铁矿石，原因在于煤中含有硫化物，燃烧时就会挥发出来，高温下铁矿石与硫化物相互作用，最后得不到比较纯的生铁。这种铁易碎，不能进一步加工。无数人都在寻求用煤作为燃料冶铁炼钢的办法，这涉及英国冶金业的生死存亡。

1709 年，达比(Darby，1677—1717 年)发明了先将煤烧成焦炭再用焦炭来炼铁，就避免了硫化物进入生铁中的方法。于是他成功了。后来，他的儿子接管了他的事业，改进了制造焦炭的方法。不久，这种生铁冶炼方法就被英国冶金界普遍采用了。

当人们普遍采用煤做燃料生产生铁以后，生铁产量也就大幅度地提高了，1788 年英国生产生铁61000t，到1796年产量翻番，到1806年产量再次翻番。

在生铁生产发展的同时，把生铁精炼成熟铁的新方法也出现了。1784年，科特(Cort，1740—1800年)取得了搅式炼铁法的专利。用这种方法炼出的铁，得到船舶专家的高度评价。于是，许多钢铁厂主跑来请求发明家允许他们使用他的专利，1789年，由于科特涉及一项债务纠纷，他的专利被公布于世，人们不需要付任何代价就可以使用它，这就更加刺激了搅式炼铁法的推广，不久它就成为英国生产精炼铁的主要方法。从此，精炼铁的生产就可以与生铁的生产齐头并进了。这反过来刺激了生铁的生产。

在炼铁工业不断改进、发展的同时，炼钢工业也在经历着同样的过程。1740年，林肯郡唐卡斯特的钟表匠亨茨曼(Huntsman，1704—1776年)因为买不到好钢做钟表发条，便开始自己研究制造钢的方法。到1750年，他获得了成功，他把原料放在密封的耐火泥坩埚里，用非常高的温度熔化它们，从而得到了钢。他在谢菲尔德开设了一家炼钢厂，他没有申请专利，因此他的秘密很快被其他制造者发现，并迅速流行起来。

钢铁工业的主要发明已经完成，进一步的小改进还在继续。值得称道的有鼓风机，斯米顿1761年在卡伦工厂使用了水力驱动的鼓风机，使得一个原来每星期生产10t生铁的高炉改为能生产40t以上。

煤是蒸汽机的燃料，钢铁是制造蒸汽机的材料。煤和钢铁工业的发展，已经为蒸汽机的登场搭好了舞台。

四、蒸汽机的发明和改进

蒸汽机是利用水蒸气作为工作介质，把热能转变为机械能的热机。

17世纪末，英国的许多矿井遇到了严重的积水问题。当时一般只能靠马力转动辘轳来排除积水。据说有的矿井用来抽水的马匹达到500匹之多，这是令矿主极为烦恼的事，这就推动了蒸汽机的研制。

英国军事工程师塞维利(Savery，1650—1715年)制成了第一台具有实用价值的蒸汽机，称为“矿工之友”，用于抽取矿井中的积水；这种蒸汽提水泵是这样一种装置，它有一个带有阀门的容器，先将蒸汽引入，然后关上阀门将蒸汽冷凝，造成容器中的部分真空，再打开进水阀门吸入矿井中的水，最后关上进水阀门，引入高于大气压的蒸汽，把水从另一出口排出去。尽管它的操作很繁杂，效率也不高，但是它毕竟是第一个可以实际应用的蒸汽水泵。塞维利在1698年获得了专利。这种水泵可以应用在浅矿井中或小库房作短程提水用。

在总结前人经验的基础上，英国的铁匠纽可门(Newcomen，1663—1729年)于1702年获得大气蒸汽机专利。纽可门机的蒸汽气缸和抽水气缸是分开的，而且有活塞。蒸汽进入气缸后在内部喷水使之冷凝，造成部分真空，受大气压推动使活塞做功，带动水泵活塞吸水和排水。经过改进之后，这种蒸汽机已经开始在不少地方得到应用。英国工程师斯米顿(Smeaton，1724—1792年)于18世纪下半叶进一步改进了蒸汽机，将其效率几乎提高了1倍，纽可门机对于开发英国的矿业资源起到了重要的作用，奠定英国工业发展的基础。

英国格拉斯哥大学的仪器修理工瓦特(Watt，1736—1819年)对纽可门机进行了根本性改造。瓦特在修理纽可门机的时候，注意到在用冷水喷入气缸使蒸汽机冷却的同时，气缸本身也冷却了下来，重新吸入蒸汽时又被加热，要消耗很多蒸汽，这就导致蒸汽机的效率很低；在当时已经提出的潜热和比热理论的启发下，瓦特不仅找到蒸汽机效率低的原因，也找到了提高蒸汽机效率的途径——要保持气缸不被冷却。于是他在气缸外另加一个凝汽器，以使蒸汽冷却，后来这个容器称为冷凝器，这是瓦特蒸汽机的一项最重要的改进。1769 年他的具有历史意义的专利——“在火力机中减少蒸汽和燃料消耗的一种新方法”获得批准，其中的基本部分是凝汽器的利用。1774 年，瓦特制成了新型的单向蒸汽机，动作可靠，耗煤量比纽可门机有了明显的减少，他与别人合作兴办一个蒸汽机制造厂。1781 年，他将蒸汽机的往复运动变成为旋转运动；1782 年他把单向作用蒸汽机改进为双向作用蒸汽机，效率进一步得到提高，成为许多国家经济部门的通用热机。马克思在《资本论》中指出，直到瓦特发明第二种蒸汽机，即双向蒸汽机后，才找到一种原动机，它的能力完全受人控制，它可以移动，同时它本身又是推动的一种手段，这种原动机在城市使用而不像水车那样在农村使用，它可以使生产集中在城市而不像水车那样使生产分散在农村。1784 年，他取得了旋转蒸汽机的专利，这样的“万能动力机”便完成了把一个简单的抽水装置改造为复杂多用原动机的使命。到 1787 年，为了在负荷变化的情况下保证蒸汽机的相对稳定的速度，瓦特又安装了离心式调速器。1790 年他还发明了蒸汽压力表。经过一系列改进后的瓦特蒸汽机切合实用，效率高，性能可靠，开始走向标准化，逐步普及到整个工业领域。

五、蒸汽动力技术引发技术革命

蒸汽机不断改进，应用范围日益扩大，不仅应用于纺织业、采矿业，而且扩大到交通运输、冶金、机械、化学等一系列工业部门，使社会生产力以前所未有的速度和规模发展起来，这又推动了蒸汽时代的技术革命。

工业革命引起生产的增长、市场的拓展，以及对外扩张的需要，都对交通运输业提出了新的要求。把蒸汽机运用到交通事业，相继发明了轮船和蒸汽机车，使交通运输技术发生了一次革命性变革。

1807 年，美国发明家富尔顿（Fulton，1765—1815 年）制造的木制轮船试航成功，该条船航行于纽约和奥尔巴尼之间，全程约 150n mile（1n mile=1852m），速度较以前的帆船快 1/3。它的成功标志着以蒸汽动力船取代帆船时代的到来。接着，英国人贝尔（Bell）造成了彗星号铁制汽船，航行于苏格兰的克莱依特河上。1838 年，英国轮船天狼星号和大西方号完全依靠蒸汽机为动力，横渡大西洋成功。随之英国就成立了几个大航运公司，经营世界的海洋航运，使英国的海运业进入了一个新的时代。

1814 年，英国发明家史蒂芬森（Stephenson，1781—1848 年）在继承前人成果的基础上，设计成功第一台实用的蒸汽机车，这台能牵引 30 多吨货物的机车用来运煤，时速 6.5km，当时还遭到嘲笑说它比马车还慢，1825 年，他造出旅行号机车，在由他负责设计的一条刚建成的铁路上运营，成为世界上第一条公共交通铁路。随后，英国出现了铁路建设热潮，到 19 世纪 40 年代，主要的铁路干线大部分建成。19 世纪末，世界铁路里程已经发展到 6.5×10^5km，到 20 世纪 20 年代又将近翻一番，达到 1.27×10^6km，工业发达国家都基本上形成了铁路网。

在钢铁工业上，1790 年首次采用了蒸汽动力鼓气，使冶铁过程的燃料消耗降低很多。英国工程师贝塞麦（Bessemer，1813—1898 年）发明了大炮炮筒的来复线结构，为了炼出合格的钢铁作为炮筒，他转而研究冶炼，1856 年发明了转炉炼钢新技术。1864 年德国的西门子（Siemens，1823—1885 年）和法国的马丁（Martin，1824—1870 年）发明了平炉炼钢法。由于新的炼钢技术的推广应用，1865—1870 年世界钢产量增加了 70%。

在工业革命推动下，采煤业迅速发展起来。最初的蒸汽机用于矿井抽水，进入19世纪以后，蒸汽抽水机在矿井中已普遍应用，加上蒸汽凿井机、煤炭曳运机等的运用，煤产量迅速增长，1835年英国的煤产量达到3000万t，成为欧洲的第一产煤大国。

煤炭和冶金业的发展，促进了机械制造业的发展。在工业革命初期，机器大多是木质的，多用手工方法制造，到18世纪末，英国开始运用蒸汽锤和简单车床制造金属部件，代替机器上的一部分基本部件；刀架的发明，使刀具的进给运动开始实现了以机械代替人力操作。19世纪初，陆续发明了各种锻压设备和金属加工车床、铣床、磨床、刨床、钻床、齿轮及螺纹加工机床等，机器制造业从此建立起来，并有了一定规模。

纺织品的漂白需要进行酸碱处理，这就刺激了制酸和制碱工艺技术。1746年，英国发明了铅室法制造硫酸，后来经过不断改进，投入了连续生产。1788年，法国发明了以氯化钠为原料的制碱法，尽管这种方法有高温操作、煤耗量大、产品质量不高、设备腐蚀严重等缺点，但这种方法成为工业制碱的一种重要方法，对化学工业的发展起到了重要作用。

总之，蒸汽技术革命带来了社会生产力的巨大发展。蒸汽动力的广泛运用带动了纺织工业、冶金工业、煤炭工业、交通运输业、机器制造业的飞跃发展。第一次工业革命发生地英国，成为世界上资本主义工业最先进的国家，机器大工业生产，空前地提高了劳动生产率。1770—1840年的70年间，英国工业的平均劳动生产率提高了20倍；工业革命是以机器为主体的工厂制度代替以手工技术为基础的手工工厂的革命，它是技术的根本性变革，同时引起了生产关系的重大变革；工厂制度的确立，完全改变了工人的地位，使资本主义雇佣制度在工业中得到了巩固和发展。

六、法国的工业革命和科学的兴衰

法国几乎与英国同时开始了工业化进程，但是法国总体上仍然是工业化的后来居上者。对于法国来说，英国既是榜样，又是挑战，更是机会。无论是在技术创新方面，还是资金运用方面，抑或是工业化模式上，法国都最大限度地借鉴了英国的经验，并使科学中心发生了第一次转移。

英国已经认识到技术发明在富国强民中具有重要作用，因而从18世纪末开始限制技术尤其是纺织技术的出口，1765—1789年英国议会连续通过了一系列的法令，禁止设计图纸和技术工人离开本土，严禁纺织机械或模型出口。尽管如此，英国的技术秘密和技术工人还是源源不断地流向国外，而与英国隔海相望的法国在这方面又占尽天时地利。

18世纪上半叶，法国就开始从英国输入纽可门式蒸汽机作矿山抽水之用，1747年，发明飞梭的凯伊移居法国，并把提高织布效率的新技术带到法国。另一位来自曼彻斯特的霍尔克于18世纪50年代定居法国，把珍妮机带到了法国，并利用来自英国的工人进行了生产珍妮机的尝试。1779年，法国又从英国的博尔顿-瓦特工厂购得在法国生产瓦特式蒸汽机的特许权，为期15年。其他如走锭精纺机、水力织布机也在法国大革命前就传到了法国。

法国大革命爆发后，英法关系恶化，19世纪甚至彼此开始进行海上封锁，但两国之间的经济技术交流从未彻底断绝。拿破仑战争结束后，英法两国技术交流恢复正常，法国也加快了工业化的步伐。尤其在1825年，英国逐步放宽了对机器出口的限制后，法国技术引进规模迅速扩大。到1830年，至少有1300名英国工匠和工程师以及数千名英国技工在法国工作，英国的蒸汽机制造商也带着新技术到法国投资建厂。冶金工业引进了英国式铸造法，即以焦煤炼铁法加以搅拌去炭的方法。英国的贝塞麦于 1855 年发明的转炉炼钢法，也于 1858 年传到法国；1845 年以后，法国因输入英国的铁路建筑技术而进入了铁路时代。1848—1870 年是法国工业化历史上最为辉煌的 20 年。全国的铁路建筑狂热带动了煤炭工业的发展，金融网络的形成为工商业和运输业的发展创造了稳定的资本源泉。在这种情况下，法国的经济实现了高速度增长。19 世纪 50—60 年代，钢铁制造业年均增长率达到 10%以上，其他部门的增长速度也达到了 3%～6%；这时期国民收入增加 1 倍，工业产值增加了 2 倍。

与此同时，18 世纪下半叶以来，法国科学有了较大的发展。

1772 年，化学家拉瓦锡向巴黎科学院提交了名为《燃烧理论》的研究报告，创立了科学的氧化燃烧理论，批判了统治化学界百年之久的燃素说，完成了划时代的化学革命；

1785 年，化学家库仑发现电学上的第一个定量定律——库仑定律，使电学研究从定性进入定量阶段，完成了电学发展中的第一次飞跃。

1791 年，法国颁布了全世界的第一部专利法。该法规定给发明者以专利产品及其制造方法的独占权。这在保护发明创造、促进科学技术发展方面作出了极为重要的贡献。

1796 年，天文学家、数学家和物理学家拉普拉斯(Laplace, 1749－1827 年)出版了《宇宙系统论》，建立起太阳系成因的科学假说，认为太阳系的各天体都是由宇宙空间的弥散物质按照运动和力学规律形成的。1799 年，他集前人研究成果出版了 5 卷 16 册巨著《天体力学》的第 1 卷，在此卷中，他首先提出天体力学的学科名称。《天体力学》到 1826 年全部出齐，这一巨著成为经典天体力学的代表作。

18 世纪，法国在分析力学方面的工作是首屈一指的，大数学家达朗贝尔（D'Alembert)、蒙日(Monge)、拉格朗日(Lagrange)、拉普拉斯和傅里叶(Fourier)等都是法国人。

法国大革命后，法国的科学转向实用性、技术性，从而在实验科学方面也跃居世界前列。卡诺(Carnot)关于热机、热力学的研究，是这一时期最出色的物理学工作。

按照日本科学家汤浅光朝的研究，18 世纪后半叶至 19 世纪前期，法国已经成为继英国之后的近代科学发展中心，他的研究表明，1751—1800 年取得的重大成就的项目中，英国是 37 项，法国是 54 项；1801—1850 年取得的重大成就的项目中，英国是 92 项，法国是 144 项。其中，法国在 1770—1830 年的重大科学成果中所占百分比始终超过 25%。尤其在法国大革命后的 30 年间，法国科学成果的百分比甚至接近或超过了 40%。

法国科学之所以能够超过英国而成为近代科学中心，要归功于思想启蒙运动和“百科全书派”的哲学思潮为科学的勃兴提供了理论准备，1789—1794 年的资产阶级大革命及随后建立的拿破仑政权对科学极为重视，而战争的需要更是不得不求助于科学技术。法国大革命后，资产阶级政府采取的一系列措施中，主要包括如下方面。

(1) 任命一大批科学家为革命政府的重要官员，不少科学家被委以重任，担任了政府的重要职务。这些措施并不只是提高了科学家的社会地位，实际上也提高了整个科学在社会中的地位。

(2) 发展科学教育。资产阶级政府不仅认识到科学的重要性，也认识到教育的重要性，认识到需要彻底改变旧的教育体系和机构，为此还提出了一整套教育改革方案。虽然这一整套教育改革方案没有得到全部实现，但是仍然落实了一系列的重要措施，例如，创办了一系列的新的军事院校、医学院校、技工学校和一些新的大学，包括巴黎综合工艺学院和巴黎高等师范学院。巴黎综合工艺学院自开办之日起就成为法国科学教育的中心，很快成为世界各国效仿的榜样。

(3) 改造旧的皇家科学机构，使之从宫廷走向整个社会。1794 年，国民政府将巴黎皇家植物院改组为巴黎国立自然历史博物馆。1795 年，巴黎科学院也进行了改组，废除了原来的贵族院士会议。巴黎科学院是 1666 年成立的，20 名院士全部由王室发给薪金，成为第一批专职科学家，但是它实际上很快就变味成皇家的宫廷玩物，通过改组，新的院士群由 60 名具有同等发言权的院士组成，这些享有丰厚薪金的院士成为真正的职业科学家。科学的职业化，是科学在社会中获得重要地位的一个标志。

但是，法国作为科学中心的地位实际上在 1830 年以后就开始丧失了；同英国的近代科学的再度复兴和德国科学的后来居上相比，法国科学出现了相对停滞的局面，究其原因是多方面的。首先是法国政局的动荡多变，拿破仑当政时连年发动对外战争，国家的发展受到了很大的影响；拿破仑之后的波旁王朝复辟，造成的白色恐怖对科学和工业革命以很大的破坏。法国虽然在英国之后开始了工业革命，但是其总产值始终落在英国之后。另外，法国对德国和美国的领先地位并不很明显。还值得注意的是，法国大革命后的资产阶级政府虽然推动了科学的发展，但是却以专制的方式、工具主义的方式来对待科学。拿破仑本人也是如此，他看重的方面就不惜成本地予以支持，而不合口味的就轻易否定，甚至反感。此外，一个也许同样重要的原因是法国科学活动和科学管理的高度集中性，法国的一切科学活动都受到法国科学院的控制，以致主要的研究工作都集中在巴黎进行，外省的科研条件十分差。高度集中的管理在短期内可能是有效的，但也带来了各种弊端，如容易压制不同学术观点、难以调动更广泛的积极性等。

思 考 题

1. 简述近代科学技术产生的历史背景。
2. 为什么说近代科学革命是以哥白尼的《天体运行论》的出版为标志的？
3. 伽利略对力学的主要贡献有哪些？为什么在伽利略之后，欧洲会出现大批物理学家？
4. 牛顿对经典力学的贡献主要体现在哪几方面？为什么说牛顿实现了近代科学在不同领域中的伟大综合？
5. 简述人体血液循环理论的形成过程。
6. 为什么说纺织技术的革新是第一次工业革命的源头？
7. 简述蒸汽机的发明与推广使用。

参 考 文 献

陈吉明，2015. 科学技术简史. 北京：科学出版社.

胡显章，曾国屏，2006. 科学技术概论. 北京：高等教育出版社.

李建珊，2001. 世界科技文化史教程. 北京：科学出版社.

吴国盛，2002. 科学的历程. 北京：北京大学出版社.

张子文，2010. 科学技术史概论. 杭州：浙江大学出版社.

赵公民，2016. 科学技术概论. 北京：机械工业出版社.

周靖，2011. 科学技术概论. 南京：南京大学出版社.

第三章　近代科学技术的全面发展

第一次工业革命充分显示了科学技术的巨大威力。它不仅为资本家带来丰厚的剩余价值，推动了资本主义社会的快速发展，也为自然科学的深入研究和科学技术的全面发展提供了条件。热机效率的研究、电磁场理论的建立为第二次工业革命打下了坚实的科学理论基础。

第一节　天文学的进展

近代天文学的进展主要体现在对宇宙结构的认识、海王星的发现、天体物理学和天体化学的形成与发展等方面。

一、海王星的发现

海王星是19世纪中期的一项重大天文发现。它的发现显示了天体力学的威力，被誉为“笔尖下的发现”。1781年，威廉·赫歇尔发现了天王星之后，人们利用天体力学理论进行了计算，发现它的理论位置总是和实测位置不能很好地符合，使人联想到在其周围是否还有一颗未知的行星存在。1845年，英国年轻的天文研究者亚当斯(Adams，1819—1892年)率先计算出这颗行星的运行轨道和质量，并于当年的9—10月向英国剑桥大学天文台长查理斯和英国皇家天文台长艾里报告了他对这颗行星的预报位置，希望能得到观察验证，但未能如愿。

1846年，法国天文学家勒威耶(Le Verrier，1811—1877年)利用有关天王星的观测资料，通过计算，得出了对天王星起摄动作用的未知行星的轨道和质量，并且预测了它的位置。他将计算结果呈送给法国科学院，与此同时他还写信给当时拥有较大望远镜的几个天文学家，请求帮助观测。他的工作在法国同行中受到了冷遇，但引起了柏林天文台副台长、天文学家伽勒的注意。1846年9月25日伽勒收到勒威耶的信，当天晚上他就在勒威耶告知的天区找到了这颗未知行星。由于海王星的发现，英国皇家学会授予勒威耶柯普利奖章。亚当斯虽然没有得到发现海王星的优先权，但现在天文界都公认他和勒威耶是海王星的共同发现者。海王星的发现肯定了牛顿万有引力定律的正确性。

宇宙的年龄到底有多大？直到18世纪，人们还相信宇宙只有几千年。威廉·赫歇尔在1802年写道：“一个能透过空间的望远镜，如我那40英尺(1英尺=0.3048米)的望远镜，也可以说能穿过时间的过去。”事实上，来自某个遥远星云的光线必然“至少在路上经历200万年了，因此，在那么多年之前，那物体就已经存在于恒星的天空，才可能发出那些我们感觉的光线”。这在当时能写下“200万年”这些话是需要胆略和勇气的。他的儿子天文学家约翰·赫歇尔则比较谨慎，他在1830年的《天文学论说》中写道：在望远镜里看到的无数恒星当中，必然有许多的光线至少经过了一千年才到达我们，……当我们观察它们的位置，关注它们的变化时，其实是在解读它们被神奇记录下来的一千年前的历史。

二、天体物理学的形成与发展

19 世纪天文学的最大特征是物理学知识在天文学方面得到充分运用。海王星的发现就是一典型例证。1725 年，英国天文学家布拉德雷首先发现了“光行差”——恒星视差现象。恒星视差是哥白尼提出的日心说的要点之一：如果地球绕太阳运动，在地球上不同的季节和不同的时间观测远处的恒星时，应当能看到它们在天球上的视位置有微小的变化，这就是恒星视差。1864 年，俄国天文学家斯特鲁维(Struve，1793—1864 年)找到了织女星的视差。此后不久，德国和英国的天文学家又测出了其他两颗恒星的视差，再次证实了恒星视差的存在。

1868 年，英国天文学家哈根斯(Huggins，1824—1910 年)首先利用多普勒效应，根据恒星的谱线位移测定天狼星正以 46km/s 的视行速度远离人们而去。哈根斯首创的运用多普勒效应测量恒星视行速度的方法在后来的天文观测中广为运用。

三、天体化学的兴起

人们在地球上可以观察到天体发出的光线，那么天体的物理状况和化学组成又是如何呢？这在 19 世纪之前是难以想象的。

19 世纪的物理与化学测量技术，使人们了解遥远天体的物理状况和化学组成成为可能。

1814 年，德国物理学家夫琅和费(Fraunhofer，1787—1826 年)利用分光镜发现在太阳、月亮和恒星的光谱中有许多暗线。这些暗线说明了什么？这个问题的解答是由德国物理学家基尔霍夫(Kirchhoff，1824—1887 年)做出的。1859 年，他在研究火焰和金属蒸气的光谱时，终于明白了光谱中出现暗线的原因。基尔霍夫和其他科学家一道，开创了研究物质世界的新方法——光谱分析法，这是研究发光物体的化学构成的有效方法。因为每一种化学元素都具有自身的特殊光谱，光谱的谱线与发光体的形态、温度和压力有关。如果气体能够吸收透过它的光，就在那些明线的位置上出现暗线。通过光谱分析法，人们很容易知道太阳上有在地球上常见的钠、铁、钙、镍等元素，证实了天体与地球具有同样的化学组成。

1868 年，瑞典物理学家埃斯特朗(Angstrom，1814—1874 年)公布了太阳光谱中的 1000 条谱线的波长，并以他的姓来命名他所采用的波长单位：1Å(埃)=10^{-10}m。同年，英国天文学家洛克耶(Lockyer，1836—1920 年)从日珥的光谱线中发现了一条橙黄色的明线，这与当时已知元素的任何谱线都不相合，他认为这条谱线一定是地球中不存在的，而是太阳中特有的元素，于是他把这种元素称为“氦”。氦的发现彻底打破了法国实证论哲学创始人孔德(Comte，1798—1857 年)在 1856 年的断言：天体的化学成分是人类永远不能认识的。地球矿物中的氦是英国化学家拉姆塞(Ramsay，1852—1916 年)在 1895 年发现的。

1865 年，哈根斯通过恒星光谱的研究，认证出一些亮星的光谱里有钠、铁、钙、镁、铋等元素的谱线。意大利天文学家塞奇(Secchi，1818—1878 年)于 1864—1868 年研究了 4000 颗恒星的光谱。首次发现了不同恒星之间除了在位置、亮度和颜色这几个方面不同，还有别的差异。由于基尔霍夫已经明确了光谱线的含义，所以恒星光谱的这种差别就意味着它们的化学组成有所不同。1867 年，塞奇提出了光谱分类的建议，他将恒星分为白色星、黄色星、橙色和红色星、暗红色星四类，为后来天文光谱学的深入发展开辟了道路。

第二节　物理学的进展

物理学的进展主要体现在分析力学的建立、能量守恒定律的提出、电磁场理论以及波动光学的建立。

一、力学的进展

分析力学是指用数学分析的方法来分析处理力学问题。1788 年，法国科学家拉格朗日(Lagrange，1736—1813 年)出版了《分析力学》一书。他在前人研究的基础上，引入了虚位移、广义坐标、动能和势能等概念，用数学分析的方法建立了以广义坐标和动能、势能为函数的拉格朗日方程，奠定了分析力学的基础。1834 年，英国科学家哈密顿(Hamilton，1805—1865 年)提出用坐标和动量为独立变量，建立了哈密顿正则方程。1843 年他又运用变分法提出了与牛顿定律和拉格朗日方程等价的哈密顿原理，使分析力学变得更加完整。

分析力学所注重的不是力和加速度，而是具有更为广泛意义的广义坐标、能量和力学的普遍原理。因此，分析力学的方法与结论，不仅适用于力学问题的研究，而且适用于物理学的其他领域。

二、热力学定律的建立

19 世纪 40 年代建立起来的能量守恒定律，被认为是自牛顿力学以后的科学发展的第二次大综合。这一发现涉及多个国家在多个领域中工作的 10 多位科学家。其中，迈耶(Mayer，1814—1878 年)、焦耳(Joule，1818—1889 年)、赫姆霍兹(Helmholtz，1821—1894 年)等 3 位科学家作出了重要贡献。

德国医生迈耶率先于 1842 年发表了论文《论无机界的力》，论文中提出了“无不生有，有不变无，力是不能破坏，但能转化”的思想和热功当量概念。迈耶讲的“力”实际上是能量，由于缺乏充足的实验依据，他的论文发表后，在长达 20 年间只得到少数科学家的重视。

1845 年，迈耶又写了《与有机运动相联系的新陈代谢》一文，进一步指出：“力的转化与守恒定律是支配宇宙的普遍规律。”论文具体地论述了机械能、热能、化学能、电磁能、光和辐射能的转化，并把能量守恒与转换看作支配宇宙的普遍规律。

英国酿酒商、业余物理学家焦耳第一个用实验来验证能量守恒，通过大量的实验，1841 年他提出了确定电流通过导体时产生热量的焦耳定律(次年楞次也独立地发现了这一定律，故名焦耳-楞次定律)。

1843 年，焦耳发表了《论磁电的热效应和热的机械值》和《论水电解时产生的热》两篇论文，明确指出：“自然界的能是不能消灭的，哪里消耗了机械能，总能得到相应的热，热只是能的一种形式。”

1847 年，焦耳测得热功当量为 428.9kg · m/kcal，与现在的公认值已经很接近了。

焦耳的实验工作，为能量守恒定律提供了坚实的基础。他的工作和观点引起了科学界的重视，到 19 世纪 50 年代，终于逐步被大多数科学家所接受。与其他研究者相比，焦耳的贡献要大得多，他比较精确地测定了热功当量，并且在广泛的实验基础上研究了热能、电能、机械能等各种能量形式之间的相互转化。

德国医生和生理学家、后来又成为物理学家的赫姆霍兹，在从生理学角度进行的研究中，力图揭示自然界的各种“力”之间的相互关系。他认为，自然界的各种“力”之间在转化过程中是守恒的。他在研究中写成的论文里没有实验性的材料，投稿也就被《物理学年鉴》所拒绝，所以只好以小册子形式于 1847 年发表了《论活力守恒》。他的工作虽然在迈耶和焦耳之后，但却是独立完成的。实际上，赫姆霍兹首先全面地阐述了能量守恒定律及其普遍意义。正是在赫姆霍兹之后，科学界才开始普遍接受这一定律。

能量守恒定律的确立，不仅是物理学中的重大事件，而且是整个科学史上的重大事件。这一定律揭示出机械能、热能、电能、化学能和生物能等都是相互联系的，并且可以在一定条件下相互转化，这种转化遵从一定的数量关系。因此，能量守恒定律实质上就揭示了各种不同的运动形式之间具有统一性，各种运动形式都是相互联系、相互转化的，恩格斯将其称为能量守恒和转化定律，他高度评价了这一定律的科学意义和哲学意义。恩格斯将它同细胞学说和达尔文进化论一起，称为 19 世纪自然科学的三大发现。这个定律的确立，摧毁了各种运动形式之间彼此割裂的形而上学观点，消除了人们对于“世外造物主的最后记忆”，从而使得自然界中的整个运动统一的观点“不再是一个哲学论断，而是自然科学的事实了”。

能量守恒定律的发现与热现象的研究联系密切，这一定律发现之后立刻被克劳修斯(Clausius，1822—1888 年)和汤姆逊(Thomson，1824—1907 年)运用到热力学系统，并称为热力学基本定律，不久又称为热力学第一定律。事实上，热力学第一定律就是能量守恒定律在热学领域中的具体体现。热力学第一定律还可以表述为不可能制造出永动机。

在此之后，通过对卡诺热机的研究，人们很快就得到了热力学第二定律。

1850 年，克劳修斯发表了一篇论文，文中分析了卡诺(Carnot，1796—1832 年)的热机理论，提出了热力学第二定律；克劳修斯将热力学第二定律表述为：热不可能自发地从较冷物体转移到较热物体。几乎与此同时，汤姆逊也在研究同一课题，他在 1851 年发表的论文中，阐述了自己对热力学第二定律的看法：从单一热源吸取能量使之完全变成有用功而产生其他效应是不可能的。这就是说，第二类永动机是不可能制造出来的，实际上，这两种表述是等价的。

通过进一步的研究，克劳修斯于 1865 年发表一篇论文，提出 “熵”的概念，以熵增加原理的形式表述了热力学第二定律：孤立系统的熵总是会自发地趋于极大；这样一来，他就揭示了第一个时间反演不可逆的物理学定律，接触到自然界过程的不可逆性。在这篇论文的最后，克劳修斯将这一定律推广到整个宇宙，提出两条“宇宙基本原理”。事隔两年后，他又阐述了著名的热寂说：宇宙的发展最终将达到一个永恒的死寂状态。

热力学的研究为内燃机的发展提供了新的理论基础。1862 年，法国工程师德罗夏提出了内燃机的四冲程原理。1876 年，德国工程师奥托(Otto)试制成功第一台内燃机；19 世纪 70 年代末，内燃机与电机大行其道，成为第二次工业革命的核心技术。

三、电磁学的发展

19 世纪电学上的第一个成就是 1800 年发明了伏打电堆。电流的发现和持续产生电流的装置的制成，使电学的发展进入了一个新的阶段，即从静电学发展到动电学研究的新阶段。此后，关于电学的研究大体上是沿三个方向发展的：其一是研究电池产生电流的原理；其二是研究电在导体中的传导规律；其三是研究电流的各种作用，或者说电与其他自然现象之间的关系。

电荷之间的相互吸引与相互排斥现象引起了人们的注意，这种吸引力和排斥力的大小与哪些因素有关呢？它们又遵循什么样的规律呢？法国物理学家库仑(Coulomb，1736—1806年)对此作出了重要贡献。库仑通过大量的测量与计算，发现了库仑定律，即两个静止电荷之间的相互作用力与两个电荷所带的电量成正比，与它们之间的距离平方成反比。库仑定律是电磁学中的一个基本定律，它的建立使电磁学进入了定量的研究，从而使电磁学真正成为一门科学。

1820年，丹麦物理学家奥斯特(Oersted，1777—1851年)发现了电流磁效应现象，即有电流通过的导体周围会产生磁场，首先揭示了电与磁之间的本质联系。在奥斯特的发现激励之下，法国物理学家安培(Ampere，1775—1836年)很快提出了关于磁针偏转方向与电流方向之间关系的右手定则(安培定则)。当年年底，安培在数学上建立了计算电流间相互作用力的公式——安培定律。

1817年，德国物理学家欧姆(Ohm，1789—1854年)开始进行电学研究，发现了导线中电流所遵循的规律——欧姆定律。这个定律的现在描述是：在稳恒条件下，通过一段导体的电流强度和导体两端的电压成正比，与导线中的电阻成反比。他还得出了电阻与导线的长度成正比，与导线的横截面积成反比的结论。欧姆在1826年的论文和1827年出版的《伽伐尼电路的数学研究》一书中，详细介绍了他的实验过程与研究结论。

1831年，英国物理学家法拉第(Faraday，1791—1867年)发现了电磁感应现象，即变化的磁场产生电流。他通过大量实验，归纳出可以产生感应电流的五种类型：变化着的电流、变化着的磁场、运动的稳恒电流、运动的磁铁、在磁场中运动的导体。法拉第的发现为电能的产生与利用奠定了理论基础。

电磁场理论的建立。19世纪中期，库仑定律、高斯定理、安培定律以及法拉第电磁感应定律的相继问世，以及法拉第提出了“场”和“力线”的概念，创立电磁场理论的条件已趋成熟。电磁场理论的建立归功于麦克斯韦。1856年，麦克斯韦发表了名为《论法拉第的力线》的论文，把流线的数学表达式应用到静电学中。1860年，麦克斯韦到英国伦敦皇家学院去任教，并与法拉第进行一次难忘的历史性会晤。当麦克斯韦就他的论文《论法拉第的力线》请教法拉第时，法拉第作了如此回答：“这是一篇出色的论文。但是，你不应该停留在用数学来解释我的观点，你应该突破它!”这使麦克斯韦得到了极大的鼓舞和启迪。1862年，麦克斯韦在英国《哲学杂志》发表了第二篇电磁学论文《论物理力线》。在这篇论文中，他明确提出了位移电流概念并预言了电磁波的存在。1865年，麦克斯韦发表了第三篇电磁学论文《电磁场的动力学理论》。在这篇论文中，麦克斯韦利用拉格朗日和哈密顿创立的数学方法，直接推导出了电场和磁场的波动方程。1868年。麦克斯韦发表了《关于光的电磁理论》一文，明确提出了光的电磁波学说，把电学、磁学、光学结合起来，实现了物理学上又一个伟大综合。1873年，麦克斯韦出版了《电磁学通论》这部著名著作，全面、系统地阐述了电磁场理论。这部著作的问世，标志了电磁场理论的确立，是经典物理学发展中的又一重要里程碑。

麦克斯韦所预言的电磁波，还需要强有力的实验证据。在麦克斯韦去世的当年，1879年，德国柏林科学院向科学界悬奖征求对麦克斯韦电磁理论的实验验证。1888年，德国物理学家赫兹(Hertz，1857—1894年)在一次放电实验中偶然发现了由电磁波产生的电火花，成功地证实了电磁波的存在。他还发现电磁波与光波有类似的性质，如反射、折射、衍射、偏振等，从而证明了麦克斯韦理论的正确性。赫兹的发现为后人利用无线电奠定了实验基础。

四、光波动说的复兴

光波动说的复兴首先要归功于英国科学家托马斯·杨(Thomas Young，1773—1829年)。1800年，他发表了《关于光和声的实验和问题》一文，对光的微粒说提出了不同看法。1801年，他在《论光和颜色的理论》论文中，提出了著名的干涉原理：“从不同的两个波源发出的两列波动，当它们在方向上一致或大体一致时，其合成效果是属于各自运动的集合。”1802年，托马斯·杨用自行设计的双缝干涉实验，证明了光的波动理论的正确性。他还导出了计算光波波长的公式，并首次成功地测出了红光和紫光的波长，其值分别为0.7μm和0.42μm。1807年，托马斯·杨把他的研究成果汇集在《关于自然哲学和机械技术》一书中出版。由于他所提出的理论不仅没有得到世人的认可，反而受到了微粒说信奉者对他的攻击和讥讽，他不得不一度中断对光学的研究。1815年，法国物理学家菲涅耳(Fresnel，1788—1827年)在不知托马斯·杨工作的情况下，通过实验，重新发现了干涉原理。为了消除人们的疑虑，他设计了双面镜干涉实验，从而证明了托马斯·杨发现的光的干涉现象的存在。此后，菲涅耳又相继设计了菲涅耳衍射实验，提出了惠更斯-菲涅耳原理和环形半波带计算法，提出了光的衍射理论，提出了光的反射、折射的振幅比公式——菲涅耳公式，证明了光是以横波形式向前传播等。尤其是圆盘衍射图样的中心亮斑——泊松亮斑的证实，使波动说首次从理论分析-定理计算-实验验证三个方面获得全面成功。

由于众多科学家长期坚持不懈地努力工作，特别是托马斯·杨和菲涅耳所作出的杰出贡献，波动光学得以成功建立，并为光学的进一步发展打下坚实的理论基础和实验基础。

第三节　化学的进展

近代化学的进展主要体现在原子、分子论、元素周期表以及有机化学的建立。

一、原子-分子论的建立

原子的概念虽然很早就被提出，但是原子-分子论的真正建立则是从英国科学家约翰·道尔顿(John Dalton，1766—1844年)的研究开始的。1802年，他在曼彻斯特哲学会议上宣读的论文中提出了混合气体的分压定律，1803年，他在《论水对气体的吸收》论文中提出了原子论，认为物质是由原子组成的，并根据一些化学实验的计算，给出了“气体和其他物体的基本粒子的相对质量表”，这是一张最早的原子量表。他以氢原子量为1，得出了其他17种原子的质量，如氮、氨、氧、亚硝气、硫、硝酸、硫酸等。

1808年，道尔顿在其著作《化学哲学的新体系》中系统地提出了原子学说。他认为原子是组成物质的最小单元；原子在化学反应过程中保持原性质不变；同种元素原子的形状、性质和质量相同，不同种元素则不同；物质的化合是不同元素的原子按简单数目的比例相结合。他还用符号来表示各种元素以及化合物的化学式，从而能表示分子中的原子数。

道尔顿的原子-分子论经阿伏伽德罗(Avogadro，1776—1856年)的修正，特别是意大利化学家坎尼查罗(Cannizzaro，1826—1910年)等的努力，终于在19世纪得到了化学家的普遍认可。

二、元素周期律的建立

道尔顿原子与原子量概念的提出，使人们开始了对元素原子量的测定，并发现了化学元素的周期律关系。

英国医生普劳特(Prout，1785—1850 年)在 1815 年和 1816 年发表的两篇论文中指出：所有相对原子质量均为氢原子质量的整数倍，氢是原始物质或“第一物质”。

1829 年，德国化学家德贝莱纳(Dobereiner，1780—1849 年)提出了“三元素组”分类法。在每一个“三元素组”中，居中的元素其原子量近似于前后两个元素原子量之和的平均值。此后，又有不少研究者提出了不同的分类方法，如 1863 年法国地质学家尚古多(Chancourtois，1820—1866 年)提出的“螺旋图”分类法；1864 年德国化学家迈耶尔(Meyer，1830—1895 年)提出的“六元素表”；英国化学家奥德林(Odling，1829—1921 年)发表了一个按原子量顺序排列的元素表，并于第二年进行了修正，这与后来门捷列夫在 1869 年提出的元素周期表非常相近；1865 年，英国化学家纽兰兹(1837—1898 年)提出了“八音律”分类法等，他们已经走到了发现化学元素周期律的边缘而没有获得最后的成功。

化学元素周期律的建立归功于俄国化学家门捷列夫(1834—1907 年)。1869 年，门捷列夫在《元素属性和原子量的关系》的论文中，将元素按原子量的大小顺序，排出了第一张元素周期表，并阐述了他的元素周期律的观点：按原子量大小顺序排列各个元素，其性质具有明显的周期性；原子量的大小决定元素的性质，元素的性质是其原子量的周期性函数；化学性质相似的元素，其原子量值相似；周期律可以预言一些新元素的存在，如类铝、类硅元素；可以对一些元素的原子量作修改等。两年后，他又发表了《化学元素的周期性依赖关系》一文，给出了经过修改和完善的第二个元素周期表，并预言类硼元素的存在。当门捷列夫预言的类铝元素——镓、类硼元素——钪、类硅元素——锗分别在 1875 年、1879 年和 1885 年被发现后，门捷列夫的元素周期表得到了世界公认，并为化学的研究提供了新的理论基础。

三、有机化学的建立

有机化学又称为碳化合物化学，是研究有机化合物的结构、性质、制备的学科，是化学中的一个重要分支。1806 年，瑞典化学家贝采里乌斯(Berzelius，1779—1848 年)首先提出了“有机化学”这一名词，他是相对于“无机化学”的对立物而提出的。

实际上人们对有机化学的研究早在此前就开始了。1780 年，人们已经知道了四种有机酸：甲酸、乙酸、苯甲酸和丁二酸。瑞典著名化学家舍勒(Scheele，1742—1786 年)从植物和水果发现了许多有机酸，如乙二酸、酒石酸、柠檬酸、乳酸等。当时的化学家都认为，碳氢化合物由有“生命力”的动植物有机体合成，而不可能由无生命的无机化合物合成。

1824 年，德国化学家弗里德里希·维勒(Friedrich Wohler，1800—1882 年)通过实验，利用无机物氰与水作用可生成有机物草酸。1828 年，他在实验室中用无机物氰与氨溶液成功合成了有机物尿素，彻底打破了有机化合物只能来源于有生命体的传统学说。此后，乙酸、醋酸、葡萄酸、柠檬酸、苹果酸、油脂类、糖类等由无机物合成的有机化合物为有机化学的形成奠定了基石，同时开始了无机化学的已知规律向有机物领域的渗透。有机化合物的大量出现，促使了有机结构理论的产生与发展。因为人们迫切想要知道有机物质有哪些种类、有机物中的各个组分为什么要有一定的比例，以及有机物如何构成等问题。1832 年，德国著名化学家李比希(Liebig，1803—1873 年)与维勒一道，共同发现了安息香基，并提出基团理论。

他们认为有机化合物是由一系列“基”组成的。1834 年法国化学家杜马(1800—1884 年)系统研究了有机化合物的取代反应，提出了按化学性质和化学式进行分类的“类型论”。1838 年，李比希对“基”进行了定义：基是一系列化合物中共同的、稳定的组成部分；基可以与其他简单物结合；基与某简单物结合后，此简单物可被等当量地与其他简单物结合；基与某简单物结合后，此简单物可被等当量的其他简单物代替。1839 年，法国化学家热拉尔(1816—1856 年)提出了渣余理论，他发现当两个分子起反应时，每个分子都消去一部分，化合成简单的化合物(水、氢氯酸等)，同时“渣余”或“基”也化合在一起。1843 年他又提出了同系列概念。他认为有机化合物存在多个系列，每个系列都有自己的代数组成式，同系列中任意两个化合物的分子之差为 CH_2 的整数倍。1853 年，热拉尔把当时已知的化合物分为水型、氢型、氯化氢型和氨型四种类型，并认为有机化合物都是由这四种类型衍生出来的。这些理论模型虽然没有触及化学反应的内在实质——有机结构，但已为有机结构理论的诞生创造了条件。

有机结构理论的产生以原子价概念的建立为标志。1852 年，英国化学家弗兰克兰(1825—1899 年)提出，无论化合物原子的性质如何，吸引元素的化合力总是要相同数目的原子才能满足。他把这个达到一定数目的能力称为“饱和能力”(化合力)。

1857 年，德国化学家凯库勒(1829—1896 年)把化合力改为原子数，提出了含义更加明确的亲和力单位概念，他认为不同元素的原子相化合时总是倾向于遵循亲和力单位数等价的原则，这是原子价概念形成过程中最重要的突破。他把氢的亲和力单位数(即现在的原子价)定为 1，从而确定了氯、溴的亲和力单位数也为 1；氧、硫为 2；氮、磷、砷为 3；碳为 4。碳原子不仅能与其他种类的原子化合，而且各碳原子之间可以相互结合成碳链。凯库勒的研究为原子量的正确测定、元素周期律的发现以及有机化学的结构探索打开了通路。1865 年，凯库勒提出了苯的环状结构看法，这对于芳香族有机化合物的利用和合成有重要的指导作用，为有机立体化学的建立奠定了基础。

1861 年，俄国化学家布列特洛夫(1828—1886 年)首次提出“化学结构”一词。他认为：一种化合物只能有一个合理的表达式，当找到能够说明化学性质取决于化学结构的通用定律时，这种表达式就可以表示出所有的化学性质。他的理论对有机化学的发展起到了积极的推动作用。

经过众多化学家的努力，到 19 世纪下半叶，有机化学已经有了较为完整的结构理论和成千上万种有机化合物，并形成了新型产业——有机化学工业，为人类提供各种工业原料、药品和生活用品。

第四节　生物学的进展

生物学经过 17—18 世纪科学家的探索，终于在 19 世纪有了突破性进展，主要成果是细胞学说、生物进化论、微生物学说和遗传理论的建立。

一、细胞学说的建立

早在 17 世纪，荷兰的显微镜学家、微生物学的开拓者列文虎克(Leeuwenhoek，1632—1723 年)通过显微镜观察发现了细胞，而英国的科学家罗伯特·胡克最先使用了“细胞”一词。其后意大利的解剖学家马尔比基(Malpighi，1628—1694 年)、英国的植物学家格鲁(Grew，1641—1712 年)也各自独立发现了植物细胞，他们分别把它称为“小囊”和“小胞”。细胞学说的建立在 19 世纪 30 年代。德国自然哲学的兴起与消色差显微镜的使用在细胞学说的建立过程中起到了关键作用。

19 世纪初，德国博物学家奥肯(Oken，1779—1851 年)提出了早期的细胞学说。在自然哲学思想的影响下，奥肯产生了关于动物生命的结构和演化思想。他把显微镜观察与哲学推论相结合，提出了生命体起源假说：最简单的生命体——“纤毛虫”是在一种原始的、未分化的“原始黏液”球状小泡中诞生的，所有动植物的有机体都是由纤毛虫这种简单生命体聚合而成的。这里所谓的“原始黏液”和“小泡”相当于原生质和细胞。奥肯的假说激发了人们探索生命体的结构与起源的热情。1824 年，法国的杜特罗歇(Dutrochet 1776—1847 年)提出动物、植物的器官和组织都是由细胞组成的。他的观点由于缺少实验证明而未能引起人们的重视。

19 世纪 20 年代，消色差显微镜研制成功，人们可以从显微镜下比较清楚地观察到细胞本身的结构细节。1832 年，英国植物学家布朗发现了植物细胞的细胞核。1835 年，捷克生理学家普金叶(1787—1869 年)发现了动物细胞核。至此，人们已经知道，细胞是一个很小的、内部含有一个核的质块。

1838 年，德国植物学家施莱登(Schleiden，1804—1881 年)在《植物发生论》一文中，引用了布朗关于细胞核与细胞发育时两者间有着特殊相应关系的说法，指出了细胞核在细胞形成过程中所起到的作用。他认为，细胞核是“植物中普遍存在的基本构造”，细胞核在细胞形成(发生)过程中起了至关重要的作用，并且他还首次提出了“细胞核”这个词。他提出，所有植物体都是“各具特色的、独立的、分离的、个体(细胞)的聚合体”。在植物体内，每个细胞“一方面是独立的，进行自身发展的生活；另一方面是附属的，是作为植物整体的一个组成部分而生活着”。

1837 年 10 月，施莱登将自己尚未发表的一些有关结果告诉了德国动物学家施旺(Schwann，1810—1882 年)。在施莱登植物细胞核的启示下，施旺提到：“我立刻回想起曾在脊索细胞中看见过同样的‘器官’。在这一瞬间，我领悟到，如果我能够成功地证明脊索细胞中的细胞核起着在植物细胞的发生中它所起的相同作用，这个发明将是极其重要的。”1839 年，施旺发表了题为《关于动植物的结构和生长一致性的显微研究》论文，证明了一切动植物组织，无论特殊化到什么程度，其构成基础都是细胞。他说：“现在我们推倒了分隔动植物界的巨大屏障，这便是结构的多样性。”施旺首先提出了“细胞学说”这个词。施莱登和施旺的发现奠定了细胞学说的基础，德国医生雷马克(1815—1865 年)和瑞士的寇力克(1817—1905 年)等把细胞学说应用于胚胎学研究，证明了胚胎发育过程就是细胞分裂过程。1855 年，德国病理学家微尔和(1821—1902 年)将细胞学说应用于病理研究，他认为细胞来自细胞，机体是细胞的国家的联盟。微尔和也因此项研究而成为细胞病理学的创立者。

二、生物进化论的创立

生物进化论思想最初出现在 18 世纪中叶。在此之前，由于受到研究条件的限制和形而上学世界观的束缚，人们普遍认为物种是不变的。18 世纪中叶，法国博物学家布丰(1707—1788 年)提出生物进化论思想。他认为，不同的物种可能是由一种或几种共同的祖先演化而来的，这种演化可能不是由简单向复杂和完善的进化，而可能是反向的退化。

1809 年，法国博物学家拉马克(1744—1829 年)出版《动物哲学》一书，首次系统地阐述了生物的进化过程，充分体现了生物进化思想。他认为，生物是由进化而来的，因为生物界有等级，并具有按等级向上发展的趋势。生物的进化原因有两个：一是用进废退；二是获得性遗传。前者是因为要适应环境变化，而后者则要把由于环境变化引起的变异传承给下一代。他曾以长颈鹿的进化为例，说明他的用进废退观点。长颈鹿的祖先颈部并不长，由于干旱等原因，在低处已找不到食物，迫使它伸长脖颈去吃高处的树叶，这样长期下去，它的颈部就变长了；再经过获得性遗传而进化为现在所见的长颈鹿。

1859年，英国著名生物学家达尔文出版的《物种起源》是一部具有划时代意义的革命性著作，成为生物进化论的创立标志。在这部著作中，达尔文利用多年实践考察收集到的大量资料，全面阐述了他的进化论思想。他认为：生物是由进化而来的，生物界普遍存在生存斗争现象；生物界普遍存在变异；变异和生存斗争导致自然选择，适者得到生存。“物竞天择，适者生存”是对达尔文进化论思想的高度概括。

三、微生物学说的建立

微生物学是生物学的分支学科，它是在分子、细胞或群体水平上研究各类微小生物的形态、特性和基本规律的一门学科。17世纪，列文虎克用放大300倍的显微镜观察到牙垢中的“小生物”——细菌。他曾说过：“生活在整个荷兰的全部人数，还没有我每天嘴内所带有的小生物那么多。”由于列文虎克保守秘密的顽固态度，而当时其他人的显微镜又无法观察到这些细菌，他的发现失去了应有的意义。

1860年，法国微生物学家、化学家巴斯德(1822—1895年)通过实验证明，空气中微生物的存在是腐败的原因。1865年，他又提出了疾病的病原菌说，揭示了蚕病发生的原因，挽救了法国的养蚕业和丝绸工业。此后，他又研究了防治炭疽病、鸡霍乱和狂犬病等疾病疫苗，开创了科学免疫学的开端；他意识到许多疾病是由细菌引起的，提出用消毒方法防止疾病的传染等。巴斯德的工作标志了微生物学说的建立。

四、遗传理论的建立

1865年，奥地利生物学家孟德尔(1822—1884年)发表了著名论文《植物杂交试验》。这篇论文是他数十年长期实验成果的总结。他假定：在生物体内存在着一种遗传物质——遗传因子。根据这一假定，他提出了两条著名的遗传定律：性状分离定律与自由组合定律。

性状分离定律：一对因子在异质结合状态下并不互相影响和互相沾染，而是在配子(即生殖细胞)形成时完全按原样分离到不同的配子中去。

自由组合定律：两对或更多对因子处于异质结合状态时，它们在配子中的分离彼此独立，可以自由组合。

由于孟德尔当时并不出名，而且文章又发表在一个不出名的杂志上，所以他的试验结果没有引起当时人们的注意。直到30多年后他的工作才被人们发现，他也因此而受到尊重，这些已经是他去世之后的荣耀。

第五节　地质学的进展

地质学是关于地球的物质组成、内部构造、外部特征、各层圈之间的相互作用和演变历史的知识体系。人们虽然对化石的成因、河流的形成、海陆变迁、古气候变化以及岩石、矿物等方面早有论述，但地质学作为一门独立学科则是从19世纪开始的。

一、关于地层与岩石成因的争论

在地质学形成之前，人们就对地层以及岩石的形成原因进行了探讨，并形成了 18 世纪末的“水火不容”——水成论和火成论之争。

1. 水成论

英国科学家伍德沃德(1665—1728 年)认为地球上的岩石是由水的作用形成的，这个观点称为水成论。1695 年，他在《地球自然历史试探》一文中，认为地球曾经有过一个历史时期被巨大的洪水淹没了，当时大部分生物死亡并且洪水冲走了地表的砂石和土壤，使悬浮在洪水中的各种物质混杂起来，当这些物质按照重量分层沉淀时最重的物质沉积在下面；上面是较轻的海生动物的遗骸；最上面是沙、泥土和高等动植物的遗骸，经过多年的沉积，这些动植物的遗骸，变成了化石。这种解释可以看作水成论的雏形。

19 世纪初，由于水成论大师维纳在学术界的巨大影响，水成论占据了优势。维纳(1749—1817 年)是德国著名地质学家，是水成论的代表和集大成者。他认为，原始的地球是由固体的核和包围着它的洋水组成的。洋水深度至少有现在的山脉那么高，它的成分与现在的海洋不同，含有大量岩石物质。这些物质经过化学结晶从洋水中沉析出来形成原始岩层。首先形成的是没有化石的花岗岩，然后是只有少量化石的板岩、石英岩，接着是含有大量化石的石灰岩和煤，最后是砂石和黏土。他不承认地壳有升降运动。他把海陆的变迁仅仅看作海水进退的结果，这显然是不对的。但是，他承认原始地壳的存在，把地壳上面的岩层看作在某一历史时期内逐一形成的，这一思想还是有一定科学价值的。

2. 火成论

意大利科学家莫罗(1687—1764 年)在 1740 年发表的《论在山里发现的海洋生物》一文中提出了火成论。他认为，原始的地球由一个光滑的、石质的表面被不深的淡水所覆盖。地下火的作用破坏了地球的表面，使陆地和山脉隆起而升出水面。同时包含在地球内部的物质如黏土、泥沙、沥青和盐等都被排放出来，在石质的地表面上形成了新的地层。地下火的这种爆发作用一再重复就形成了更多的地层。由于每次爆发的喷出物不能立即盖满全球，所以在多次爆发后，埋藏在各地层中的物质就有差别。化石是埋藏在新形成的地层中的动植物遗骸，它由于陆地的隆起而出现在高山上。喷发出来的盐进入淡水就形成了苦涩的海水。这种解释可以看作火成论的雏形。

水成论大师维纳的两个学生布赫和洪堡德考察了法国与意大利的火山地区的地质情况，结果他们认识到地下火在地壳运动中有不可忽略的意义。由此，他们抛弃了水成论而转向火成论。这给水成论的优势地位以致命的打击。与此同时，英国科学家赫顿也提出了火成论。赫顿(1726—1797 年)被学术界认为是火成论的代表与集大成者。他在 1785 年指出，地球的历史必须用现在在地球上仍然起作用、可以观察的因素来解释，而不应该借助于任何超自然的力量。他把这一论点作为考察地质现象的一个普遍原则。这一见解为近代地质学的研究指明了方向，因此他被誉为近代地质学之父。在地壳形成问题上，他认为，原始的地球是由一个固定的核和包围着它的洋水组成的。固体外壳包容着温度很高的熔融状态的岩浆，当地下能量聚集到一定程度时，熔岩流冲破地壳通过火山口而喷流出来，形成玄武岩的结晶构造。因此，火山口是地球内部的安全活门。在火山爆发过程中，海底地壳隆起，形成陆地和山脉。山脉上的岩石被风化成碎屑，碎屑又被冲入大海，经过沉积作用和地下热的作用固成岩石，一层层地覆盖在海底。这些成分不同但彼此平行的岩层，经过地壳的再隆起变成倾斜状态。赫顿既承认地球有漫长的历史，又承认在地壳演化中的火和水的共同作用，他是地质学中进化思想的先驱，他的思想后来为赖尔所继承和发展。

水成论与火成论之间的争论主要发生在 18 世纪末至 19 世纪初。水成论和火成论各执一端，争论热烈，在争论过程中，人们倾向于用各自观察到的经验证据来支持自己的地质理论。但受到观察范围的限制，各学派又难免局限于区域性或地方性的证据。双方的理论都有明显不足之处，但他们都只看到对方的不足之处而认为自己的理论是千真万确的。甚至在一次辩论会上，两派学者由相互争论，发展到指责、对骂，最后到拳脚相加，上演了近代科学史上一场著名闹剧。

二、灾变论与渐变论

地形、地貌与地壳运动的变化有关，这是一个不争的客观事实。但是关于地壳运动的原因先后产生了两种相互对立的不同说法——灾变论和渐变论。

1. 灾变论

18 世纪以来，在工业革命的推动下，采煤、采矿、运河和隧道工程等推动了地质学的建立与发展。一方面，与矿藏勘探相联系的区域地质调查和矿物地质的研究取得了重大进展；另一方面，在大量积累资料的基础上，关于岩石的成因及其运动变化规律、地层的排列顺序及其演化历史的理论也相继建立起来，这些就为地质学中的主要分支学科——矿物学、岩石学、地层学和地史学奠定了基础。因此，有人把 18 世纪中期至 19 世纪中期的历史称为近代地质学的英雄时代。

在近代地质学英雄时代，长期存在着渐变论和灾变论的争论。灾变论的代表是法国的动物学家、解剖学家和古生物学家居维叶(1769—1832 年)。为了说明不同地层中脊椎动物化石在物种上的明显差别，以及这些化石与现存生物的差别，居维叶提出了灾变论。他认为，在地球的历史上多次出现过局部地区的自然环境的灾变，如洪水、地震等。这种变化使当地的生物灭绝，从远处迁移过来的生物代替了原有的生物。因此，在多次灾变中埋藏在同一地区地层中的化石在种属上就会有明显的差别。他认为，地质形成过程中一直都在起作用的力量在形成、毁坏、再形成地壳的岩层方面起了关键作用。

2. 渐变论

英国地质学家赖尔(1797—1875 年)继承和发展了赫顿的学说，他考察了欧洲许多不同地区的岩层，运用大量的地质事实支持地质渐变论。1833 年赖尔的科学名著《地质学原理——参照现在起作用的各种原因来解释地球表面过去发生的变化的尝试》一书出版。它是一部为近代地质学奠定基础的伟大著作。在书中，他用现在还在起作用的力量——风、雨、河流、海浪、潮汐、火山、地震等因素，说明地质历史上所发生的各种变化。他认为地球的历史在时间上是连续的，现状是以前变迁的结果，是一连串前后相继的事变的结果。这些变化是在漫长的历史进程中缓慢发生的。他根据现存的地质应力——内力(地震、火山等)和外力(风、雨、雪、温度的变化等)，说明了地壳变化是由上述自然力长期作用的结果。这些作用不是爆发式的、剧烈的变化，而是渐进式的、微小的变化，这些变化的积累会使地球的面貌发生明显的、巨大的变化。

到了 19 世纪，岩石学、地层学和古生物学皆取得了重大突破。当时的地质学家和博物学家基本上都承认，化石是一度存在过的生物遗骸，是地质和生物过程结合的产物。地层及其所含化石呈现出有规律的叠置，因此，即使相隔很远的地层，也可以根据所含化石来确定其上下关系和生成的地质年代。地层是在不同时期逐渐形成的地质学演化思想已经形成。

同时赖尔在渐变论的基础上，系统阐述了他的地质演化理论。他认为一个地区的火山岩往往是多期形成的，每一期内往往又是多次喷发和溢流的火山物质造成岩石。考虑到时间长、次数多的因素，每次火山爆发并不都是很强烈的。散布在沉积岩地层中的无数同类化石，意味着同一物种曾经继续了许多世代，与其同时生成的地层不会是短期内形成的。这清楚地表明，地质形成是一个长期的演化过程。赖尔用现实主义的方法，通过自然界本身的力量，阐明了地壳的演化过程。他把变化、发展的思想引进了地质学，把唯物主义和辩证法思想引进了地质学，因而有重要的理论价值。赖尔第一次把理性带进地质学中，他以地球的缓慢变化这样一种渐进作用，代替了由于造物主的一时兴发所引起的突然革命。恩格斯把赖尔的地质学理论视作打破形而上学自然观的重要科学依据之一。

无论灾变论还是渐变论，最初都只是一种形而上学的假设。渐变论受到了早期的机械论哲学的影响，认为物质体系在整个地球历史时期是守恒的，或者说是不变的。渐变论只是将非历史性的机械论做了一点变通，认为守恒的不是自然界的物质体系，而是自然界的作用力。地球上的物质通过永恒不变的力的作用而改变着。灾变论则是以现在起作用的地质力来解释过去发生过的事件的现实主义的方法论，显然为地质学提供了有效的方法论工具。赫顿的研究可以看作理性思辨与经验常识在地质学中完美交融的标志。相比而言，灾变论含有更多辩证法的成分。但是，在各自的假定和推理的前提皆没有经验证据的情况下，以现在起作用的地质力解释远古时代的自然过程，更容易同当代人的经验联系起来，其解释模式更易于为当代人所接受，因而渐变论很快就取得了统治地位。赖尔的《地质学原理》继承和发展了渐变论，对人在自然界中的地位的现代认识产生了深刻影响，完成了地质学发展史的一次理论综合，形成了地质演化理论。该著作以浅显易懂、形象生动的文字，翔实可靠的观察证据，令人心悦诚服的逻辑论证，成为地质科学的旷世经典。

第六节　第二次工业革命

第一次工业革命以蒸汽机的发明、使用和工作机的广泛使用为标志。第二次工业革命，则以内燃机的发明、使用和电力技术的广泛使用为标志。

一、内燃机的发明与使用

内燃机是指利用燃料在气缸中燃烧产生的气体推动活塞或转子，将热能转化为机械能的动力机。例如，以汽油、柴油为燃料的动力机就属于内燃机。外燃机是指燃料在气缸外燃烧，然后将产生的蒸汽导入气缸做功的动力机。例如，以煤炭为燃料的蒸汽机和以煤炭、燃油为燃料的大型火力发电厂等。

18 世纪 80 年代，瓦特改进蒸汽机，随着热力学研究与金属加工技术的日趋完善，蒸汽机的效率得到提高。但由于它的体积庞大、笨重，无法成为小型机器的动力源，而且安全依然是一个难以解决的问题。1862—1879 年，英国蒸汽机爆炸事故达 1 万多起。因此，人们开始寻求各种新的热机与新的动力源。早在 17 世纪，惠更斯就曾设想过真空活塞式火药内燃机。真正的内燃机是在 19 世纪中期才出现的。

1869 年，法国发明家雷诺(1821—1900 年)制成了第一台实用的内燃机。这是一台二冲程、无压缩、电点火煤气机，作为小型动力很受中小企业的欢迎，实现了内燃机的第一次批量生产。

1876 年，德国工程师奥托(1832—1891 年)研制成功了第一台单缸、4 马力(1 马力=0.7457kW)[①]卧式四冲程往复式煤气内燃机，热效率高达 12%～14%。这种内燃机立即得到了大量推广，其性能也不断得到提高。1894 年热效率达到 20%以上，单机功率已达数百马力。

19 世纪末，随着石油工业的蓬勃发展，用石油产品取代煤气作为燃料已成必然趋势。汽油机具有功率大、重量轻、体积小、效率高等特点，适合于做交通工具上的动力。

1883 年，德国工程师戴姆勒(Daimler, 1834—1900 年)制成了第一台现代四冲程往复式汽油机，由以往的不超过 200r/min 一跃提升到 800～1000r/min。

1885—1886 年，德国工程师本茨(1844—1929 年)和戴姆勒以汽油机为动力，各自独立地制造出可供实用的汽车(图 3-1)。1889 年，戴姆勒又研制成用于汽车的 V 型双缸汽油机，并获得专利。

图 3-1　戴姆勒和本茨的汽车

1886 年，滕特和卜雷斯特曼研制成功 100 马力的立式煤油机，用于农业耕作。1892 年，德国工程师狄塞尔(1858—1913 年)发明了柴油机。

与汽油机相比，柴油机不仅结构简单、热效率高，而且燃料的价格比汽油更低。在采用先进密封技术和改进燃油喷射系统之后，利用活塞压缩产生的高压就能使雾化的柴油点火燃烧。由于柴油机功率大、压缩比高、燃料便宜，很快就广泛应用于卡车、拖拉机、公共汽车、船舶及铁路机车，成为重型运输工具中无可争议的动力机。狄塞尔柴油机的问世，标志着往复式活塞式内燃机的发明基本完成。

内燃机特别是汽油机和柴油机的问世，使工业生产的产业结构迅速发生变化，出现了许多新型产业，如石油的开采与提炼、橡胶的生产、各种交通工具的研制、公路及桥梁的建筑等多个生产领域，尤其推动了有机化学工业的快速发展。公路、铁路的出现，使人们的社会生活发生了重大变化，同时诞生了第三产业——服务性行业。对农业和交通运输业的发展来说，内燃机的重要性甚至超过了电机。

① 全书均为米制马力。

二、电力技术革命

第二次工业革命的另一个核心成果是电力技术的广泛应用。电力技术的应用主要体现在电能的产生、传输与利用三个方面。奥斯特电流磁效应的发现、法拉第电磁感应定律的发现为电动机和发电机的制造准备了理论基础与研究方向。

1831 年，法拉第在发现感生电流实验装置的基础上，试制出一种最初的永磁铁发电机的实验模型。1931 年，亨利(1797—1878 年)试制出了一台电动机的实验模型。1832 年，法国青年电学工程师皮克希(1808—1835 年)试制成功一台手摇永磁式实验型发电机，并安装了一种最原始的换向器，使其所产生的交流电转变为直流电，可以为电镀和电解提供电源。1834 年，英国伦敦仪器制造商克拉克研制成第一台商用交流发电机，通过安培设计的机械整流器转换成直流电输出。其后，各种发电机不断问世，但都未能在技术上有新的突破。

1867 年，德国工程师西门子利用自激原理制成了自馈式直流发电机。他利用发电机产生的电流作为自身电磁铁的电源，这一改进极大地提高了发电机的功率，使得发电机能够向外输出强大的电流。

西门子在电力技术发展中的作用与瓦特在蒸汽技术中的作用具有同等历史地位。西门子被誉为第二次工业革命的英雄。

由于直流电不能远距离传输、发电机的换向器和电刷质量不可靠等因素，交流发电的优越性就显示出来了。

1876 年，俄国科学家亚布洛契诃夫(1847—1896 年)制成了一台供给他所发明的弧光灯的交流发电机。1885 年，意大利物理学家、电工学家法拉里(Ferrari，1847—1897 年)提出了旋转磁场原理，为交流发电机的研制提供了理论基础。1889 年，俄国电工学家多里沃-多勃罗沃尔斯基(Долцво-Добровољский，1862—1919 年)研制成功第一台实用的三相交流发电机。

在发电机研制的同时，电动机也在紧张地研制中。1931 年，美国物理学家亨利(Henry，1797—1878 年)试制了一台电动机实验模型。1834 年，德国电学家雅可比在亨利电动机模型的基础上，制成了第一台实用型电动机。1889 年后，多里沃-多勃罗沃尔斯基先后发明了三相异步电动机、三相变压器和三相制。1891 年，实现了三相制交流供电。三相交流电系统已成为近代发电、输电、供电的基本形式。三相制的发明标志着电工技术发展到了一个新阶段。

蒸汽机和发电机的结合，使许多大型发电厂拔地而起，电能作为新能源逐渐取代了蒸汽动力而占据统治地位。电能的集中生产与分散使用，为工农业生产提供了稳定、可靠、清洁、强大、方便的动力；电能易于转化为热、光、机械、化学等多种形式的能量，以满足人们在生产、生活中的要求。电力技术广泛应用，出现了专门生产电力、电工和各种电气设备的产业部门，又一次推动了工业革命，加快了工业化的发展进程。

1879 年，美国著名发明家爱迪生完成了实用白炽灯的发明。1881 年，他在巴黎博览会上，把蒸汽机与发电机连接起来，同时点亮了 1000 盏电灯，震惊了世界。1882 年，爱迪生建立了世界上第一座直流发电厂，6 台发电机点燃了 9000 盏功率为 15W 的灯泡，标志着世界上第一个民用电照明系统的诞生，电力从此进入寻常百姓的生活中。

1837 年，美国发明家莫尔斯(Morse，1791—1872 年)发明了有线电报并建成了电报线路。1876 年，美国的另一位发明家贝尔(Bell，1847—1922 年)发明了电话并取得了发明专利。1895 年 5 月，俄国电工学家波波夫(Popov，1859—1906 年)首次公开了他所发明的无线电信号接收机和记录信号，并于 1896 年 3 月用无线电信号发送莫尔斯电报获得成功，发送的电文是："亨利·赫兹"。1895 年秋，意大利物理学家马可尼（Marconi，1874—1937 年）成功进行了 2.5km 的无线电报的传送实验，并于 1896 年取得了发明专利。无线电通信的诞生为后来的无线电广播、电视机的研制奠定了基础和指明了研究方向。

第二次工业革命的成功表明，理论科学和实验科学第一次走到了应用技术的前面，成为技术发明与革新的理论基础和研究方向。同时，生产技术的提高明显缩短了科学成果转化为直接社会生产力的时间。蒸汽机从最初的发明到成功使用花了 100 年左右的时间；从 1831 年法拉第电磁感应定律的发现到西门子 1867 年发明自馈式发电机，用了 36 年时间；而从赫兹 1888 年用实验证实电磁波存在到 1895 年无线电报的发明，只用了 7 年的时间。

思　考　题

1．海王星发现的科学意义有哪些？
2．天体物理学与天体化学的兴起对天文学的发展有何积极意义？
3．永动机是什么样的机器？永动机为什么不能够实现？
4．法拉第对电磁学的贡献主要体现在哪个方面？
5．简述麦克斯韦对电磁场理论的贡献。
6．简述化学元素周期律的形成过程。
7．简述有机化学的建立过程。
8．生物进化论的建立有哪些积极意义？
9．最初的内燃机用的是什么燃料？柴油机是由谁发明的？
10．简述内燃机的发明与使用在第二次工业革命中的作用和意义。
11．简述电力技术在第二次工业革命中的作用和意义。

参 考 文 献

陈吉明，2015．科学技术简史．北京：科学出版社.
胡显章，曾国屏，2006．科学技术概论．北京：高等教育出版社.
李建珊，2001．世界科技文化史教程. 北京：科学出版社.
吴国盛，2002．科学的历程．北京：北京大学出版社.
张子文，2010．科学技术史概论．杭州：浙江大学出版社.
赵公民，2016．科学技术概论．北京：机械工业出版社.
周靖，2011．科学技术概论．南京：南京大学出版社.

第三篇　现代科学技术

随着电子计算机的问世和原子能的利用，20 世纪 50 年代以来，在科学技术自身驱使和各种社会因素的拉动下，一大批建立在现代最新科学研究成果基础上的高技术迅速崛起，并最终以信息技术为先导，以材料技术为基础，以新能源技术为支柱，向着生物、海洋和太空扩展。

第四章　现代生物技术

近些年，以基因工程、细胞工程、酶工程、发酵工程为代表的现代生物技术发展迅猛，并日益影响与改变着人们的生产和生活方式。它广泛应用于医药卫生、农林牧渔、轻工、食品、化工和能源等领域，促进传统产业的技术改造和新兴产业的形成，对人类所面临的食品短缺、健康问题、环境问题以及经济问题的挑战至关重要。生物技术是现实生产力，它将是 21 世纪高新技术革命的核心内容，许多国家都将生物技术确定为增强国力和经济实力的关键技术，我国同样把生物技术列为高新技术之一并组织力量追踪和攻关。

第一节　概　　述

一、现代生物技术的定义

现代生物技术是以生命科学为基础，利用生物(生物组织、细胞或其他组成部分)的特性和功能，设计、构建具有预期性能的新物质或新品系，以及与工程原理相结合，加工生产产品或提供服务的综合性技术。这门技术内涵十分丰富，它涉及：对生物的遗传基因进行改造或重组，并使重组基因在细胞内表达，产生人类需要的新物质的基因技术(如克隆技术)；从简单普通的原料出发，设计最佳路线，选择适当的酶，合成所需功能产品的生物分子工程技术；利用生物细胞大量加工、制造产品的生物生产技术(如发酵)；将生物分子与电子、光学或机械系统连接起来，并把生物分子捕获的信息放大、传递，转换成为光电或机械信息的生物耦合技术；在纳米尺度上研究生物大分子精细结构及其与功能的关系，并对其结构进行改造，利用它们组装分子设备的纳米生物技术；模拟生物或生物系统、组织、器官功能结构的仿生技术，等等。

二、生物技术的发展

公元前，我国人民就会利用谷物造酒，能制作豆腐、酱、醋等，并一直沿用至今。公元 10 世纪，我国就有了预防天花的活疫苗，到明代就广泛地种植痘苗以预防天花。16 世纪，我国医生已经知道被疯狗咬可传播狂犬病。19 世纪 60 年代，法国科学家首先证实发酵是由微生物引起的。20 世纪 20 年代，工业生产开始采用大规模的培养技术发酵化工原料。20 世纪 50 年代，在青霉素大规模发酵生产的带动下，发酵工业和酶制剂工业大量涌现。发酵技术和酶技术广泛应用于医药、食品、化工等部门。20 世纪初，遗传学建立并得到应用，产生了遗传育种学，并于 20 世纪 60 年代取得辉煌的成就，被誉为“第一次绿色革命”。细胞学的理论应用于生产细胞工程。上述发展，只能视为传统生物技术。

以基因工程和细胞工程为核心的现代生物技术，是 20 世纪 70 年代在分子生物学和细胞生物学的基础上形成的，它的诞生以 1972 年基因工程的出现为标志。它向人们提供了一种全新的技术手段，使人们可以按照意愿在试管内切割 DNA、分离基因并经重组后导入其他生物或细胞，借以改造农作物或畜牧品种；也可以导入细菌这种简单的生物体，由细菌生产大量有用的蛋白质，或作为药物，或作为疫苗，或作为酶制剂；也可以直接导入人体内进行基因治疗。基因工程带动了现代细胞工程、现代发酵工程、现代酶工程的发展，形成了具有划时代意义的现代生物技术。

三、生物技术的特点

(1) 高技术。生物技术主要表现为精细和密集的复杂技术，摆脱了传统的经验型研究模式。

(2) 高效能。生物技术能够突破自然的生殖隔离，可以按人类需要设计和改造生物的结构与功能，定向地组建具有特定性状的新物种和新品系。因此能制造出生产能力强大和满足特殊需要的优良的动物、植物与微生物品种。生物物种可量身定做，其效能是传统技术难以相比的。

(3) 高投入和高利润。生物技术需借助于实验室大量的基础研究工作，前期科研投入很高，而其成果的收益也很大。建立在实验室研究基础上的生物技术的发展已经为人类带来了巨大的利益和财富。

(4) 高挑战性。生物技术可以人为地制造自然界前所未有的生物产品或生物物种，这些产品的安全性对现代技术是一种挑战，对人类的伦理、人性的尊严也是一种挑战。

四、生物技术的主要内容

生物技术是由多学科综合而成的一门新学科，就生物科学而言，它包括微生物学、生物化学、细胞生物学、免疫学、遗传与育种等几乎所有与生命科学有关的学科，特别是现代分子生物学的最新理论成就更是生物技术发展的基础。根据生物技术操作的对象及操作的技术不同，现代生物技术主要包括基因工程、细胞工程、发酵工程、酶工程。这四项技术不是相互独立的，它们彼此之间是相互联系、相互渗透、相互促进的，构成完整的生物技术。其中基因工程技术是核心，它能带动其他技术的发展。

第二节 基因工程

基因工程(genetic engineering)是 20 世纪 70 年代以后新兴的一门新技术，是应用人工方法把生物的遗传物质(DNA)分离出来，在体外进行切割、拼接和重组，然后将重组的 DNA 导入某种宿主细胞或个体，从而改变它们的遗传品性。有时还使新的遗传信息(基因)在新的宿主细胞或个体中大量表达，以获得基因产物(多肽或蛋白质)。这种通过体外 DNA 重组创造新生物并给予特殊功能的技术称为基因工程，也称 DNA 重组技术。

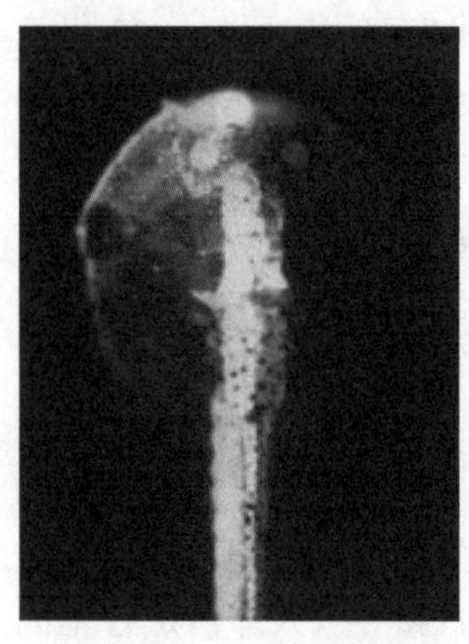
图 4-1　转基因荧光蝌蚪

基因工程可以把特定的基因组合到载体上，并使之在受体细胞中增殖和表达，因此，它不受亲缘关系限制。图 4-1 是从水母身上采集了荧光蛋白，制造出可以发出荧光的蝌蚪。

一、基因工程研究的理论依据

(1) 不同基因具有相同的物质基础。地球上几乎所有的生物，从细菌到高等动物和植物，直至人类，它们的基因都是一个具有遗传信息的 DNA 片段。而所有生物的 DNA 的组成和基本结构都是一样的，如图 4-2 所示。因此，不同生物的基因(DNA 片段) 原则上是可以重组互换的。虽然有些病毒的基因定位在 RNA 上，但是这些病毒的 RNA 仍可以通过反转录产生互补 DNA (cDNA)，并不影响不同基因之间的重组。

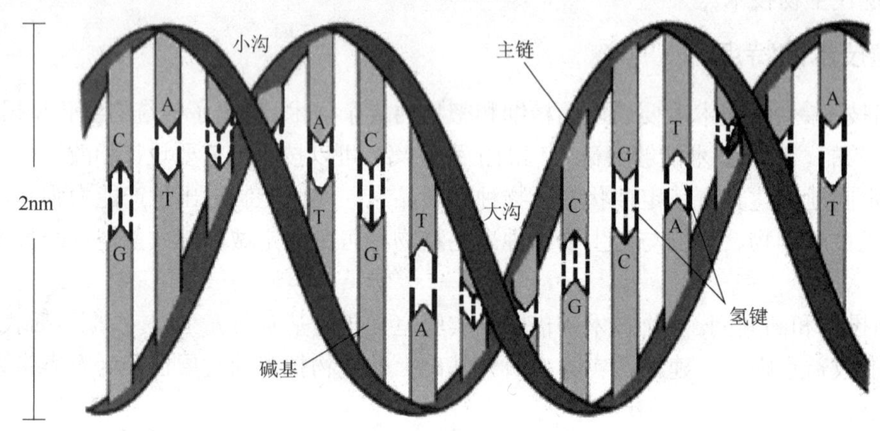

图 4-2　DNA 双螺旋结构模型

(2) 基因是可以切割的。基因直线排列在 DNA 分子上。除少数基因重叠排列外，大多数基因彼此之间存在间隔序列。因此，作为 DNA 分子上一个特定核苷酸序列的基因，允许从 DNA 分子上一个一个完整地切割下来。即使是重叠排列的基因，也可以把其中需要的基因切割下来，只是这样破坏了邻近的其他基因。

(3) 基因是可以转移的。基因不仅可以切割下来，而且携带基因的 DNA 分子可以在不同生物之间转移，或者在生物体内的染色体 DNA 上迁移，甚至可以在不同染色体间进行跳跃，插入靶 DNA 分子中。因此可见，基因是可以转移的，而且是可以重组的，并且转移后的基因一般仍有功能。

(4) 多肽与基因之间存在对应关系。普遍认为，一种多肽就有一种相对应的基因。因此，基因的转移或重组最终可以根据其表达产物多肽的性质来考察。

(5) 遗传密码是通用的。所有生物从最低级的病毒直至人类，蛋白质的合成都使用同一套遗传密码，只有极少数例外，也就是说遗传密码是通用的。重组的 DNA 分子不管导入什么样的生物细胞中，只要具备转录翻译的条件，其上面的遗传密码均能转录翻译出同样的氨基酸。即使人工合成的 DNA 分子(基因)，其上面的遗传密码同样可以转录翻译出相应的氨基酸。

(6) 基因可以通过复制把遗传信息传递给下一代。经重组的基因在合适的条件下是能传代的，可以获得相对稳定的转基因生物。

二、基因工程的物质基础

1. 目的基因

基因工程是一种有预期目的的创造性工作，它的原料就是目的基因。目的基因是指通过人工方法获得的符合设计者要求的 DNA 片段，在适当条件下，目的基因将会以蛋白质的形式表达，从而实现设计者改造生物性状的目标。

2. 载体

目的基因一般都不能直接进入另一种生物细胞，它需要与特定的载体结合，才能安全地进入受体细胞中。目前常用的载体有质粒、噬菌体和病毒。

质粒是在大多数细菌和某些真核生物的细胞中发现的一种环状 DNA 分子，它位于细胞质中。许多质粒含有在某种环境下可能必不可少的基因。

噬菌体是专门感染细菌的一类病毒，由蛋白质外壳和中心的核酸组成。在感染细菌时，噬菌体把 DNA 注入细菌里，以此 DNA 为模板，复制 DNA 分子，并合成蛋白质，最后组装成新的噬菌体。当细菌死亡破裂后，大量的噬菌体被释放出来，去感染下一个目标。

质粒、噬菌体和病毒的相似之处在于，它们都能把自己的 DNA 分子注入宿主细胞中并保持 DNA 分子的完整，成为运载目的基因的合适载体。因此，基因工程中的载体实质上是一些特殊的 DNA 分子。

3. 工具酶

限制性核酸内切酶和 DNA 连接酶的发明是基因工程的酶基础。

限制性核酸内切酶(简称限制性内切酶)是一种在特殊核苷酸序列处水解双链 DNA 的内切酶，是一类能识别双链 DNA 中特殊核苷酸序列，并在合适的反应条件下使每条链特定点位上的磷酸二酯键断开。至今发现的限制性内切酶有 I 型酶、II 型酶和III型酶，它们各有特性。基因工程操作中真正有用的是 II 型酶，如果没有专门说明，通常所说的限制性内切酶就是 II 型酶。II 型酶识别核苷酸序列的特异性强，切割的位点固定，它只进行特异性切割核苷酸而不修饰碱基，并且切割核酸时不需要消耗能量。

DNA 连接酶也称 DNA 黏合酶，在分子生物学中扮演一个既特殊又关键的角色，那就是把两条 DNA 黏合成一条。无论双股还是单股 DNA 的黏合，DNA 黏合酶都可以借由形成磷酸二酯键将 DNA 在 3'端的尾端与 5'端的前端连在一起，使两者生成磷酸二酯键，从而把两段相邻的 DNA 链连成完整的链。

三、基因工程基本操作步骤

一个典型的 DNA 重组包括五个步骤，如图 4-3 所示：基因工程需要有一套工具，以便从生物体中分离目的基因，然后选择适合的载体，将目的基因与载体连接起来。DNA 分子很小，其直径只有 20Å，基因工程实际上是一种“超级显微工程”，对 DNA 的切割、缝合与转运必须有特殊的工具。

1968 年，科学家第一次从大肠杆菌中提取出了限制性内切酶。限制性内切酶最大的特点是专一性强，能够在 DNA 上识别特定的核苷酸序列，并在特定切点上切割 DNA 分子。20 世纪 70 年代以来，人们已经分离提取了 400 多种限制性内切酶。有了它，人们就可以随心所欲地进行 DNA 分子长链切割。1976 年，5 个实验室的科学家几乎同时发现并提取出一种酶，称为 DNA 连接酶。从此，DNA 连接酶就成了“黏合”基因的“分子黏合剂”。

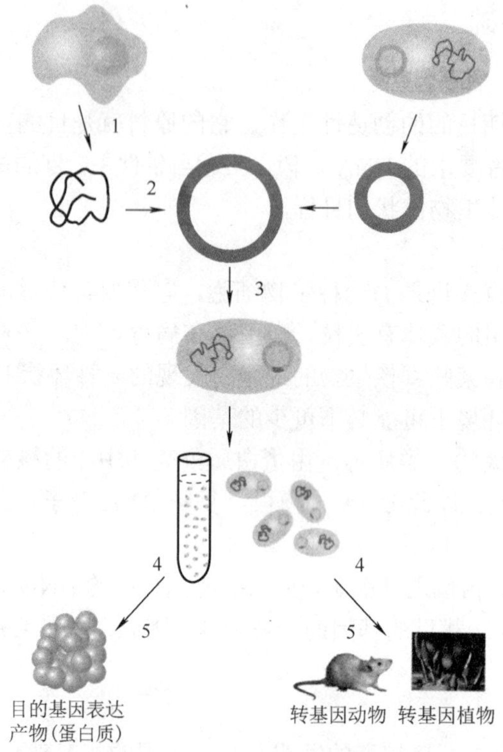

图 4-3　基因工程操作步骤示例

基因工程的基本操作步骤如下。

(1) 目的基因的分离。目前，获取目的基因的方法主要有三种：反向转录法、从细胞基因组直接分离法和人工合成法。

反向转录法是利用 mRNA 反转录获得目的基因的方法。现在用这种方法人们已先后合成了家兔、鸭和人的珠蛋白基因、羽毛角蛋白基因等。

从细胞基因组中直接分离目的基因常用鸟枪法，因为这种方法犹如用散弹打鸟，所以又称散弹枪法。用鸟枪法分离目的基因，具有简单、方便和经济等优点。许多病毒和原核生物、一些真核生物的基因，都用这种方法获得了成功的分离。

人工合成目的基因是 20 世纪 70 年代以来发展起来的一项新技术。应用化学合成法，可在短时间内合成目的基因。科学家已相继合成了人的生长激素释放抑制素、胰岛素、干扰素等蛋白质的编码基因。

(2) 目的基因与载体重组。体外重组是把载体与目的基因进行连接。例如，以质粒作为载体时，首先要选择出合适的限制性内切酶，对目的基因和载体进行切割，再以 DNA 连接酶使切口两端的脱氧核苷酸连接，于是目的基因被镶嵌进质粒 DNA，重组形成了一个新的环状 DNA 分子(杂种 DNA 分子)。

(3) 重组基因的导入。把目的基因装在载体上后，就需要把它引入受体细胞中。导入的方式有多种，主要包括转化、转导、显微注射、微粒轰击和电击穿孔等方式。转化和转导主要适用于细菌一类的原核生物细胞和酵母这样的低等真核生物细胞，其他方式主要应用于高等动植物的细胞。例如，如果运载体是质粒，受体细胞是细菌，一般是将细菌用氯化钙处理，以增大细菌细胞壁的通透性，使含有目的基因的重组质粒进入受体细胞。目的基因导入受体细胞后，就可以随着受体细胞的繁殖而复制，由于细菌的繁殖速度非常快，在很短的时间内就能够获得大量的目的基因。

(4)受体细胞的筛选。在全部的受体细胞中，真正能够摄入重组DNA分子的受体细胞是很少的。因此，必须通过一定的手段对受体细胞中是否导入了目的基因进行检测。通过载体上存在的已知基因的表达或扩增目的基因，验证导入的真实性。例如，常用抗生素来证明导入的成功。

(5)基因表达。目的基因在成功导入受体细胞后，它所携带的遗传信息必须要通过合成新的蛋白质才能表现出来，从而改变受体细胞的遗传性状。目的基因在受体细胞中的表达需要满足一些条件。例如，目的基因利用受体细胞的核糖体来合成蛋白质，因此目的基因上必须含有能启动受体细胞核糖体工作的功能片段，如抗虫棉、荧光兔等。

这五个步骤代表了基因工程的一般操作流程。

人们掌握基因工程技术的时间并不长，但已经获得了许多具有实际应用价值的成果，基因工程作为现代生物技术的核心，将在社会生产和实践中发挥越来越重要的作用。

四、基因工程的应用

自20世纪70年代初诞生以来，基因工程的发展突飞猛进，它可以按照人们的主观愿望直接控制基因，打破了不同物种间在亿万年中形成的天然屏障，基因工程各项技术的应用使生命科学的研究发生了前所未有的变化，在工业、农牧业、医药卫生、环境保护、军事等各方面有着广阔的发展前景。

从生物分类的角度，可以将通过基因工程获得的转基因生物分为转基因植物、转基因动物和转基因微生物。从其应用领域来看，基因工程为人类提供了大量的食品、药品，同时为人类提供了环境保护的有利技术手段。

下面从以下方面介绍基因工程的应用。

1. 农牧业

自1983年首例转基因植物——烟草问世，至今全球已有120多种植物获得转基因植株。美国是世界上第一个批准转基因农作物商业化种植的国家，其转基因作物种植面积一直居世界首位。最主要的转基因作物是大豆和玉米，转基因棉花和油菜的种植面积位居第三和第四。

目前，主要产业化的抗除草剂和抗虫转基因农作物可有效地防治杂草与虫害，如图4-4和图4-5所示，大幅度减少用工投入，大幅度降低化学杀虫剂的用量，并在保护环境和提高农民收入等方面发挥了作用，社会效益和经济效益十分显著。

2. 医药

1982年，美国食品药品监督管理局批准了首例基因工程产品——人胰岛素投放市场，标志着基因工程正式进入商业化阶段。此后又出现了更多的基因工程产品和蛋白质药物，如人生长激素、干扰素、白细胞介素-2、粒细胞集落因子、乙肝疫苗等。1992年2月，由上海交通大学医学遗传研究所培育出了中国第一头携带人血清蛋白基因的转基因羊。利用此技术，科学家还从转基因羊奶中提取了一种治疗心脏病的药物*tPA*(组织纤溶酶原激活物)，见图4-6。

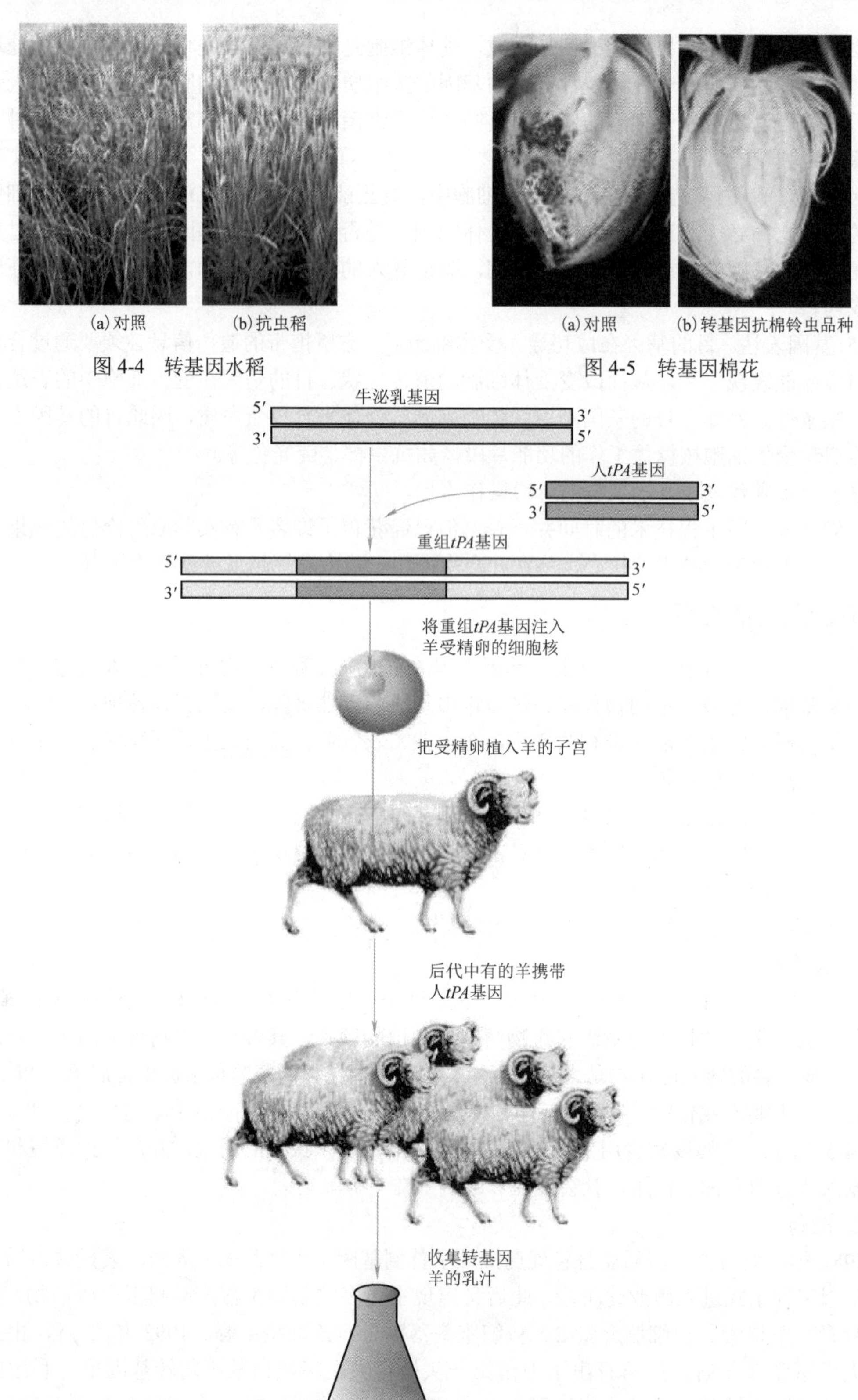

图 4-4　转基因水稻

图 4-5　转基因棉花

图 4-6　药物 *tPA* 的生产过程

人体基因的缺失导致一些遗传疾病，应用基因工程技术使缺失的基因归还人体，达到治疗的目的，已成为基因工程在医学方面应用的又一重要内容。

3. 环境保护

基因工程还应用于环境保护方面，充当自然界的清道夫，比如，找到高效降解不同垃圾的基因，转到具体的宿主菌里面，构建出环境治理效果很好的工程菌。基因工程做成的“超级细菌”能吞食和分解多种污染环境的物质。通常一种细菌只能分解石油中的一种烃类，用基因工程培育成功的“超级细菌”却能分解石油中的多种烃类化合物，有的还能吞食转化汞、镉等重金属，分解双对氯苯基三氯乙烷(DDT)等毒害物质。

五、人类基因组计划

人类基因组计划(human genome project, HGP)是由美国科学家于 1985 年率先提出，于 1990 年正式启动的。美国、英国、法国、德国、日本和我国科学家共同参与了预算达 30 亿美元的人类基因组计划。按照这个计划的设想，在 2005 年，要把人体内约 4 万个基因的密码全部解开，同时绘制出人类基因的谱图。换句话说，就是要揭开组成人体 4 万个基因的 30 亿个碱基对的秘密。人类基因组计划与曼哈顿原子弹计划和阿波罗计划并称为三大科学计划，被誉为生命科学的“登月计划”。

1990 年，美国正式启动为期 15 年的人类基因组计划，总投资 30 亿美元，其目标是测定人类基因组 30 亿个碱基对的全部 DNA 序列，进而破译人类基因组 3 万～10 万个基因的遗传信息。1993 年，美国对这一计划做了修订，主要内容包括：人类基因组的基因图的构建与序列分析；人类基因的鉴定；基因组研究技术的建立；人类基因组研究的模式生物；信息系统的建立。这其中的最重要的任务就是人类基因组的基因图构建与序列分析。完成物理图、遗传图、序列图，其中首先要保质保量完成的是序列图。

人类基因组计划由美国启动，随后英国、日本、德国、法国相继参加。1999 年 9 月我国获准加入这一计划，负责测定人类 3 号染色体短臂上的一个约 30MB 区域的测序任务，该区域占整个人类基因组的 1%。中国是继美国、英国、日本、德国、法国之后第 6 个人类基因组计划参与国，也是参与这一计划的唯一发展中国家，因此改变了国际人类基因组研究的格局，提高了人类基因国际合作的形象，受到了国际同行，特别是参与人类基因组计划的各个中心以及发展中国家的欢迎和称颂。通过加入这一项目，我国理所当然地分享人类基因组计划的全部成果与数据、资源与技术，拥有有关事务的发言权，建立了我国自己的、接近世界水平的基因组研究实力。

1999 年 12 月 1 日国际人类基因组计划联合研究小组宣布，完整破译出人体第 22 对染色体的遗传密码，这是人类首次成功地完成人体染色体完整基因序列的测定。2000 年 6 月 26 日，6 国科学家联合宣布，人类基因组草图已初步绘制完成，比计划提前了 5 年。它标志着人类在解读自身“生命之书”路上迈出了重要一步。

有了人类遗传基因图，就可以确定各种遗传基因的正确位置。现在已经知道，人类的生老病死、喜怒哀乐，甚至生态环境和生物进化等都与基因密切相关。所以有的科学家说：“人类的 DNA 序列是人类的真谛，这个世界上发生的一切事情都与这一序列息息相关，包括癌症在内的人类疾病的发生都与基因直接或间接有关……”实际上，人类所有的疾病都是基因病，除单基因病外，还有多基因病，如恶性肿瘤、心脑血管病、精神神经性疾病、糖尿病、风湿病、免疫性疾病等，另外还有获得性疾病，由病原微生物侵入人体所致，如艾滋病、乙型肝炎、结核病等。更重要的是科学家发现，无论单基因病还是多基因病，在发病过程中实际上都涉及很多基因的作用。

目前，科学家只是将人类基因组的草图绘制完成，接下来还需要绘制精图、功能定位图，从总体上由结构研究转入功能研究，即进入“后基因组时代”。如果将人类基因组的全部序列比作一部“天书”，那么草图的绘制仅仅是“读出”了天书，而远未“读懂”天书，即还没有完成对所有的基因进行功能定位等方面的认识，这个任务有待于测序、拼接(组装)和标注等工作全部完成以后才能实现。目前处于测序和拼接之间，而标注预计将持续十几年甚至几十年，故读懂“天书”尚待时日。

人类对生命了解的愿望，不仅仅是对人类自己，而且是对地球所有的生命，它包括地球上不同地方的微生物、植物和动物进化的所有信息。因为对人类来说，这是一个取之不尽的生物资源，所以基因组工作会长时期地继续下去，从人类基因组到动物基因组，到植物基因组，再到微生物基因组……

第三节　细 胞 工 程

细胞工程(cell engineering)，是应用细胞生物学和分子生物学的理论和方法，通过某种工程学手段，以细胞为基本单位，在体外进行培养、繁殖，或人为地使细胞某些生物学特性按人们意愿发生改变，从而改良生物品种和创造新品种，加速繁育动、植物个体，以获得某种有用物质的过程。

当前细胞工程所涉及的主要技术领域有细胞培养、细胞融合、胚胎移植及细胞核移植与克隆等方面。

一、细胞培养

生物体细胞具有使后代细胞形成完整个体的潜能，细胞的这种特性称为细胞的全能性。生物体的每一个细胞都包含该物种所特有的全套遗传物质，都有发育成为完整个体所必需的全部基因，从理论上讲，生物体的每一个活细胞都应该具有全能性。

细胞培养分为植物细胞培养和动物细胞培养，植物细胞培养是在离体条件下，将愈伤组织或其他易分散的组织置于液体培养基中进行振荡培养，得到分散成游离状态的悬浮细胞，通过继代培养使细胞增殖，从而获得大量细胞群体的一种技术；而动物细胞培养是指在体外无菌条件下，模拟体内正常生理状态下的基本条件和环境，分离培养机体组织细胞或建立细胞系，并使得细胞在体外培养容器中长期生长或繁殖的方法。

1. 植物细胞与组织培养的主要步骤

(1)从健康植株的特定部位或组织，如根、茎、叶、花、果实、花粉等，选择用于培养的起始材料(外植体)。

(2)用一定的化学药剂(常用的有次氯酸钠、升汞和酒精等)对外植体表面消毒，建立无菌培养体系。

(3)形成愈伤组织和器官，由愈伤组织再分化出芽并可进一步诱导形成小植株。

植物细胞培养是将离体的植物器官、组织或细胞培养了一段时间后，通过细胞分裂，形成愈伤组织。由高度分化的植物器官、组织或细胞产生愈伤组织的过程，称为植物细胞的脱分化或者去分化。脱分化产生的愈伤组织继续进行培养，又可以重新分化成根或芽等器官，这个过程称为再分化。再分化形成的试管苗，移栽到地里，可以发育成完整的植物体。植物细胞培养依据的原理是植物细胞的全能性。影响植物细胞脱分化产生愈伤组织的一个重要因素是植物激素。当细胞分裂素和生长素共同使用时，能强烈地刺激愈伤组织的形成。图 4-7 是烟草植株的细胞培养过程。

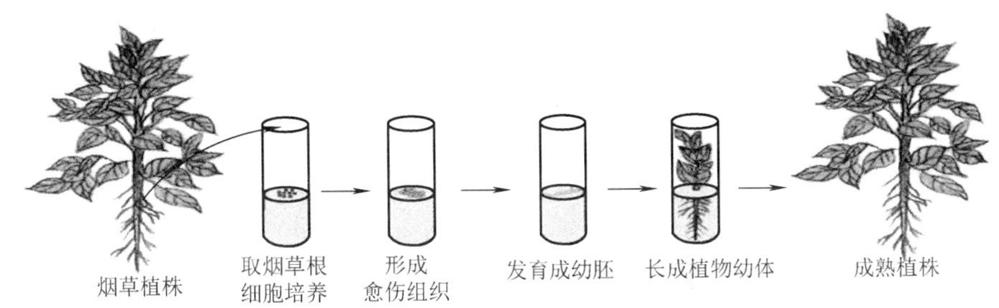

图 4-7 烟草植株的细胞培养过程

2. 动物细胞培养的主要步骤

(1) 在无菌条件下，从健康动物体内取出适量组织，剪切成小薄片。

(2) 加入适宜浓度的酶与辅助物质进行消化作用使细胞分散。

(3) 将分散的细胞进行洗涤并纯化后，以适宜的浓度加在培养基中，37℃下培养，并适时进行传代。

动物细胞培养就是从动物机体中取出相关的组织，将它分散成单个细胞(使用胰蛋白酶或胶原酶)，然后放在适宜的培养基中，让这些细胞生长和增殖。因为动物体细胞一般不能表达其全能性，动物细胞培养得到的是同一种的细胞，如 3D 打印血管技术。动物细胞培养技术在生物制品的生产和医学研究方面应用较为广泛。

3. 动物细胞培养与植物细胞培养的不同点

(1) 培养基不同。植物细胞为固体培养基，动物细胞为液体培养基。

(2) 培养基的成分不同。动物细胞培养必须利用动物血清，植物细胞培养则不需要。

(3) 产物不同。植物细胞培养最后一般得到新的植物个体，而动物细胞培养因为动物体细胞一般不能表达其全能性，得到的是同一种的细胞。

(4) 原理不同。植物细胞培养的原理为植物细胞的全能性，动物细胞培养的原理为细胞的增殖。

(5) 过程不同。植物细胞培养的过程为脱分化和再分化，动物细胞培养的过程为原代培养和传代培养。

二、细胞融合

细胞融合技术是一种新的获得杂交细胞以改变细胞性能的技术，它是指在离体条件下，利用融合诱导剂，把同种或不同物种的体细胞人为地融合，形成杂合细胞的过程。细胞融合的结果是一个细胞中含有两个不同的细胞核，称为异核体。在随后的有丝分裂中，来自不同细胞核的染色体可能合并到一个结合核内。因此，细胞融合又称为体细胞杂交。

细胞融合的主要步骤如下。

(1) 获取亲本细胞。将取样的组织用胰蛋白酶或机械方法分离细胞，分别进行贴壁培养或悬浮培养。

(2) 诱导融合。把两种亲本细胞置于同一培养液中，进行细胞融合。动物细胞的融合过程一般是：两个细胞紧密接触→细胞膜合并→细胞间出现通道或细胞桥→细胞桥数增加，扩大通道面积→两细胞融合为一体。

细胞融合的范围很广，从种内、种间、属间、科间一直到动、植物两界之间都进行了尝试。细胞融合技术与基因工程一样都是重组基因，只是操作的对象及水平不一样。应用细胞融合技术可以打破只有同种生物才能杂交的限制。

1978 年，国外已经利用细胞融合技术初步诱导成功，获得了理想的西红柿-马铃薯，如图 4-8 所示。1986 年，日本一家公司通过细胞融合技术培育出新型蔬菜——“生物白蓝”，它是用白菜和红甘蓝杂交而成的，新型蔬菜形状类似白菜，味道却近似甘蓝，营养丰富，味道也好，1987 年这种蔬菜已经出现在市场上。

据英国《每日邮报》2007 年 3 月 25 日报道，美国科学家经过几年实验，终于培育出了世界上第一只人兽混种绵羊，它的体内含有 15%的人类细胞，见图 4-9。这项研究的最终目标是在绵羊体内“种”出患者需要的各种可移植器官。过程包括从患者的骨髓中提取干细胞，然后将其注入一只绵羊的胚胎腹膜中，等胚胎发育成形、羊羔降生，人类干细胞也会通过新陈代谢系统进入绵羊所有器官的循环系统。两个月后，绵羊含有部分人类基因的肝脏、心脏和大脑就会发育健全，这时就能“回收利用”了。

图 4-8　西红柿-马铃薯

图 4-9　世界首只人兽混种绵羊

1973 年 5 月，童第周将从鲫鱼卵巢成熟卵细胞质中提取的核糖核酸，注射到金鱼的受精卵中。结果是，发育成长的 320 条幼鱼中，有 106 条由双尾变成单尾，表现出鲫鱼的尾鳍性状，如图 4-10 所示。

图 4-10　童鱼

三、胚胎移植

胚胎移植又称受精卵移植，俗称人工授胎或借腹怀胎，是指将雌性动物的早期胚胎，或者通过体外受精及其他方式得到的胚胎，移植到同种的、生理状态相同的其他雌性动物体内，使之继续发育为新个体的技术。它是生产胚胎的供体和孕育胚胎的受体共同繁殖后代的过程。

胚胎移植是为了加速繁育经济动物，培育动物优良品种(图 4-11)，或挽救濒危动物使用的一种方法。胚胎移植一般来说包括超数排卵、人工授精、冷冻胚胎、卵分割法等。

试管婴儿是体外受精-胚胎移植技术的俗称，是分别将卵子和精子取出后，置于培养液内使其受精，再将胚胎移植回母体子宫内发育成胎儿的过程。最初由英国产科医生帕特里克·斯特普托和生理学家罗伯特·爱德华兹合作研究成功，该技术引起了世界科学界的轰动。罗伯特·爱德华兹因此获得了 2010 年诺贝尔生理学或医学奖。1978 年 7 月 25 日，全球首位试管婴儿在英国诞生，如图 4-12 所示。试管婴儿技术目前可基本划分为三个阶段。第一代试管婴儿：将患者的卵子和精子在培养皿内混合让卵子受精，然后将受精卵在体外培养所产生的胚胎移植到患者子宫内的一种辅助生殖技术。第二代试管婴儿：1992 年由比利时 Palermo 医师及刘家恩等首次在人体成功应用卵浆内单精子注射，使试管婴儿技术的成功率得到很大的提高。第三代试管婴儿：植入前遗传学诊断，通过对早期胚胎部分细胞进行遗传学分析筛查，将无遗传病的胚胎移植入宫腔，从而有效地防止遗传病患儿出生。随着分子生物学的发展，在人工助孕与显微操作的基础上，胚胎着床前遗传病诊断开始发展并用于临床，它从生物遗传学的角度帮助人类选择生育最健康的后代，使不孕不育夫妇不仅能喜得贵子，而且能优生优育。1988 年 3 月 10 日在北京医科大学第三医院产科，中国第一例试管婴儿(女)诞生，见图 4-13。

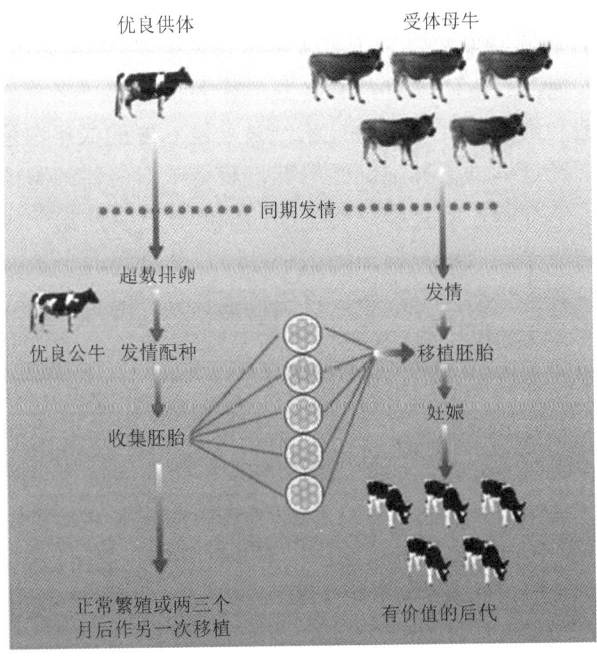

图 4-11　牛胚胎移植示意图

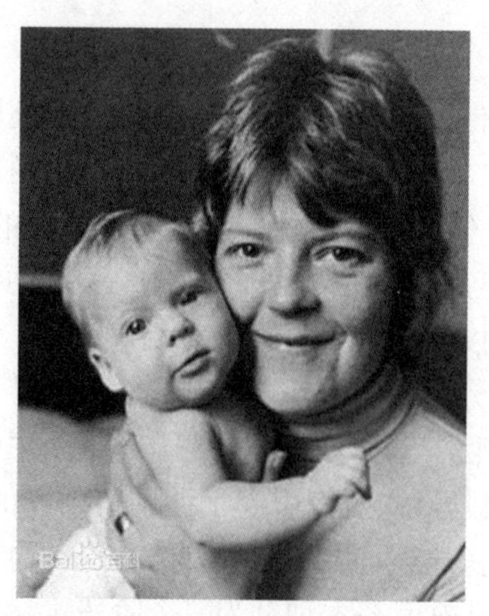
图 4-12　世界首例试管婴儿和她的妈妈

图 4-13　中国首例试管婴儿与医生

四、细胞核移植与克隆

细胞核移植，就是将一个细胞核用显微注射的方法放进另一个去核的细胞中，使后者的无性繁殖被激活、分裂并发育成新个体，使得核供体的基因得到完全复制。前者为供体，可以是胚胎的干细胞核，也可以是体细胞核。受体大多是动物的卵子，因卵子的体积较大，操作容易，而且通过发育可以把特征表现出来。

克隆原意是无性繁殖系，克隆动物就是不经过生殖细胞的受精过程而直接从体细胞获得的新的动物个体，这个新的个体是原核供体动物的复制。因此，由动物胚胎核移植培育出的新生物个体并不属于真正意义上的克隆。

1997 年 2 月 23 日英国罗斯林研究所的科学家威尔穆特(Wilmut)领导的研究小组宣布，他们完成了一项令世人惊叹的科研项目，已出生 7 个月的小羊“多莉”是克隆羊。多莉的诞生是通过 3 只羊“制造”出来的(图 4-14)：第一只羊是 6 岁的成年白色芬兰多赛特母绵羊，提取了她的乳腺细胞，经过体外营养限制性培养，获得了双倍体细胞核；第二只羊是苏格兰黑面母绵羊，它提供了卵细胞，除去卵细胞里面的细胞核，将从第一只母羊乳腺细胞中提取的细胞核植入从第二只母羊提取的去核卵细胞中，经过体外培养形成一个正常生长分裂的合子；第三只羊是另一只苏格兰黑面母绵羊，将正常生长分裂的合子植入她的子宫内，它怀胎生下了一只白色小羊——多莉。

1998 年 4 月 13 日，多莉顺利产出了它的第一只羊羔(图 4-15)，起名邦尼，邦尼的诞生表明，由一只成熟细胞克隆出的羊可以受孕并足月怀胎，产生一个健康的羊羔。

多莉的成功克隆说明高度分化的成年动物体细胞不仅在遗传密码的保护上是全息的，而且这种全息性会在一定条件下表现出来。采用细胞核移植技术可以使生命过程逆转或重新开始。对植物的克隆人们已经司空见惯，例如，一个花枝扦插，它可以生长、开花并生出须根。但对动物，特别是哺乳动物还是第一次，这打破了生物界长期以来的定论。

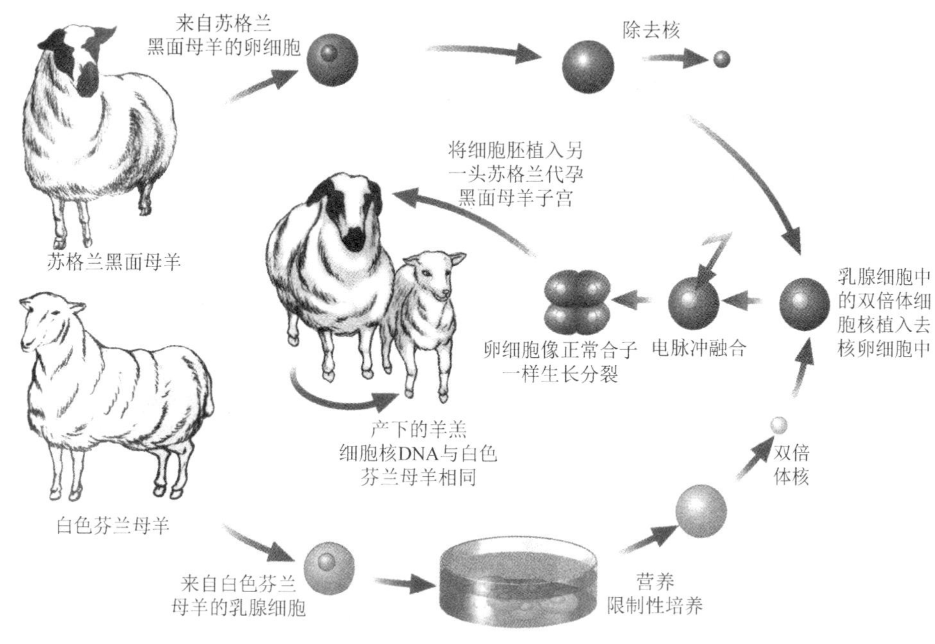

图 4-14　多莉的“身世”

图 4-15　多莉和它的后代

第四节　发 酵 工 程

一、发酵

“发酵”一词最初来源于拉丁语“发泡、沸涌”的派生词，即指酵母菌在无氧条件下利用果汁或麦芽汁中的糖类物质进行酒精发酵产生 CO_2 的现象。近代生物化学家将其狭义定义为：发酵是微生物在无氧条件下，通过分解代谢，降解有机物，同时积累简单的有机物并产生能量的生物氧化过程。现代工业微生物学家将其广义定义为：发酵泛指微生物在无氧或有氧条件下，通过分解代谢、合成代谢或次生代谢等微生物代谢活动，大量积累人类所需的微生物体、微生物酶或微生物代谢产物的过程。

发酵是微生物特有的作用，几千年前就已被人类认识并且用来制造酒、面包等食品。20 世纪 20 年代，以酒精发酵、甘油发酵和丙醇发酵等为主。20 世纪 40 年代中期，美国抗生素工业兴起，大规模生产青霉素，日本谷氨酸盐(味精)发酵成功，明显推动了发酵工业的发展。

20 世纪 70 年代，基因重组技术、细胞融合等生物工程技术飞速发展，发酵工业进入现代发酵工程的阶段。不但生产酒精类饮料、醋酸和面包，而且生产胰岛素、干扰素、生长激素、抗生素和疫苗等多种医疗保健药物，生产天然杀虫剂、细菌肥料和微生物除草剂等农用生产资料，在化学工业上生产氨基酸、香料、生物高分子、酶、维生素和单细胞蛋白等。

在我国，人们习惯把通过微生物纯种或混种作用后，不经过单一成分的分离提取和精制，获得的成分复杂、有较高风味要求的食品生产称为酿造。例如，啤酒、葡萄酒、黄酒、白酒等酒类发酵及酱油、食醋、酱品、豆豉、腐乳、盐渍菜、酸泡菜、酸奶等调味和发酵食品的生产，均称为酿造。而通常把经过微生物纯种作用后，再经分离提取和精制，获得的成分单纯、无风味要求的产品生产称为发酵。例如，有机溶剂(酒精、丙酮、丁醇等)生产、抗生素(青霉素、链霉素、庆大霉素等)生产、有机酸(柠檬酸、葡萄糖酸等)生产、酶制剂(淀粉酶、蛋白酶等)生产、氨基酸(谷氨酸、赖氨酸等)生产、核苷酸(鸟苷酸、肌苷酸等)生产、维生素(VB_2、VB_{12}等)生产、激素和生长素生产，均称为发酵。

二、发酵技术

发酵技术是指利用微生物生长快、培养简单和代谢过程特殊等特点，在合适的条件下，通过现代化工程技术手段，由微生物的某种特定功能快速、连续生产人类所需物质的技术。其内容包括菌种的选育、培养基的配制、灭菌、扩大培养和接种、发酵过程和产品的分离提纯等方面。

1. 发酵技术的特点

(1) 生产安全，条件简单。发酵过程在常温常压下进行，各种设备不必考虑防爆问题，生产过程安全，条件相对简单。

(2) 原料简单，不需精制。主要原料大部分是工农业生产的废弃物和下脚料以及矿产资源与石油产品，而且原料一般不需要精制。

(3) 自动调节，反应专一。生产过程以生物体自动调节方式进行，同一发酵罐中能够连续进行多级酶促反应，而且生物体酶促反应具有高度专一性，可获得单一的代谢产物。

(4) 代谢类型多样，容易生产复杂化合物。微生物的代谢类型具有多样性，而且生物体酶促反应具有高度选择性，能够高度选择性地进行复杂化合物在特定部位的氧化、还原和官能团的导入反应，因而容易生产复杂的高分子化合物。

(5) 严格无菌操作，防止杂菌污染。整个发酵生产过程应在严格无菌的条件下进行，防止杂菌污染。

(6) 选育优良菌种，开发高新产品。通过菌种改造或改良，选育优良菌种，可利用原有的生产设备生产出高质量的新产品。

2. 发酵技术的发展阶段

(1) 自然发酵阶段。在这一阶段人们对微生物的性质尚未认知，只是利用自然接种方法进行发酵制品的生产。此阶段的技术特点是多数产品属自然发酵，且非纯种培养，凭经验传授技术，具有产品质量不稳定的特点。

(2) 转折阶段。这一阶段又可分为三个转折点。第一个转折点是纯种培养和无菌操作技术，这一阶段的技术特点发酵过程避免了杂菌污染，发酵效率逐步提高，生产规模逐渐扩大，产品质量稳步提高。第二个转折点是深层液体通气搅拌纯种培养的采用，这一阶段的技术特点是解决了大量培养基和生产设备的灭菌以及大量无菌空气的制备问题，且在提取精制中采用离心萃取机、冷冻干燥器等新型高效化工设备，使生产规模、产品质量和收效稳步提高。第三个转折点是利用代谢调控进行微生物菌种选育和发酵条件的控制，技术特点是采用遗传育种方法进行微生物人工诱变，选育出突变株，在控制营养条件的情况下进行发酵生产，大量积累所预期的产品。

(3) 发酵放大技术的进一步发展阶段。技术特点是发酵罐的容积发展到前所未有的规模，发酵时氧耗大，对发酵设备提出了新的要求，并逐步运用计算机以及自动化控制技术进行灭菌和发酵过程的 pH、溶解氧等发酵参数的控制，使发酵生产向连续化、自动化前进了一大步。

(4) 以基因工程为中心的时代。技术特点是定向地改变生物性状与功能，创造新物种，赋予微生物细胞具有生产较高等生物细胞所产生的化合物的能力；扩大了微生物的范围，明显丰富了发酵产业的内容，使发酵工业发生了革命性的变化。

3. 发酵工程的组成

广义上讲，发酵工程由三部分组成，分别是上游工程、中游工程和下游工程。

(1) 上游工程包括优良种株的选育、适合发酵条件(pH、温度、溶解氧和营养组成)的确定、营养物的准备等。

(2) 中游工程主要指在适合发酵条件下，发酵罐中大量培养细胞和生产代谢产物的工艺技术。这里要有严格的无菌生长环境，包括发酵开始前，采用高温高压对发酵原料和发酵罐以及各种连接管道进行灭菌的技术；在发酵过程中不断向发酵罐中通入干燥无菌空气的空气过滤技术；在发酵过程中根据细胞生长要求控制加料速度的计算机控制技术；种子培养和生产培养的不同的工艺技术。

(3) 下游工程指从发酵液中分离和纯化产品的技术，包括固液分离技术(离心分离、过滤分离、沉淀分离等工艺)、细胞破壁技术(超声、高压剪切、渗透压、表面活性剂和溶壁酶等)、蛋白质纯化技术(沉淀法、色谱分离法和超滤法等)、产品的包装处理技术(真空干燥和冰冻干燥等)。

4. 发酵的一般过程

微生物发酵常因菌种和产品不同而有所不同，但一般过程基本相同，通常包括菌种制备、原料处理、接种培养、发酵控制和产品提取等环节，图 4-16 是分批发酵工艺流程图。

(1) 菌种制备。菌种是发酵工业之母，没有菌种，就谈不上微生物发酵。菌种一般分保藏菌种、摇瓶(茄子瓶等)菌种和种子罐菌种。保藏菌种是发酵生产的备用菌种，一般放在低温干燥状态下保存。保藏菌种进入生产接种之前，首先接入斜面进行活化，使菌种从休眠状态转为正常代谢状态。用于活化的培养基一般营养丰富、易于吸收，有利于菌种的生长繁殖。活化后的菌种再进行扩大，将其接入摇瓶(茄子瓶等)中进行培养，此时所用的培养基比保藏菌种用培养基更粗放、更经济。摇瓶种子进一步扩大，接入种子罐进行培养。种子罐培养基比较接近发酵罐所用培养基成分，目的是让菌种进一步适应发酵培养基的环境。种子罐种子培养好以后可适时进行大罐接种。

(2) 原料处理。发酵原料来源丰富、成分粗放、状态不一，通常不能直接为微生物所利用，因而要进行预处理，才能作为微生物发酵用的培养基的成分。发酵原料一般要经过筛选、粉碎、蒸煮或水解后，再加上其他有关物质配制成发酵培养基。

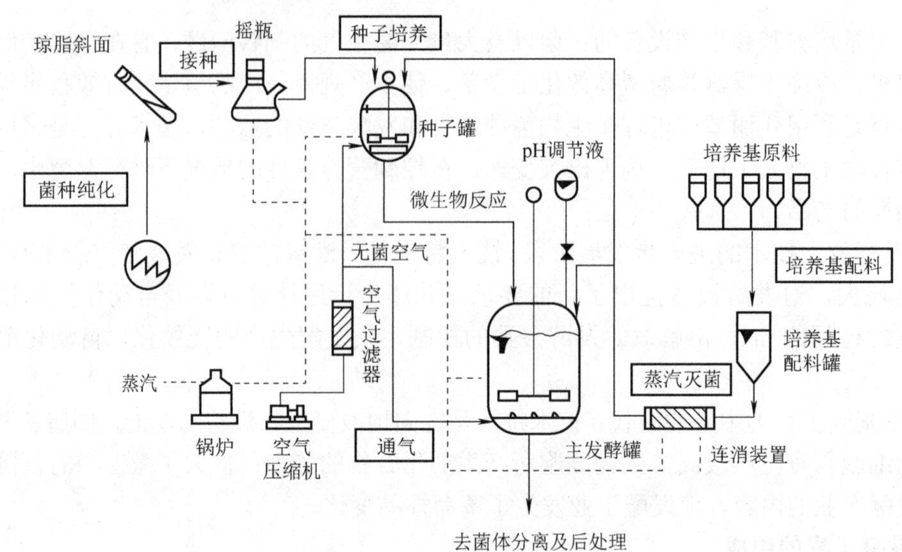

图 4-16　分批发酵工艺流程

(3) 接种培养。发酵培养基配制好以后，进行灭菌。待其冷却后，适时进行接种。接种要保证在无菌条件下进行，以防污染。无菌接种是发酵成功的关键。

(4) 发酵控制。菌种接种好后，提供必要的生长条件，菌体开始生长繁殖，进行新陈代谢，发酵累积代谢产物。必要的生产条件包括培养温度、氧气需求、pH 指标、营养成分补充和泡沫消除等。所有这些条件要经常观察、记录、分析、改进，以保证发酵生产正常进行。在发酵过程中，还要经常观察菌体的形态变化，测定代谢产物的积累情况，以决定放罐的最佳时间，进行收获。

(5) 产品提取。发酵过程一旦完成，及时进行产品提取。根据不同的产品，采取不同的方法进行分离纯化，以求获得最高的产量和最好的质量。提取的方法一般有物理法(过滤、离心、干燥等)、化学法(吸附、蒸馏、层析、离子交换等)和生物法等。

三、发酵技术的应用

(1) 医药工业：用于生产抗生素、维生素等常用药物和人胰岛素、乙肝疫苗、干扰素、透明质酸等新药。

(2) 食品工业：用于微生物蛋白、氨基酸、新糖原、饮料、酒类和一些食品添加剂(柠檬酸、乳酸、天然色素等)的生产。

(3) 能源工业：通过微生物发酵，可将绿色植物的秸秆、木屑，工农业生产中的纤维素、半纤维素、木质素等废弃物转化为液体或气体燃料(酒精或沼气)，还可利用微生物采油、产氢、产石油以及制成微生物电池。

(4) 化学工业：用于生产可降解的生物塑料、化工原料(乙醇、丙酮、丁醇、癸二酸等)和一些生物表面活性剂及生物凝集剂。

(5) 冶金工业：用于黄金开采和铜、钢等金属的浸提。

(6) 农、牧业：生物固氮、生物杀虫剂的应用和微生物饲料的生产，为农业和畜牧业的增产发挥了巨大作用。

(7)环境保护：用于净化有毒的高分子化合物、降解海上浮油、清除有毒气体和恶臭物质以及处理有机废水、废渣等。

第五节 酶 工 程

一、酶

1. 酶的定义

酶是由活细胞产生的，在细胞内、外一定条件下都能起催化作用的具有高效率和高度专一性的一类特殊蛋白质，酶能在机体内十分温和的条件下高效率地起催化作用，使得生物体内的各种物质处于不断的新陈代谢中。酶是一种生物催化剂，在催化活性上与无机催化剂类似。酶在催化反应时，其本身不发生化学改变，只是催化反应的进行。此外，酶在催化反应时，仅改变反应速度，并不改变反应的平衡。

2. 酶的特性

与化学催化剂比较，酶具有显著的特性。

(1)高催化效率。酶的高催化效率是指酶和无机催化剂相比，催化效率更高，是无机催化剂的 10^7～10^{20} 倍。

(2)高度专一性。一种酶能够催化一类结构相似的物质进行相同类型的反应，主要是对某一化学键的专一性。蛋白酶只能催化蛋白质水解，淀粉酶只能催化淀粉水解。酶的专一性在科研和生产中得到广泛的应用。利用这一特性，可以从原料得到单一的产物，防止副产物生成。

(3)反应条件温和。一般在常压和较低的温度下即可发生酶催化反应。一般来说，动物体内的酶最适温度在 35～40℃；植物体内的酶最适温度在 40～50℃。

(4)酶催化是可调控的。酶活性的调节控制可以通过以下七种方法调节：对酶浓度的调节、激素调节、共价修饰调节、限制性蛋白水解作用与酶活力调控、抑制剂的调节、反馈调节金属离子和其他小分子化合物的调节。

3. 影响酶活力的因素

酶催化反应的速率通常称为酶速度。酶速度通常以酶促反应的初速度为准(底物消耗$\lessdot$5%)。因为底物浓度降低、酶部分失活、产物抑制和逆反应等因素，反应速度随反应时间的延长而降低。酶活力是指样品中酶的总单位，比活力是指每毫克蛋白质所具有的酶活力单位数。

(1)底物浓度。在低的底物浓度下，底物浓度增加 1 倍，将导致初速度也增加 1 倍；在较高底物浓度下，酶被饱和，进一步增高底物浓度，只导致初速度的微小变化。

(2)酶浓度。在底物浓度饱和的情况下(即所有酶分子都与底物结合)，酶浓度的加倍将导致初速度的加倍。

(3)温度的影响。一方面，温度升高，酶初反应速度加快；另一方面，温度升高，酶活性降低甚至丧失。大多数酶都有一个最适温度。在最适温度条件下，反应速度最大。最适温度不是酶的特征物理常数，也不是固定值，而与酶作用时间有关。生物不同生长阶段有不同的最适温度。

(4)pH。每个酶都有最适宜 pH，在此 pH 下催化反应的速率是它的最高值。最适宜 pH 有时因底物种类、浓度及缓冲液成分不同而不同。酶的最适宜 pH 并不是一个常数，只是在一定条件下才有意义。

二、酶技术

酶技术就是将酶或者微生物细胞、动植物细胞、细胞器等在一定的生物反应装置中，利用酶所具有的生物催化功能，借助工程手段将相应的原料转化成有用物质并应用于社会生活的一门科学技术。它是酶学理论与化工技术相结合而形成的一种新技术，包括上游工程和下游工程：前者包括酶的生产和酶的提取与分离纯化；后者主要包括酶分子修饰、酶的固定化和酶反应器。

1. 酶的生产

早期酶的制剂多从动植物中提取，但动植物原料生长周期长、成本高，又受地理、气候和季节等因素影响。对于天然不易得到的蛋白，目前通过工程菌或工程细胞表达而获得。工业用酶多采用微生物发酵生产。

目前工业应用酶大多数来自微生物，这是因为以微生物为生产原料有许多优点：①微生物种类繁多，产酶微生物多；②一种微生物可以产出多种酶；③微生物繁殖快、生产周期短、培养方便；④微生物易改造，可通过多种手段进行育种。

酶的发酵生产对生产菌的要求主要表现在以下方面：①非病原菌，同时在系统发育上与病原菌无关，不产毒素及其他生理活性物质；②产酶量高，最好分泌胞外酶；③生产菌稳定，不易变异、退化，不易感染噬菌体；④容易培养，能利用廉价原料，发酵周期短。

提高酶产量的条件控制如下：①优化发酵条件，包括培养基的碳源、氮源、无机盐和生长因子、pH、温度、溶解氧、发酵周期等，添加诱导物、降低阻遏物浓度等；②遗传控制，包括物理、化学法诱变育种和基因重组构建工程菌。

2. 酶的提取与分离纯化

酶的提取与分离纯化是将酶从细胞或培养基中取出，再与杂质分开，而获得与使用目的、要求相适应的有一定纯度的酶产品的过程。

由于酶很不稳定，在分离提纯的过程中容易变性失活，因而应注意提纯操作应尽可能在低温（0～4℃）下进行，防止酶变性失活或目的酶被蛋白酶水解；提取、纯化的每一步都应进行酶活力的检测，以保证酶的活性；在整个操作流程中均需防止因微生物污染而导致酶的破坏。

酶的制备流程一般包括破碎细胞、溶剂抽提、离心分离、过滤、浓缩、干燥等步骤，对于某些要求纯度很高的酶则需要采用多种方法乃至多次反复提纯。酶的比活力随酶的纯度的提高而提高。

3. 酶分子修饰

酶分子修饰是通过对蛋白酶主链的剪接切割和侧链的化学修饰对酶分子进行改造，改造的目的在于改变酶的一些性质，创造出天然酶不具备的某些优良性状，扩大酶的应用范围，提高其经济效益。

常用的修饰方法有金属离子置换修饰、大分子结合修饰、酶侧链水解修饰、酶分子的侧链基团修饰和基因工程修饰等。

（1）金属离子置换修饰。通过改变酶分子中所含的金属离子，使酶的特性和功能发生改变的方法。常用于酶分子修饰的是二价金属离子，如 Ca^{2+}、Mg^{2+}、Cu^{2+}、Fe^{2+}等。

(2) 大分子结合修饰。利用水溶性大分子与酶结合，使酶的空间结构发生精细改变，从而改变酶的特性与功能的方法。常用修饰剂有右旋糖酐、聚乙二醇、肝素、蔗糖聚合物、聚氨基酸等。使用前一般需经过活化，然后在一定条件下与酶分子共价结合。

(3) 酶侧链水解修饰。有些酶的肽链经有限水解，使酶的空间结构发生某些精细改变，从而改变酶的特性和功能的方法。

(4) 酶分子的侧链基团修饰。采用一定的方法(化学法)使酶蛋白的侧链基团发生改变，从而改变酶分子的特性和功能的修饰方法。组成蛋白质的氨基酸残基上的功能团和侧链基团改变引起酶蛋白空间构象的改变，从而改变酶的特性和功能。常见被修饰的基团有羧基、氨基、巯基、咪唑基、酚羟基、胍基、色氨酸吲哚基等。

(5) 基因工程修饰。酶的基因工程主要利用基因工程解决酶的大量生产和天然酶分子的改造。

4. 酶的固定化

酶是一种蛋白质，稳定性差，而且在催化结束后难以回收。为适应工业化生产的需要，人们模仿生物体内酶的作用方式，通过固定化技术对酶加以固定。这种被限制在一定空间但仍具有催化活性的酶称为固定化酶。经固定化后的酶不但保持它固有的催化性质，又有一般化学催化剂能回收、反复使用的优点，并在生产工艺上可以实现连续化和自动化。酶固定化后一般稳定性增加，易从反应系统中分离，且易于控制，能反复使用；便于运输和储存，有利于自动化生产，但是活性降低，使用范围减小，技术还有发展空间。固定化酶是近年发展起来的酶应用技术，在工业生产、化学分析和医药等方面有诱人的应用前景。

固定化酶的制备方法有物理法和化学法两大类。物理法包括吸附法和包埋法。吸附法是最早出现的固定化方法，吸附法又可以分为两种，分别是离子交换吸附和物理吸附。这种方法条件比较温和，基本上不会很大程度地改变酶的构象，因此对酶的催化性就不会产生大的影响；但是酶和载体之间却有着比较弱的结合力，这样在一些特殊的条件下，如较高的盐浓度、高温等，酶就很容易从载体上脱落并且污染催化反应产物。包埋法是将酶包埋于聚合物的孔隙中的固定化方法。根据包埋形态类型可将包埋法分为网格型和微囊型两种。利用聚丙烯酰胺、聚乙烯醇、淀粉、明胶、海藻酸等载体的细微网格将酶包埋进去的方法称为网格型包埋。微囊型包埋是指将酶包埋于高分子半透膜中形成微胶囊。但是采用这种方法容易出现酶的漏失和扩散限制等问题。化学法包括共价结合法和交联法。共价结合法是通过载体表面的活性功能基团和酶分子上的非必需基团形成化学共价键，从而实现不可逆结合的酶固定方法。但该方法反应比较激烈，容易造成酶的失活。交联法指的是利用一些多功能交联试剂，如戊二醛等，在酶分子间或酶分子和载体分子间形成共价键，再加上一些不同的交联条件，从而产生固定化酶。交联法往往和其他方法共同使用。

5. 酶反应器

酶反应器是根据酶的催化特性而设计的反应设备。其设计的目标就是生产效率高、成本低、耗能少、污染少，以获得最好的经济效益和社会效益。由于固定化技术的发展，酶可以和一般催化剂一样反复使用。同时，固定化细胞可以代替某些发酵过程。这样，酶反应器技术应运而生。

酶反应器的基本类型有搅拌罐型反应器、固定床型反应器、流化床型反应器和膜式反应器。酶反应器的设计主要包括反应器类型的选择，反应器制造材料的选择、热量衡算、物料衡算等。酶反应器的操作条件主要包括温度、pH、底物浓度、酶浓度、反应液的混合与流动等。酶反应器操作时应注意：保持酶反应器的操作稳定性；防止酶的变性失活；防止微生物的污染。

三、酶的主要用途

酶作为一种生物催化剂，已广泛地应用于轻工业的各个生产领域。近几十年来，酶工程不断取得技术性突破，在工业、农业、医药卫生、能源开发及环境工程等方面的应用越来越广泛。

1. 食品加工中的应用

酶在食品工业中最大的用途是淀粉加工，其次是乳品加工、果汁加工、烘烤食品及啤酒发酵。与之有关的各种酶如淀粉酶、葡萄糖异构酶、乳糖酶、凝乳酶、蛋白酶等占酶制剂市场的 1/2 以上。

帮助和促进食物消化的酶成为食品市场发展的主要方向，包括促进蛋白质消化的酶(菠萝蛋白酶、胃蛋白酶、胰蛋白酶等)、促进纤维素消化的酶(纤维素酶、聚糖酶等)、促进乳糖消化的酶(乳糖酶)和促进脂肪消化的酶(脂肪酶、酯酶)等。

2. 轻化工业中的应用

酶工程在轻化工业中的用途主要包括洗涤剂制造(增强去垢能力)、毛皮工业、明胶制造、胶原纤维制造(黏结剂)、牙膏和化妆品的生产、造纸、感光材料生产、废水废物处理和饲料加工等。

3. 医药上的应用

重组 DNA 技术促进了各种有医疗价值的酶的大规模生产，用于临床的各类酶逐渐增加。酶除了用于常规治疗，还可作为医学工程的某些组成部分而发挥医疗作用。例如，在体外循环装置中，利用酶清除血液废物，防止血栓形成等。另外，酶作为临床体外检测试剂，可以快速、灵敏、准确地测定体内某些代谢产物，也将是酶在医疗上一个重要的应用。

4. 能源开发中的应用

在全世界开发新型能源的大趋势下，利用微生物或酶工程技术从生物体中生产燃料也是人们正在探寻的一条新路。例如，利用植物、农作物、林业产物废物中的纤维素、半纤维素、木质素、淀粉等原料，制造氢、甲烷等气体燃料以及乙醇和甲醇等液体燃料。另外，在石油资源的开发中，酶工程应用也非常广泛。目前石油一次性采油仅能开采储量的 30%，二次采油需加压、注水，也只能获得储量的 20%。深层石油由于吸附在岩石空隙间，难以开采。加入能分解蜡质的酶以后，利用酶分解蜡质使石油流动性增加而获得石油称为石油的三次采油。

5. 环境工程中的应用

在科学技术高度发展的同时，环境净化尤其是工业废水和生活污水的净化，作为保护自然的一项措施，具有十分重要的意义。

在现有的废水净化方法中，生物净化常常是成本最低而最可行的，在微生物的新陈代谢过程中，可以利用废水中的某些有机物质作为所需的营养来源。因此利用微生物体中酶的作用，可以将废水中的有机物质转变成可利用的小分子物质，同时达到净化废水的目的。人们利用基因工程技术创造高效菌种，并利用固定化活微生物细胞等方法，在废水处理及环境保护工作中取得了显著的成效。

另外，生物传感器的出现为环境监测的连续化和自动化提供了可能，降低了环境监测的成本，加强了环境监督的力度。

第六节　生物技术面临的问题

生物技术是一把双刃剑，人们在享受生物技术带来的各种好处时，生物技术可能给人类社会带来意想不到的冲击，也可能产生人们始料不及的严重后果。人们的担忧主要表现在以下方面。

一、转基因技术的安全问题

转基因技术是当今世界最热门也是发展最快的研究领域之一，它为人类提供了大量的转基因食品。基因改变在生物体内不仅是基因组织结构的重组，物种因此而发生的性状改变和遗传变异的效应要在相当长的时间后才能显现。即使是科学家本身也很难保证生命创造不会带来任何灾难性的后果。转基因技术的安全问题主要表现在以下三个方面。

1. 食物安全问题

在生物物种的食物链上，人类处于终端的位置，也就是说，人类是以植物和动物为食物而维持生命的。当转基因技术用于植物和动物的基因改造，改变原来这些生物物种的性状和品质时，就不可避免地给人类带来有关食品安全的问题。虽然转基因原料(植物和动物)加工的食品为人们展示了诸多的好处，但也使人们担心，用这种改写生命密码的技术，将外来基因植引入人类的日常食物，如大米、肉类、水果、蔬菜，对人类的健康会有什么影响？某些人可能因为特殊的体质原本对某种食物就具有过敏反应，一旦这些食物的基因经由DNA重组技术转移到其他食物，致敏成分就可能连带转移到其他食物中，如果没有适当标识，则会发生误食而导致对身体健康的危害。此外，基于不同的文化、宗教信仰和民族生活习惯等，人们在饮食上对一些食物有着特殊的要求，甚至是禁忌，如果这些食物被移植到一般食品中而不加以明确标识，就可能因此而损害了消费者的宗教信仰，亵渎了民族的理念，引发民族、宗教等社会问题。

自1995年进入商业化生产以来，转基因生物及其产品用于食品或食品添加剂上市已达20多年之久，其中转基因食品对人体健康是否构成威胁至今尚无定论。为了尽可能地回避可能存在的潜在风险，现在许多国家都制定了对用转基因种植和养殖产品加工的食品必须明确标识的相关法律规定。我国卫生部2002年发布的《转基因食品卫生管理办法》也规定，食品产品中(包括原料及其加工的食品)含有基因修饰有机体和表达产物的，都要明确标注。

2. 生物安全问题

以人类目前的技术水平尚无法精确地预测转基因生物可能出现的所有表现性状与遗传变异效应。有的生态学家就指出，许多外来物种已成为世界范围的有害生物，而通过基因工程改变或重组的生物就是一种新型的“外来者”，性状的组合可能使之成为新的有害生物，它们进入自然环境会导致生态灾难或环境危险。例如，转基因植物中的外源基因，特别是抗逆基因(如抗除草剂、抗病、抗虫等)可能随花粉散到野生近缘种中。丹麦科学家的研究表明，把抗除草剂的转基因油菜籽和杂草一起培育，结果产生了抗除草剂的杂草。这预示着通过转基因技术产生的基因可扩散到自然界中去。在苏格兰进行的一项研究发现，一种蚜虫吸取基因工程作物含 Bt 毒素的液汁，然后又被一种有益昆虫——甲虫捕食，Bt 毒蛋白转移到甲虫身上，影响甲虫的繁殖。这些都是通过改变非目标生物的生态结构和物种的竞争关系而造成了生态的破坏。因此，一些人甚至担心，转基因生物在自然界中释放将污染自然基因库，打破原有的生态平衡，对生态环境产生难以预料的冲击，其潜在的威胁不亚于核扩散。

3. 环境安全问题

转基因技术打破自然物种的原有界限，改变了生态系统中能量流动和物质循环。重组微生物在降解某些化合物过程中所产生的中间产物，可能对人类的生活环境造成二次污染。重组 DNA 与微生物杂交，可能产生有害的病原微生物，一旦进入自然环境有可能对生态系统稳定性产生影响。

二、基因治疗的权限问题

随着在分子水平上对遗传致病机理的深入研究，基因治疗技术今后还将得到更深入的发展和更广泛的应用。最终可以用分子生物学技术对变异基因进行修正。那么，基因治疗该在什么范围内进行？谁有权对基因治疗“拍板”？

到目前为止所实施的所有基因治疗病例都以患者的体细胞为转基因的受体或靶细胞，这种体细胞基因治疗只影响治疗对象，需得到患者同意。但如果把基因治疗引入胚胎细胞或生殖细胞，这种操作则涉及后代基因结构的改变。虽然有可能彻底治疗某种遗传疾病，但这一改变将直接影响下一代甚至几代。我国法律对克隆技术的“四不”原则是不赞成、不允许、不支持、不接受任何生殖性克隆人，但不反对治疗性克隆。

还有人担心如果某种可以增强人的体能特征的基因被确定并被克隆下来，通过基因治疗来增加人的体能，如增加运动员的身高或短跑速度，这与运动员服用兴奋剂有什么本质的区别？由于基因治疗的结果可能影响到人类及其个体成员的命运，所以不同的意见和观点仍然在激烈地争论着。

三、个人基因信息的隐私权问题

个人基因信息的隐私权又称为后基因组时代的人权问题。一方面，人类基因组计划的加速完成，使我们能够测定每个人的基因数据，能够鉴定或预测越来越多与疾病相关的基因并设法治疗这些遗传疾病；但另一方面，谁有权负责保管个人的基因信息资料？如何有效保护个人的基因信息资料？公民个人的基因数据经过科学家的测试、研究、开发可以加以利用，这一成果应属于谁？权益如何划分？利益如何分享？个人数据是否会被滥用？另外，有基因缺陷或差异的人在社会活动中是否能受到真正平等和公正的对待？将来会不会像过去人们歧视某个人种那样歧视某种基因？如果基因诊断的方法真能让每个人在幼年便知道自己今后可能会患上某种疾病，这可能让人觉得太过残酷和宿命了。提出这些问题是因为个人基因信息的泄漏可能会得到不正确的解释或推测，也必然会影响一个人的升学、求职、婚姻、人寿保险费用与医疗保险费用及其他待遇等一系列的问题。

在人类基因组计划建立之初，科学家就十分关注基因组信息的正确应用、个人与社会的利益的有效保护等问题。为此，作为人类基因组计划的一部分，还特别设立了人类基因信息利用的伦理、法律和社会影响计划(ELSI)，以防止试图搞种族歧视或个人歧视，甚至试图实施种族侵略与灭绝暴行的人在人类基因组中找借口。

思 考 题

1. 什么是生物技术？它包括哪些基本内容？
2. 基因工程研究的理论依据是什么？
3. 简述基因工程操作的基本步骤。
4. 简述发酵技术的发展阶段及其特点。
5. 酶的特性有哪些？什么是酶工程？
6. 简述生物技术面临的主要问题。

参 考 文 献

宋思扬，楼士林，2014．生物技术概论．4 版．北京：科学出版社．

张力，2012．现代科学技术概论．北京：高等教育出版社．

张立红，尹显明，2012．现代科学技术概论．成都：西南交通大学出版社．

宗占国，2008．现代科学技术导论．北京：高等教育出版社．

http://baike.so.com/doc/5400731-5638330.html．360 百科．生物技术．2017.3．

http://baike.so.com/doc/2653033-2801533.html．360 百科．基因工程．2017.3．

http://baike.so.com/doc/1971731-2086707.html．360 百科．发酵工程．2017.3．

http://baike.so.com/doc/5629276-5841896.html．360 百科．酶工程．2017.3．

第五章　新材料技术

材料是人类社会的物质基础，材料的发展推进人类的物质文明和社会进步，人口的增长、材料技术进步和人类文明发展之间有着密切关系。人类从利用自然界的原始材料(石块、黏土等)经过炼铜、炼钢、炼铁，发展到制作现代化的硅材料和高分子材料等，经历了漫长的历史过程；而技术上也从用手、火、骨工具、陶器、蒸汽机、机械化到利用计算机进行程序控制；知识上也从各种直观认识发展到自然科学和社会科学的各门学科。

材料按其属性可分为金属材料、无机非金属材料、有机高分子材料和复合材料四大类。

(1)金属材料是指纯金属或合金，通常分为黑色金属、有色金属和特种金属材料：黑色金属又称钢铁材料；有色金属是指除铁、铬、锰以外的金属及其合金；特种金属材料包括不同用途的结构金属材料和功能金属材料。

(2)无机非金属材料，是除金属材料、有机高分子材料以外的所有材料的总称。它是由硅酸盐、铝酸盐、硼酸盐、磷酸盐、锗酸盐等原料和(或)氧化物、氮化物、碳化物、硼化物、硫化物、硅化物、卤化物等原料经一定的工艺制备而成的材料，它与广义的陶瓷材料有等同的含义。无机非金属材料种类繁多，用途各异，目前还没有统一完善的分类方法，一般将其分为传统(普通)无机非金属材料和新型(先进)无机非金属材料两大类。而常见的传统无机非金属材料有玻璃、水泥、陶瓷、耐火材料，先进无机非金属材料有先进陶瓷、无机涂层、无机纤维等。

(3)有机高分子材料简称高分子化合物或高分子，又称高聚物。高分子化合物是衣、食、住、行和工农业生产各方面都离不开的材料，其中棉、毛、丝、塑料、橡胶等都是最常用的。以往人们使用的高分子材料都取自天然产物。物质文明和精神文明都高度发展的今天，天然高分子材料已经不能满足生产、生活和科技各方面日益增长的需要。近代化学科学技术的迅速发展，创造了许多自然界从来没有过的人工合成高分子化合物，对满足各种需求作出了重要贡献。

(4)复合材料是由两种或两种以上不同性质的材料，通过物理或化学的方法，在宏观(微观)上组成具有新性能的材料。各种材料在性能上取长补短，产生协同效应，使复合材料的综合性能优于原组成材料而满足各种要求。复合材料的基体材料分为金属和非金属两大类。复合材料主要应用于航空航天、汽车工业、化工、纺织、机械制造等领域。

因此，材料的使用和发展是人类进步的重要里程碑。在人类进入知识经济信息时代的今天，材料与能源、信息并列为现代科学技术的三大支柱，其作用和意义是不言而喻的。现代科学技术的迅猛发展，使得适应高技术的各种新型材料如雨后春笋，不断涌现，它们给技术进步、新产业的形成，及至整个经济和社会的发展带来了重大影响。新材料的研究开发和生产上升到了一个新的高度。目前高新技术材料种类繁多，本章主要介绍形状记忆材料技术、超导材料技术、纳米材料技术、石墨烯材料技术、生物医学材料技术、新型高分子材料技术、储氢材料技术。

第一节　形状记忆材料技术

形状记忆材料，特别是形状记忆合金(shape memory alloy，SMA)是一种特殊功能材料，这种集感知和驱动于一体的新型材料可以制造智能材料结构，而备受世界瞩目。1932年，瑞典的奥兰德在金镉(AuCd)合金中首次观察到“记忆”效应，即合金的形状被改变之后，一旦加热到一定的跃变温度时，它又可以魔术般地变回到原来的形状。1951年，美国的Read等也在AuCd合金中发现形状记忆效应(shape memory effect，SME)。1953年，在铟钛(InTi)合金中也发现了同样的现象，但这些现象在当时未能引起人们的注意。直到1964年布赫列等发现钛镍(TiNi)合金具有优良的形状记忆性能，并研制成功实用的形状记忆合金“Nitinol”，引起了人们的极大关注，世界各国科学工作者和工程技术人员进行了广泛的理论研究和应用开发。

记忆合金最早的典型应用是1970年美国将TiNi记忆合金丝制成宇宙飞船的天线。宇宙飞船发射之前，在室温条件下，将经过形状记忆处理过的定型的TiNi抛物凸状天线折成直径小于5cm的球状放入飞船，飞船进入太空后，通过加热或利用太阳能使合金丝升温，当温度高达77℃后，被折叠成球状的合金丝团就自动完全打开，成为原先定形的抛物凸状天线。这类应用的开发使形状记忆材料的研究进入了新阶段。20世纪70年代发现铜基形状记忆合金。80年代才开发出不锈钢等铁基形状记忆合金，由于其成本低廉、加工简便而引起材料工作者的兴趣。随着科技发展的需要，在90年代，高温形状记忆合金、宽滞后记忆合金以及记忆合金薄膜等成为研究的热点。我国自70年代后期开始进行形状记忆合金的研究和制作，目前TiNi等合金材料的生产得到国际公认并出口美国、加拿大等国。

一、形状记忆效应

形状记忆效应是指材料能够“记忆”住原始形状的功能。比如，钛镍合金在较高温度时有一定的形状(如密排弹簧)，在低温时，使其变形“弹簧拉长”，外力去除后，其变形保留，若将其加热到一定的温度，则钛镍合金能自动地恢复原先的形状，这就是最简单的形状记忆效应。而普通的材料受到外力作用时，当应力超过屈服强度后，则产生塑性变形，在应力消除后，材料的塑性变形将永久地保留下来，不可能通过加热方式来消除。

形状记忆效应主要有单向记忆效应、双向记忆效应和全方位形状记忆效应。第一种是只能记忆高温时形状的现象，称为单向记忆效应(one way memory effect，OWME，也称单程记忆效应)，如图5-1(a)所示；第二种是既可以记忆高温时的形状，又可记忆低温时的形状，当温度在高温和低温之间往返变化时，材料自行在两种形状之间变化，这种效应称为双向记忆效应(two way memory effect，TWME)，如图5-1(b)所示；第三种是不仅具有双向记忆效应，而且在反复变温过程中，总是遵循相同的变化规律，即记忆了中间过程，其形状变化大于所有可逆形状记忆效应，而且高温形状和低温形状是完全可以倒置的，这种记忆效应称为全方位形状记忆效应(all-round shape memory effect，ARSME)，如图5-2所示。到目前为止，只有钛-51%镍(Ti-51%(原子数)Ni)合

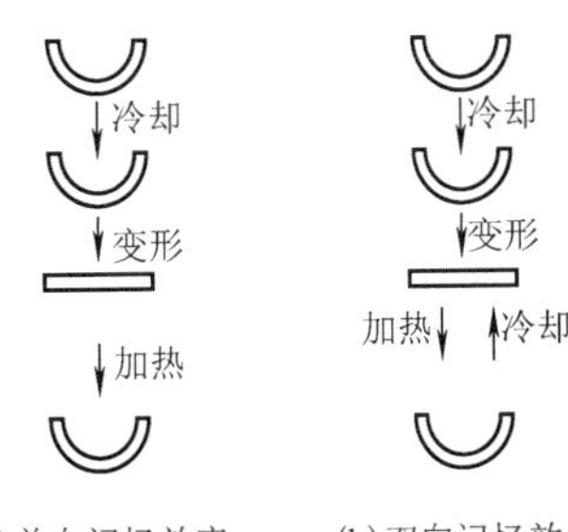

图5-1　形状记忆合金

金中发现这一现象。

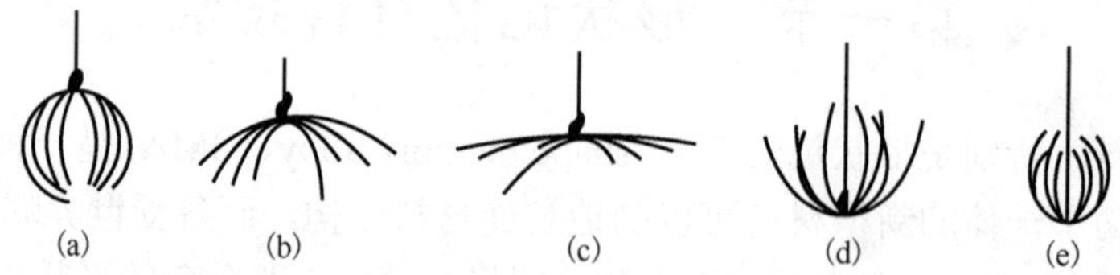

图 5-2　形状记忆合金的全方位形状记忆效应

二、形状记忆效应的获得

由高纯电解镍与海绵钛作为原料，采用高频感应炉与自耗炉(电弧熔炼法)或等离子体电弧熔炼法获得 TiNi 合金铸锭。然后在 700～800℃进行热加工，包括模锻、挤压及轧制。丝状产品可通过冷拔，每次加工率小于 20%，为消除加工硬化，冷加工期间可以 700～800℃进行多次退火。根据元件需要可进行如下记忆处理。

(1)单向记忆效应。为获得记忆效应，一般将加工后的合金材料在室温加工成所需要的形状并加以固定，随后在 400～500℃加热保温数分钟到数小时(定型处理)后空冷，就可获得较好的综合性能。对于冷加工后成形困难的材料，可以在 800℃以上进行高温退火，这样在室温极容易成形，随后在 200～300℃保温使之定形。

(2)双向记忆效应。为了使合金试样反复地在升温和降温中可逆地发生形状变化(即双向记忆)，最常用的方法是进行记忆训练(又称锻炼)。首先如同单向记忆处理那样获得记忆效应，但此时仅可记忆高温相的形状。然后通过低温和高温的反复形变记忆，就可获得双向记忆效应，在温度升、降过程中，试件均可自动地反复记忆高、低温时的两种形状。这种记忆训练实际上就是强制变形。

(3)全方位形状记忆效应。Ti-51%(原子数)Ni 合金不仅具有双向记忆功能，而且在高温与低温时，记忆的形状恰好是完全逆转的。要达到这样的效果，进行全方位形状记忆训练的关键是限制性时效，根据需要选择合适的约束时效工艺。因此全方位形状记忆处理的最佳工艺为：将 Ti-51%(原子数)Ni 合金在 500℃(＜1h)或 400℃(＜100h)进行约束时效。

三、形状记忆材料

形状记忆材料是很具特色的一种高技术新材料。随着人们对材料的研究范围及深度的发展，形状记忆效应在陶瓷和高分子材料中也被观察到，从而使人们研究形状记忆效应的领域扩大，形状记忆材料现在应理解为包括合金、陶瓷、高分子和复合材料。经过科学家研究，现在已经发现了几十种不同记忆功能的材料，如金属形状记忆合金(钛镍合金、金镉合金、铜锌合金)、形状记忆陶瓷、形状记忆高分子以及形状记忆复合材料等。

(1)钛镍(TiNi)形状记忆合金。近等原子比的 TiNi 合金是最早得到应用的一种形状记忆合金。其性能优越、稳定性好，尤其是具有特殊的生物相容性等，因而得到广泛的应用，特别在医学与生物上的应用是其他形状记忆合金所不可替代的，图 5-3(a)为用形状记忆合金制作的昆虫。实用的具有形状记忆效应的 TiNi 合金的成分在近等原子比的范围内，即 Ni 元素的含量为 55%～56%(质量分数)。根据使用目的不同可适当选择准确的合金成分。

(2)铜基形状记忆合金。尽管 TiNi 形状记忆合金具有强度高、塑性大、耐腐蚀性好等优良性能，但由于成本约为铜基记忆合金的 10 倍而使之应用受到一定限制。因而近 20 年来铜基形状记忆合金的应用较为活跃，但需要解决的主要问题是提高材料塑性、改善对热循环和反复变形的稳定性及疲劳强度等。其疲劳寿命要比 TiNi 合金低 2～3 个数量级，在反复使用中，较易出现试样断裂现象。但铜基形状记忆合金是目前发现的记忆合金中种类最多的一族，其中研究最多并已得到实际应用的是铜锌铝(CuZnAl)合金及铜铝镍(CuAlNi)合金，尤其是铜锌铝合金应用较广。

(3)铁基形状记忆合金。早期发现的铁基形状记忆合金 FePt 和 FePd 等由于昂贵而未能得到应用。直到 1982 年有关铁锰硅(FeMnSi)形状记忆合金研究论文的发表，才引起材料研究工作者极大的兴趣。尤其由于铁基形状记忆合金成本低廉、加工容易，如果能在回复应变量小、相交滞后大等问题上得到解决或突破，可望在未来的开发应用上有很大的进展。

(4)形状记忆陶瓷。形状记忆陶瓷主要通过调整内部溶质的浓度和不同晶相的晶粒大小来控制其形状的变化，在应力的作用下会产生类似形状记忆合金的伪弹性和形状记忆效应。形状记忆陶瓷主要有三类：一类是通过马氏体相变的形状记忆陶瓷，如氧化锆(ZrO_2)陶瓷，图 5-3(b)为用形状记忆陶瓷制作的工件；第二类是通过电偶极矩有序状态改变引致的形状记忆陶瓷，如用铅(Pb)、锆(Zr)氧化物改性的钛酸盐基陶瓷；第三类是通过黏弹性的改变导致的形状记忆陶瓷，如云母玻璃陶瓷。

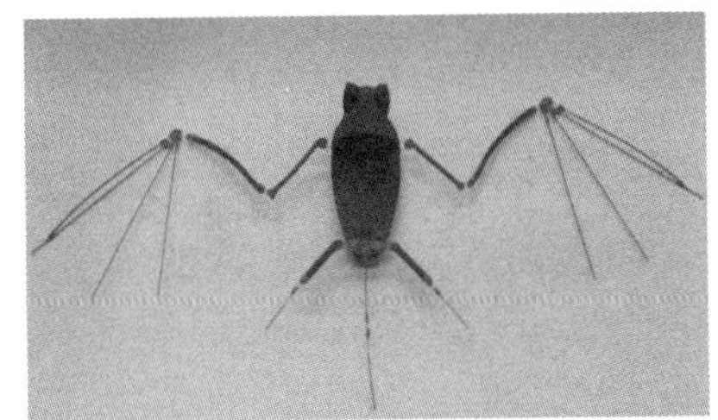

(a)形状记忆合金

(b)形状记忆陶瓷

图 5-3　形状记忆材料

(5)形状记忆树脂。树脂的形状记忆原理是自其特殊的内部结构决定的。形状记忆树脂通常由固定相和可逆相组成，固定相起防止树脂流动和记忆原始形状的作用，可逆相能随温度变化发生软化和硬化之间的可逆变化；或者说固定相的作用在于原始形状的记忆与恢复，可逆相则保证成型品可以改变形状。形状记忆树脂根据固定相的结构特点可分为热塑性与热固性两大类。

形状记忆树脂相对于形状记忆合金有加工容易、性能便于调整、形变量大、赋形容易、质轻价廉等优点，所以它的开发利用引起国内外的极大兴趣。从 20 世纪 80 年代起形状记忆树脂成为新兴热门材料，具有广阔的开发前景和巨大的应用潜力。

形状记忆树脂的研究开发比形状记忆陶瓷要广泛，从应用角度看也较为成熟。已经开发的形状记忆树脂主要有苯乙烯-丁二烯共聚物和聚氨酯等。

四、形状记忆材料的应用

形状记忆材料的应用中，形状记忆陶瓷还处于初期的开发阶段，形状记忆树脂已取得了良好的应用，但应用最为广泛的还是形状记忆合金。下面主要介绍形状记忆合金的应用。

具有形状记效应的合金系已达 20 多种，但其中得到实际应用的仅集中在 TiNi 合金与 CuZnAl 合金，另外 CuAlNi 及 FeMnSi 系记忆合金也在开发应用中。这些合金由于成分不同，生产和处理工艺有差异，其性能有较大的差别。即使同一合金系，成分的微小差别也会导致使用温度的较大起伏。在记忆元件的设计、制造及使用中，不仅关心材料的相变温度，还必须考虑其回复力、最大回复应变、使用中的疲劳寿命及耐腐性能等。一般来说，TiNi 合金记忆特性好，但昂贵；铜基记忆合金成本低，有较好的记忆性能，但稳定性较差；FeMnSi 系合金虽然便宜、加工容易，但记忆特性稍差，特别是可回复应变量小。因此实际应用要综合考虑材料的用途、使用环境、使用方法及成本等各因素，以便选取合适的形状记忆合金。例如，要求性能稳定、需要反复使用的较精密的元件一般采用 TiNi 合金，而对于像火警报警器等只需一次动作的元件就往往选用 CuZnAl 合金。

1. 工业应用

从 20 世纪 70 年代开始形状记忆合金得到真正的应用，至今其应用领域极广，从精密复杂的机器到较为简单的连接件、紧固件，从节约能源的形状记忆合金发动机到过电流保护器等处处都可反映出形状记忆合金的奇异功能及简便、小巧、灵活等特点。

记忆合金用量最大的一项用途就是作为连接件，图 5-4 为管接件的形状及工作原理。选用记忆合金作为管接头可以防止用传统焊接所引起的组织变化，更适合于严禁明火的管道连接，而且具有操作简便、性能可靠等优点。

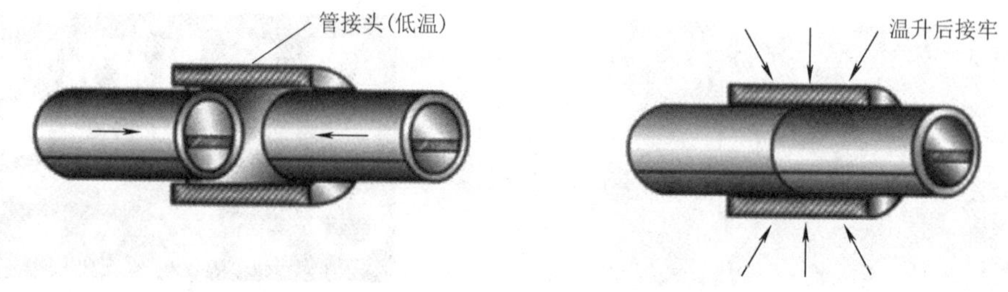

图 5-4　管接件的形状及工作原理图

用于温控器件的记忆合金丝被制成圆柱形螺旋弹簧作为热敏驱动元件。其特点是利用形状记忆特性，在一定温度范围内，产生显著的位移或力的变化。再配以用普通弹簧制成的偏压弹簧就可使阀门往返运动，也就是具有双向动作的功能。当温度升到一定温度时，形状记忆弹簧克服偏压弹簧的压力，产生位移，打开阀门；当温度降低时，偏压弹簧压缩形状记忆弹簧，使阀门关闭，从而产生周而复始的循环。目前，我国已在热水器等设备上装有 CuZnAl 记忆元件。形状记忆控温阀具有结构简单、可靠性较好、更换方便等优点，得到广泛应用。

利用偏压弹簧使形状记忆元件具有双向动作功能的还有机器人手臂、肘、腕、指等动作，电流断路器，自动干燥箱以及空调机风向自动调节器等。上述元器件都是利用形状记忆合金在恢复到高温态形状时强度高，而在低温马氏体相状态下较软的特性，在低温时，借助偏压弹簧的弹力使之变形。

2. 医学应用

用于医学领域的记忆合金除了具备所需要的形状记忆或超弹性特性，还必须满足化学和生物学等方面可靠性的要求。一般植入生物体内的金属在生物体液的环境中会溶解成金属离子，其中某些金属离子会引起癌病变、染色体畸变等各种细胞毒性反应，或导致血栓等。只有与生物体接触后会形成稳定性很强的钝化膜的合金才可以植入生物体内。在现有的实用记忆合金中，经过大量实验证实，仅 TiNi 合金满足上述条件。因此 TiNi 合金是目前医学上使用最多的记忆合金。

TiNi 合金在医学上应用较广的有口腔牙齿矫形丝以及外科中各种矫形棒、骨连接器、血管夹、凝血滤器以及血管扩张元件等，如图 5-5 所示。牙齿矫形丝是利用 TiNi 合金相变伪弹性特点，将合金丝处理成超弹性丝。由于应力诱发马氏体相变使弹性模量呈非线性变化，当应变增大时，矫正力却增加不多。因此佩戴矫形丝时，即使产生很大的变形也能保持适宜的矫正力，不仅操作方便，疗效好，而且可减轻患者的不适感。

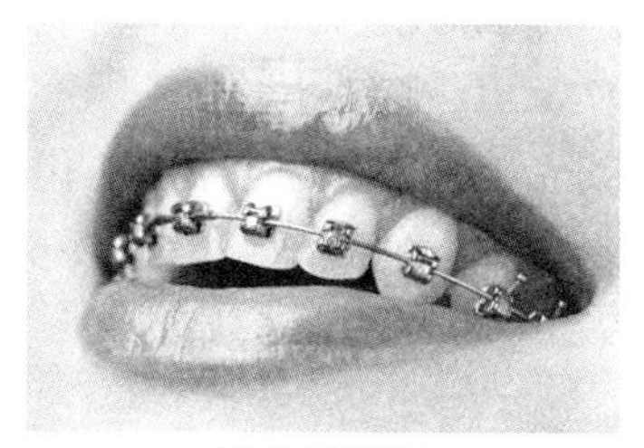

(a) 牙齿矫形丝

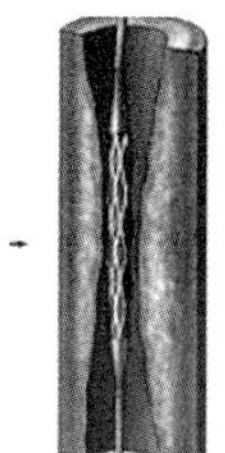

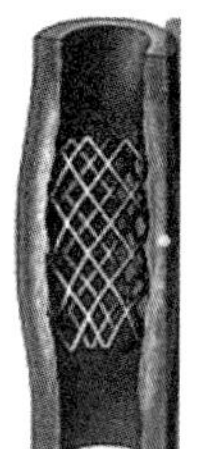

(b) 血管支架

图 5-5　形状记忆 TiNi 合金的应用

脊柱侧弯矫形用的哈氏棒通常用不锈钢制成，但由于植入人体后以及在随后的使用中，矫正力明显下降，甚至在半个月后下降 55%，故通常必须进行再次手术以调整矫正力，使患者在精神上、肉体上承受较大痛苦。改用形状记忆合金棒，只需一次安放固定手术。一般是将 TiNi 合金棒记忆处理成直棒，然后在 M_s 以下温度(通常在冰水)弯成与人体畸形脊柱相似的形状(弯曲应变小于 8%)，立即安放于人体内并固定。手术后通过体外加热使温度高于体温 5～10℃，这时 TiNi 合金棒逐渐回复到高温相状态，产生足够的矫正力。

其他如骨折、骨裂等所需要的固定钉或固定板都是将 TiNi 合金 A_f 温度定在体温以下。先将合金板(或合金钉等)按所需形状记忆处理定形，在手术时，将定形板在冰水中($<M_s$)变形成便于手术安装的形状，植入所需部位固定，靠体温恢复固定板形状。用记忆合金固定骨折等患处，患者痛苦少，功能恢复快，是非常有效的方法。

第二节　超导材料技术

1911 年，荷兰物理学家卡末林·昂内斯(Kamerlingh Onnes)利用低温技术研究金属的电阻特性时发现，当温度降到 4.2K 时，金属铂(Pt)尚有残余电阻存在，而金属汞(Hg)的电阻则突然下降到零，如图 5-6 所示。后来，人们就把这种状态称为超导态，1913 年，昂内斯荣获诺贝尔物理学奖。

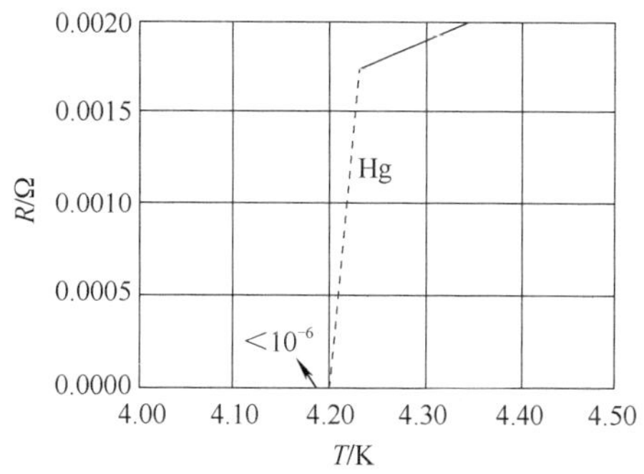

图 5-6　金属汞(Hg)随温度降低电阻变化曲线

一、超导现象

超导就是材料的超导电性，它是指某些材料冷却到一定温度下，当电流通过时这些材料表现出零电阻现象，即失去电阻的现象。同时材料内部失去磁通成为完全抗磁性的物质。相应地，具有超导电性的材料称为超导(superconductor)材料。超导材料在电阻消失前的状态称为常导状态，电阻消失后的状态称为超导状态。昂内斯发现超导现象后，科学家对各种金属做了同样的研究，发现不仅汞(Hg)具有超导电性，超过 1/2 金属都有超导电性，包括一些单元素金属(如 Ta、Nb)、多元素合金(如 TaNb、PbBi、Nb_3Sn、NbTi)和过渡金属氧化物。

近年来又发现某些有机高分子材料也具有超导现象。一般，将电阻突然降为零时的温度称为超导材料的临界温度，用 T_c 表示。超导材料在临界温度以下具有很多优异性能。

二、超导特性

超导材料相对于常导材料具有两个独特的性质：一是完全导电性；二是完全抗磁性。

1. 完全导电性

完全导电性是指当温度下降到某一数值或以下时，超导体的电阻突然变为零的现象，也称为零电阻效应。在通常状态下，任何物质都有电阻，物质就其导电性而言可分为导体、半导体和绝缘体。超导体的零电阻与常导体的零电阻在本质上完全不同。

常导体的零电阻是指理想晶体没有电阻，自由电子可以不受限制地运动。随着温度的降低，常导体的电阻随温度渐变至零。但是由于金属晶格原子的热运动、晶体缺陷和杂质等因素，周期场受到破坏，电子受到散射，故而产生一定的电阻。即使温度降为 0K，其电阻率也不为零，仍然保留一定的剩余电阻率。金属越不纯，剩余电阻率就越大。

超导体的零电阻是当温度下降到一个临界值时，电阻几乎跃变至零。另外需要指出的是，超导体的零电阻是指直流电阻为零，完全导电性都是相对直流而言的，超导体的交流电阻并不为零。

2. 完全抗磁性

完全抗磁性又称迈斯纳效应，是指超导体进入超导态时，超导体内的磁力线将全部排出体外，磁感应强度恒等于零的特性。超导体无论在磁场中冷却到某一温度，还是先冷却到某一温度再通过磁场，只要进入超导态都会出现完全抗磁性，与初始条件无关。

完全抗磁性产生的原因是，当超导体处于超导态时，外磁场的磁化使超导体表面产生无损耗的感应电流。这个感应电流在超导体内产生的磁场恰好与外加磁场大小相等、方向相反，从而互相抵消，使总的合成磁场为零。

三、超导材料的种类

按照临界转变温度，超导材料可分为低温超导体和高温超导体。

1. 低温超导体

低温超导体也称为常规超导体，是指临界转变温度较低(T_c＜30K)的超导材料。低温超导体按其化学组成又可分为元素超导体、合金超导体、化合物超导体。

(1)元素超导体。在所有的金属元素中，约有半数具有超导电性，已发现的超导元素有 50 多种，常压下有 28 种超导元素，如铌(Nb)、锝(Tc)、镧(La)等。有些金属就不具有超导电性，如大家熟悉的铜(Cu)、铁(Fe)、钠(Na)等。元素超导体实用化较难，实用价值不高。

(2) 合金超导体。与元素超导体相比，合金超导体具有塑性好、易于大量生产等优点。合金超导体大多具有较高的临界转变温度、特别高的临界磁场和临界电流密度。这对于超导体用于超导磁体、超导大电流输送等特别重要。目前发现的合金超导体主要有以下几种：①以铌锆 (NbZr) 合金为代表的二元合金，如 NbZr 合金为最早商品化的超导磁体。它具有低磁场、高电流的特点，在高磁场下仍能承受很大的超导临界电流密度。其延展性好、抗拉强度高，制作线圈工艺简单。但是覆铜较困难，制造成本高。铌钛 (NbTi) 合金为目前应用最广泛的超导磁体线材，它的力学性能稳定，制造技术比较成熟，制造成本低。它易于压力加工，在线材上包覆铜钠层可获得良好的合金结合，提高热稳定性。②以铌锆钛 (NbZrTi)、铌钛铪 (NiTiHf) 和钒锆铪 (VZrHf) 等为代表的三元合金。在超导性能上，三元合金比二元合金有明显的提高。合金的超导性主要受合金成分、含氧量、加工程度和热处理等因素的影响。

(3) 化合物超导体。化合物超导体和合金超导体相比，超导与临界条件均较高，在强磁场中性能良好，但是质脆、不易加工，须采取特殊的加工方式。

2. 高温超导体

1986 年 4 月，贝德诺兹 (Bednorz) 和缪勒 (Mueller) 发现钡镧铜氧 (BaLaCuO) 超导体，其临界温度达 36K，开始了高温超导材料的新纪元。1986 年 12 月，中国科学院物理研究所报道，在锶镧铜氧 (SrLaCuO) 系统中获得临界温度约 48.6K 的超导体。1987 年 2 月，中国科学院物理研究所赵忠贤、陈立泉研究小组又获得钇钡铜氧 (YBaCuO) 新型超导材料，其临界温度约为 100K。1987 年 3 月，美国休斯敦大学美籍华人教授朱经武也报道了 YBaCuO 的超导材料。1987 年 3 月 18 日，美国物理学会在纽约举行了“高转变温度超导体专门会议”，中国、美国、日本三国都介绍了在高温超导材料方面的成就。1987 年，贝德诺兹和缪勒荣获该年诺贝尔物理学奖。

高温超导材料的出现，是超导态研究的一个巨大飞跃。获得液氮温区 (77K) 以上的超导材料是科学家梦寐以求的，在应用和理论研究中也有十分重要的意义。低温超导材料必须在液氢温度 (20K) 或液氖温度 (27K) 下进行工作，制备这样低温条件的花费和能耗，将比使用它可节省的费用和能耗还高。高温超导材料如果在液氮温度 (77K) 甚至更高的温度下进行工作，则其使用价值不可估量。

现在的高温超导材料都是铜氧化物多相低维体系，它们的制备与精细陶瓷相仿。甚至有人称它为电子陶瓷。目前，研究得最多的是钇钡铜氧 (YBaCuO)、铋锶钙铜氧 (BiSrCaCuO) 和铊钡钙铜氧 (TlBaCaCuO) 三个超导体系。

四、超导材料的应用

超导材料的应用主要围绕它的两大基本特性展开。

1. 超导输电线路

超导最直接、最诱人的应用是用超导体制造输电电线，美国超导体公司的三股压平线路所负载的电流与一条 400A 的铜负载的电流一样大，其形态如图 5-7 所示，这一发现使得超导技术在输变电中的应用打开了大门，从而成为实现大规模电力远距离输送的潜在解决方案之一，近年来在国际上得到了很快的发展。目前高压输电线的能量损耗高达 10%以上，而超导体具有无损耗输送电流的性质，如果用超导导线作为输电线，由于导线电阻消失，线路损耗也就降为零，电力几乎无损耗地输送给用户，可极大地降低输电成本，节约能源以缓解能源紧张和压力。由于直流输电的优势以及发展新能源并网的需求，近年来，超导直流输电技术的研究开发备受重视。美国于 2009 年 10 月启动了将三大电网(美国东部电网、西部电网、得克萨斯电网)实现完全互联和可再生能源发电并网的“TresAmigas 超级变电站”项目，该超级变电站采用高压直流输电技术(HVDC)实现电网互联，即任何两个电网互联均由 AC/DC(交流/直流)进行电能变换后通过高温超导直流输电电缆(superconductor electricity pipelines)来实现双向流动，最终建设成为一个占地 22.5mi^2(1mi^2=2.59km^2)、呈三角形互联的可再生能源市场枢纽(renewable energy market hub)。随后日本、德国、中国等国家均在不断试验扩大范围。

2. 超导发电机

在大型发电机或电动机中用超导体代替钢材可望实现电阻损耗极小的大功率传输。超导体具有零电阻特性，可在截面较小的线圈中通以大电流，可以达到 10^4A / cm^2 以上，形成很强的磁场，磁感应强度可比普通发电机提高 5～10 倍，而自重减小，图 5-8 为 2000 万 kW 超导发电机。损耗小、输出功率高、轻量化的超导发电机，不仅对于大规模电力工程很重要，而且对航海、航空的各种船舶、飞机也特别理想。超导单级直流电动机和同步发电机是目前主要的研究对象。

图 5-7　超导带状导线与传统金属导线

图 5-8　2000 万 kW 超导发电机

3. 超导计算机

超导计算机中超大规模集成电路的连接元件用接近零电阻的超导器件制作，不存在散热问题，可使计算机具有许多优点：器件的开关速度比现有半导体器件快 2～3 个数量级；功率很低，只有半导体器件的 1/10 左右，散热问题易解决；输出电压在毫伏级，信号检测方便；因超导抗磁效应，电路电磁干扰完全消除；信号准确；体积更小，成本更低。

4. 磁悬浮列车

利用超导材料的抗磁性，将超导体放在永磁体上方，由于磁体的磁力线不能穿过超导体，磁体和超导体之间产生排斥力，超导体悬浮在磁体上。利用这一磁悬浮效应可以制造高速磁悬浮列车，图 5-9 为磁悬浮列车的工作原理。由于列车悬浮于轨道上行驶，导轨与机车间不存在实际接触，没有摩擦，时速可达几百千米而且运行平稳无噪声，是一种新型交通工具。但目前制造和运行成本较高，有待进一步完善。

另外，超导材料还广泛应用于超导储能、核磁共振仪、超导探测器以及超导微波器件等领域或仪器中。

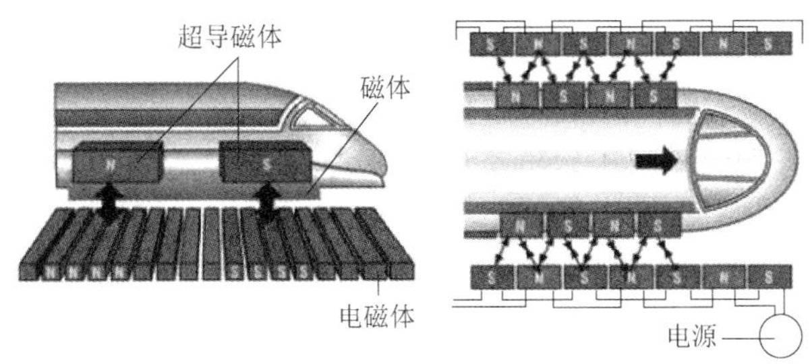

图 5-9　磁悬浮列车的工作原理

第三节　纳米材料技术

早在 20 世纪 60 年代，著名的诺贝尔奖获得者费曼(Feynman)曾预言：如果对物体微小规模上的排列作某种控制，就能使物体得到大量异常的特性，看到材料的性能产生丰富的变化。当人类有朝一日可以按照自己的意愿排列原子时，世界将会发生什么？其预言中的材料即现在的纳米材料。1962 年，Kubo 发现金属超微粒子与块体材料的热性质不同，提出了 Kubo 效应，在此之后便开始了对纳米粒子性质进行研究。到 20 世纪 90 年代，纳米材料技术逐渐兴起并迅速发展成为一门新兴学科。

纳米材料，从狭义上说，是原子团簇、纳米颗粒、纳米线、纳米薄膜、纳米碳管以及纳米固体材料的总称。从广义上说，纳米材料是指晶体或晶界等显微构造达到纳米尺寸(<100nm)水平的材料。材料在尺寸上的划分可如图 5-10 所示，生活和电子产品中的纳米结构如图 5-11 所示，不粘水的荷叶表面具有微米结构的毛绒突起；脊髓灰质炎病毒的尺寸约为 30nm；2016 年报道的 1nm 的晶体管问世将会促进计算机技术取得重大突破。而纳米技术主要是指通过物理和化学方法对宏观物质进行超细化使其在尺寸上纳米化，或者通过原子、分子的自组装技术形成具有特殊功能的纳米尺寸材料的新技术。

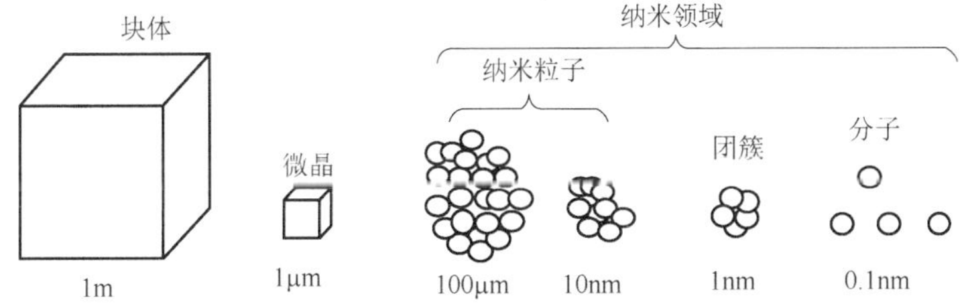

图 5-10　材料从块体尺寸到纳米尺寸的演变

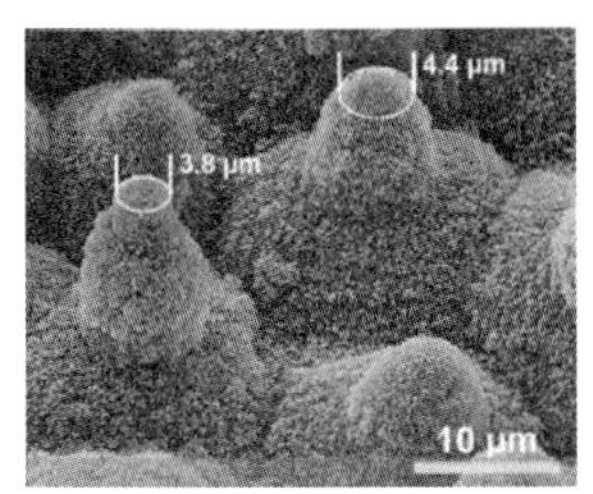

(a)荷叶表面突起

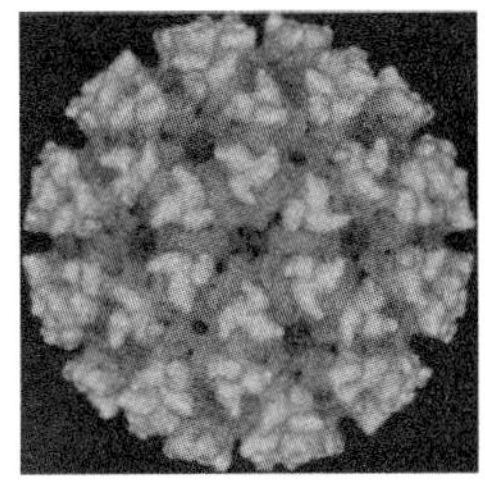

(b)脊髓灰质炎病毒

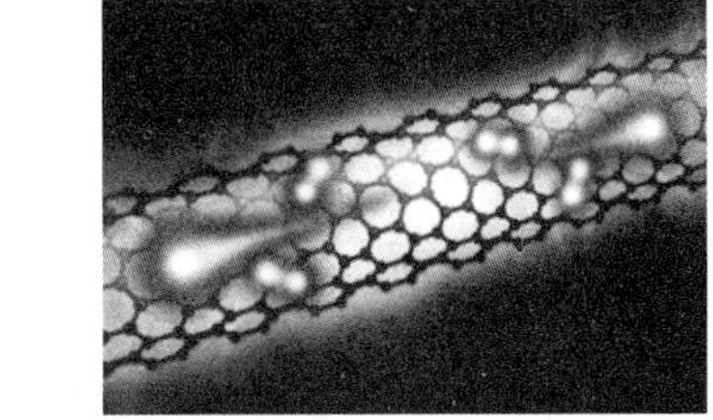

(c)1nm 晶体管

图 5-11　纳米结构实物图

一、纳米材料的分类

纳米材料大致可分为纳米粉末、纳米纤维、纳米膜、纳米块体四类。其中纳米粉末开发时间最长，技术最为成熟，是生产其他三类产品的基础。

纳米粉末又称为超微粉或超细粉，一般指粒度在 100nm 以下的粉末或颗粒，是一种介于原子、分子与宏观物体之间处于中间物态的团体颗粒材料。纳米粉末材料用途很广，可用于高密度磁记录材料、吸波隐身材料、磁流体材料、防辐射材料、单晶硅和精密光学器件抛光材料、微芯片导热基片与布线材料、微电子封装材料、光电子材料、先进的电池电极材料、太阳能电池材料、高效催化剂、高效助燃剂、敏感元件、高韧性陶瓷材料(摔不裂的陶瓷，用于陶瓷发动机等)、人体修复材料、抗癌制剂等。

纳米纤维指直径为纳米尺度而长度较大的线状材料，可用于微导线、微光纤(未来量子计算机与光子计算机的重要元件)材料、新型激光或发光二极管材料等。

纳米膜分为颗粒膜和致密膜。颗粒膜是纳米颗粒粘在一起，中间有极为细小的间隙薄膜(如淡化海水的纳米膜)。致密膜指膜层致密但晶粒尺寸为纳米级的薄膜。纳米膜可用于气体催化(如汽车尾气处理)材料、过滤器材料、高密度磁记录材料、光敏材料、平面显示器材料、超导材料等。

纳米块体是将纳米粉末高压成型或控制金属液体结晶而得到的纳米晶粒材料，主要用于超高强度材料、智能金属材料等。

二、纳米材料的特性

材料特性的改变是由于所组成微粒的尺寸、相组成和界面这三个方面的相互作用来决定的。在一定条件下，这些因素中的一个或多个会起主导作用。纳米材料由于其结构的特殊性，出现一些新的物理与化学现象，如表面效应、小尺寸效应、量子尺寸效应和宏观量子隧道效应等不同于传统材料的独特性能。

1. 表面效应

表面效应是指纳米粒子的表面原子与总原子数之比随着纳米粒子尺寸的减小而大幅度增加，使纳米粒子表面张力也随着增加，从而引起纳米粒子性质的变化，纳米微粒尺寸与表面原子数的关系如表 5-1 所示。随着纳米粒径的减小，表面原子数迅速增加，由于表面原子周围缺少相邻的原子，存在许多悬键，具有不饱和性质，因而这些表面原子具有很高的化学活性，很容易与其他原子结合。

表 5-1　纳米微粒尺寸与表面原子数的关系

尺寸/nm	总原子数	表面原子占比 /%	比表面积 /(m^2/g)
10	3×10^4	20	90
4	4×10^3	40	225
2	2.5×10^2	80	450
1	30	99	900

2. 小尺寸效应

小尺寸效应是指当超细微粒尺寸不断减小，与光波波长、德布罗意波长及超导态的相干长度或投射深度等特性尺寸相当或更小时，晶体周期性的边界条件将被破坏，引起材料的电、磁、光和热力学等特性都呈现新的小尺寸效应。在电学性质方面，常态下电阻较小的金属到了纳米级，电阻会增大，电阻温度系数下降甚至出现负数；原是绝缘体的氧化物到了纳米级，电阻反而下降。在磁学性质方面，纳米磁性金属的磁化率是普通磁性金属的 20 倍。在光学性质方面，金属纳米颗粒对光的反射率一般低于 1%，大约几纳米厚即可消光。比如，军用飞机的隐身技术，就是利用了纳米微粒的尺寸远小于雷达发来的电磁波长，可以明显增加对这些波的透过率和减少对这些波的反射率，使得雷达接收的反射信号变得微弱，从而起到隐身作用。在热力学性质方面，当组成相的尺寸足够小时，金属原子簇熔点明显降低。固态物质在其形态为大尺寸时，其熔点是固定的；超细微化后发现其熔点将显著降低。例如，金的常规熔点为 1064℃，当颗粒尺寸减小到 2nm 时，熔点仅为 500℃。当粒子尺寸在 150nm 以上时，银的熔点为 960.3℃。随着银粒子尺寸的减小，银的熔点下降，当银粒子尺寸下降到 5nm 时，熔点为 100℃。超细微粒熔点下降的性质对粉末冶金工业具有一定的吸引力，如在钨颗粒中附加质量分数为 0.1%～0.5%的超微镍颗粒后，可使烧结温度从 3000℃降低到 1200～1300℃。

3. 量子尺寸效应

原子是由原子核和核外电子构成的。电子在一定的轨道(或能级)上绕核高速运动。单个原子的电子能级是分立的，而当许多原子聚集到一起形成一个“大分子”，也就是大块固体时，按照分子轨道理论，这些原子的原子轨道彼此重叠并组成分子轨道。由于原子数目很大，原子轨道数更大，故组合后相邻分子轨道的能级差非常小，即这些能级实际上构成一个具有一定上限和下限的能带，能带的下半部分充满了电子，上半部分则空着。大块物质由于含有几乎无限多的原子，其能带基本上是连续的。但是，对于只有有限个纳米的微粒来说，能带变得不再连续，且能隙随着微粒尺寸减小而增大。当热能、电能、磁能、光电子能量或超导态的凝聚能比平均的能级间距还小时，纳米微粒就会呈现一系列与宏观物体截然不同的反常特性，称为量子尺寸效应。如导电的金属在制成纳米粒子时就可能变成半导体或绝缘体，磁矩的大小与颗粒中电子是奇数还是偶数有关；比热容也会发生反常变化；光谱线会产生向短波长方向的移动；催化活性与原子数目有奇妙的联系，多一个原子活性很高，少一个原子活性很低。

4. 宏观量子隧道效应

电子既具有粒子性又具有波动性，它的运动范围可以超过经典力学所限制的范围。这种“超过”是穿过势垒，而不是翻过势垒，这就是量子力学中所说的隧道效应。近年来人们发现一些宏观物理量，如颗粒的磁化强度、量子相干器件中的磁通量等也显示隧道效应，故称为宏观量子隧道效应。量子尺寸效应、宏观量子隧道效应将是未来微电子、光电子器件的基础，当微电子器件进一步微小化时，必须考虑上述量子效应，如制造半导体集成电路，当电路尺寸接近电子波长时，电子就会通过隧道效应溢出器件，使器件无法工作。

三、纳米材料的应用

纳米材料的重要意义越来越被人们所认识。有科学家预言，在 21 世纪纳米材料将是“最具前途的材料”，纳米技术甚至会超过计算机和基因学，成为“决定性技术”。纳米材料在许多领域都有着潜在的应用价值，现简要介绍纳米材料在下列方面的应用。

1. 化学反应与催化

纳米粒子比表面积大，活性中心多，催化效率高。已发现金属纳米粒子可催化断裂 H—H

键、C—H 键、C—C 键和 C—O 键。纳米铂黑可使乙烯氢化反应温度从 600℃下降至室温。纳米铂黑、银、氧化铝(Al_2O_3)、氧化铁(Fe_2O_3)，可在高聚物氧化、还原及合成反应中作为催化剂，明显提高反应效率；纳米镍粉用作火箭反应固体燃料催化剂，燃烧效率提高了 100 倍；纳米粒子用作光催化剂，光催化效率高。耐热耐腐蚀的氮化物的纳米粒子会变得不稳定，如氮化钛(TiN)纳米粒子(45nm)在空气中加热即燃烧生成白色 TiO_2 粒子。无机材料的纳米粒子在大气中会吸附气体，形成吸附层，利用此特性可制作气敏元件。

2. 化工与轻工

(1)护肤用品。利用纳米 TiO_2 的优异的紫外线屏蔽作用、透明性及无毒特点，可制作防晒霜类护肤产品，添加量为 0.5%～1.0%。

(2)产品包装材料。紫外线会使肉食产生氧化变色，并破坏食品中的维生素和芳香化合物，从而降低食品的营养价值。添加 0.1%～0.5%纳米 TiO_2 的透明塑料包装材料，既可防紫外线，透明度又高，比添加有机紫外线吸附剂更显优越。

(3)功能性涂层。TiO_2 纳米粒子已广泛用于汽车涂装业务中。它与闪光铝粉及透明颜料用于金属面漆中时，在光照区呈现亮金黄色光，而侧光区为蓝色，使汽车涂层产生丰富而神奇的效应。这种技术首先由美国 Inmont 公司(现为 BASF 公司兼并)于 1985 年开发成功，1987 年用于汽车工业。1991 年世界有 11 种含纳米 TiO_2 的金属闪光轿车面漆得到应用。随着中国轿车工业迅速发展，纳米 TiO_2 将有光明的未来。用纳米 TiO_2 制成的油性或水性漆可保护木器家具不受紫外线损害。加入纳米 TiO_2 粉末，可使天然和人造纤维起到紫外线屏蔽作用。屏蔽吸波功能性涂层还应用于军用飞机的隐身技术方面，如著名的 F-22“猛禽”隐身战斗机，把隐身外形与飞机的气动外形进行了一体化设计，再加上十分有效的纳米吸波材料和吸波涂层的优化选择与配置，使飞机达到了最佳的隐身效果，具有极强的作战能力。

3. 其他领域

(1)纳米陶瓷材料。在陶瓷基中引入纳米分散相进行复合，能使材料的力学性能得到极大改善，其突出作用表现在可以明显提高强度，明显提高断裂韧性和耐高温性能。

(2)医学与生物工程。纳米粒子与生物体有密切的关系。例如，构成生命要素之一的核糖核酸蛋白质复合体，其线长度在 15～20nm，生物体内的病毒也是纳米粒子。此外，用纳米二氧化硅（SiO_2）可进行细胞分离，用纳米金粒可进行定位病变治疗，利用纳米传感器可获得各种生化反应的生化信息。

(3)纳米磁性材料。纳米粒子的特殊结构使它可以用作永久性磁性材料；磁性纳米粒子具有单磁畴结构、矫顽力高的特性，可用作磁记录材料以改善图像性能；当磁性材料颗粒的粒径小于临界粒径时，磁相互作用比较弱，利用这种超顺磁性便可制作磁流体。

(4)纳米半导体材料。将硅、有机硅、砷化镓等半导体材料配制成纳米相材料，就具有很多优异性能，如纳米半导体中的量子隧道效应使电子输运反常，某些材料的电导率可显著降低，而其热导率也随着颗粒尺寸的减小而下降，甚至出现负值。这些特性在大规模集成电路器件、薄膜晶体管、选择性气体传感器、光电器件及其他应用领域发挥重要作用。

第四节　石墨烯材料技术

石墨烯(graphene)是从石墨材料中剥离出来、由碳原子组成的只有一层原子厚度的二维晶体。石墨烯本来就存在于自然界，只是难以剥离出单层结构。石墨烯一层层叠起来就是石墨，厚 1mm 的石墨大约包含 300 万层石墨烯。铅笔在纸上轻轻划过，留下的痕迹就可能是几层甚至仅仅一层石墨烯。

作为目前发现的最薄、强度最大、导电导热性能最强的一种新型纳米材料，石墨烯被称为“黑金”，是“新材料之王”，科学家甚至预言石墨烯将“彻底改变 21 世纪”，极有可能掀起一场席卷全球的颠覆性新技术新产业革命。

一、石墨烯的发展历史

从严格意义上讲，石墨烯并不是一个新事物，在其真正在实验室中被成功剥离之前，关于石墨烯的理论研究已相当充分。早在 20 世纪 50 年代就有人提出了石墨烯的概念并在理论上对石墨烯的电子结构进行了研究，在长期的研究过程中，“石墨烯”一词由 Boehm 等于 1986 年首次提出。但是从理论上对石墨烯及其特性的预言到最终被发现，中间足足经历了近 60 年的时间。

直到 2004 年，英国曼彻斯特大学的两位科学家安德烈·盖姆(Andre Geim)和康斯坦丁·诺沃肖洛夫(Konstantin Novoselov)也像其他科学家一样梦想着得到单层石墨烯，他们尝试了很多方法，并且运用了很多先进的仪器，但是都徒劳无功。最终经过一系列的尝试，他们发现采用一种非常简单的办法可以从石墨中分离出石墨烯，从而证实二维的石墨烯可以单独存在。他们采用的方法就是：利用普通胶带直接在高定向石墨上反复撕离，即从高定向热解石墨片中不断剥离出石墨片，然后将薄片的两面粘在一种特殊的胶带上，撕开胶带，就能把石墨片一分为二。不断地这样操作，于是薄片越来越薄，最后，他们得到了仅由一层碳原子构成的薄片，这就是石墨烯，如图 5-12(a)所示。他们对剥离得到的石墨烯样品进行了一系列的表征和电学性质测试，发现了石墨烯独特的场效应特性，于 2004 年在国际顶级杂志 *Science*(科学)上发表名为 *Electric field effect in atomically thin carbon films* 的文章，重点介绍了石墨烯的获取方法及其场效应特性检测结果。

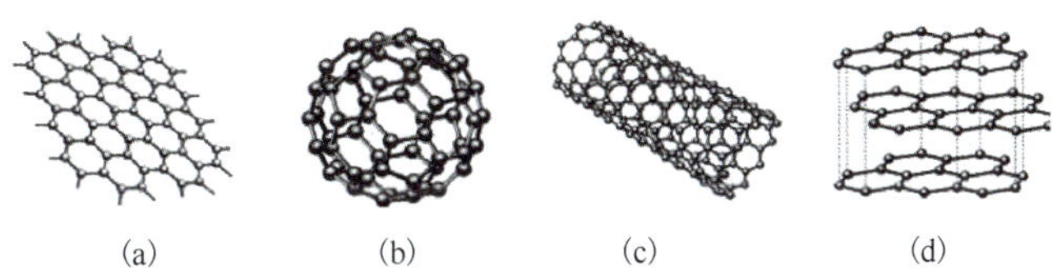

图 5-12　由一层碳原子构成的石墨烯薄片

这一标志性成果引起了科学家的巨大兴趣和广泛关注，至此，石墨烯终于正式登上科学舞台，开启了材料科学史上的一段传奇，进一步推动了科学理论的发展。在随后三年内，安德烈·盖姆和康斯坦丁·诺沃肖洛夫在单层与双层石墨烯体系中分别发现了整数量子霍尔效应及常温条件下的量子霍尔效应，他们也因此获得 2010 年度的诺贝尔物理学奖。

二、石墨烯的结构与性能

石墨烯是由碳六元环组成的两维(2-dimension，2D)周期蜂窝状点阵结构，如图 5-12(a)所示；它可以翘曲成零维(0D)的富勒烯(fullerene)，如图 5-12(b)所示；卷成一维(1D)的碳纳米管(carbon nano-tube，CNT)，如图 5-12(c)所示；堆垛成三维(3D)的石墨(graphite)，如图 5-12(d)所示。因此石墨烯是构成其他石墨材料的基本单元。石墨烯的基本结构单元为有机材料中最稳定的六元环，是目前最理想的二维纳米材料。

石墨烯的基本特性主要表现在以下五个方面。

(1) 导电性能优良。石墨烯结构非常稳定，石墨烯中各碳原子之间的连接非常柔韧，当施加外部机械力时，碳原子面就弯曲变形，从而使碳原子不必重新排列来适应外力，也就保持了结构稳定。这种稳定的晶格结构使碳原子具有优秀的导电性。石墨烯中的电子在轨道中移动时，不会因晶格缺陷或引入外来原子而发生散射。由于原子间作用力十分强，在常温下，即使周围碳原子发生挤撞，石墨烯中电子受到的干扰也非常小。其中电子的运动速度达到了光速的 1/300，远远超过了电子在一般导体中的运动速度。

(2) 透光性能优异。石墨烯由单层到数层碳原子组成，因此大面积的石墨薄膜具有优异的透光性能。对于理想的单层石墨烯，波长在可见光范围内 (380～780nm) 的光吸收率仅为 2.3%±0.1%，反射率可以忽略不计，具有较高的透明性，这使得石墨烯在透明导电材料，尤其是窗口材料领域具有广阔的应用前景。

(3) 高导热性能。石墨烯具有极高导热系数，被提倡用于散热等方面，在散热片中嵌入石墨烯或数层石墨烯可使得其局部热点温度大幅下降。美国加利福尼亚大学一项研究显示，石墨烯的导热性能优于碳纳米管。金属中导热系数相对高的银为 429W/(m・K)，铜为 401W/(m・K)；金刚石的导热系数为 1000～2200W/(m・K)，普通碳纳米管的导热系数可达 3000W/(m・K) 以上，而单层石墨烯的导热系数可达 5300W/(m・K)，甚至有研究表明其导热系数高达 6600W/(m・K)。优异的导热性能使得石墨烯在热管理领域极具发展潜力，作为未来超大规模纳米集成电路的散热材料。

(4) 机械强度大。石墨烯是人类已知力学强度最高的物质。同时它有很好的弹性，拉伸幅度能达到自身尺寸的 20%。它是目前自然界最薄、强度最高的材料，如果用一块面积 $1m^2$ 的石墨烯做成吊床，本身重量不足 1mg 便可以承受一只 1kg 的猫。哥伦比亚大学的物理学家对石墨烯的机械特性进行了全面的研究。在试验过程中，他们选取了一些直径在 10～20μm 的石墨烯微粒作为研究对象。研究人员先是将这些石墨烯样品放在了一个表面钻有小孔的晶体薄板上，这些孔的直径为 1～1.5μm。之后，他们用金刚石制成的探针对这些放置在小孔上的石墨烯施加压力，以测试它们的承受能力。研究人员发现，在石墨烯样品微粒开始碎裂前，它们每 100nm 距离上可承受的最大压力居然达到了大约 2.9μN。据科学家测算，这一结果相当于要施加 55N 的压力才能使 1μm 长的石墨烯断裂。如果物理学家能制取出厚度相当于普通食品塑料包装袋的 (厚度约 100nm) 石墨烯，那么需要施加差不多 20000N 的压力才能将其扯断。换句话说，如果用石墨烯制成包装袋，那么它将能承受大约 2t 重的物品。

(5) 电子之间强相互作用。利用世界上最强大的人造辐射源，美国加利福尼亚大学、哥伦比亚大学和劳伦斯・伯克利国家实验室的物理学家发现了石墨烯特性新秘密：石墨烯中的电子不仅与蜂巢晶格之间相互作用强烈，电子和电子之间也有很强的相互作用。

三、石墨烯的应用

石墨烯对物理学基础研究有着特殊意义，它使一些此前只能纸上谈兵的量子效应可以通过实验来验证，如电子无视障碍，实现幽灵一般的穿越。随着批量化生产以及大尺寸等难题的逐步突破，石墨烯的产业化应用步伐正在加快，基于已有的研究成果，最先实现商业化应用的领域可能会是功能高分子材料、移动设备、航空航天、新能源电池领域。

(1) 功能性材料。利用石墨烯的高导电、高导热以及超强韧等性能，将其作为填料添加到高分子材料中可生产出具有良好相应性能的高分子材料。例如，在塑料里掺入1%的石墨烯，就能使塑料具备良好的导电性；加入0.1%的石墨烯，能使塑料的抗热性能提高30℃。在此基础上可以研制出薄、轻、拉伸性好和超强韧新型材料，用于制造汽车、飞机和卫星等。

(2) 屏幕显示器件。消费电子展上可弯曲屏幕备受瞩目，成为未来移动设备显示屏的发展趋势。柔性显示未来市场广阔，作为基础材料的石墨烯前景也被看好。有数据显示2013年全球对手机触摸屏的需求量大概在9.65亿片。2015年，平板电脑对大尺寸触摸屏的需求大概在2.3亿片，为石墨烯的应用提供了广阔的市场。石墨烯几乎是完全透明的，只吸收2.3%的光。同时，它非常致密，即使是最小的气体原子(氦原子)也无法穿透。这些特征使得它非常适合作为透明电子产品的原料，如透明的触摸显示屏、发光板、太阳能电池板以及透明可弯曲显示屏。

(3) 新能源材料。新能源电池也是石墨烯最早商业化应用的一大重要领域。美国麻省理工学院已成功研制出表面附有石墨烯纳米涂层的柔性光伏电池板，可极大地降低制造透明可变形太阳能电池的成本，这种电池有可能在夜视镜、相机等小型数码设备中应用。另外，石墨烯超级电池的成功研发解决了新能源汽车电池的容量不足以及充电时间长的问题，极大地加速了新能源电池产业的发展。这一系列的研究成果为石墨烯在新能源电池行业的应用铺就了道路。

(4) 航空航天器件。由于高导电性、高强度、超轻薄等特性，石墨烯在航天军工领域的应用优势也是极为突出的。美国国家航空航天局(NASA)开发出应用于航天领域的石墨烯传感器，就能很好地对地球高空大气层的微量元素、航天器上的结构性缺陷等进行检测。而石墨烯在超轻型飞机材料等潜在应用上也将发挥更重要的作用。

石墨烯在上述各领域的应用中近年来取得了良好的进展，典型的成果如下。

(1) 石墨烯晶体管。石墨烯目前最有潜力的应用是成为硅的替代品，制造超微型晶体管，用来生产未来的超级计算机。用石墨烯取代硅，计算机处理器的运行速度将会快数百倍。2011年4月7日IBM公司向媒体展示了其最小最快的石墨烯晶体管，该产品每秒能执行1550亿个循环操作，比之前的试验用晶体管快50%。石墨烯晶体管成本较低，可以在标准半导体生产过程中表现出优良的性能，为石墨烯芯片的商业化生产提供了方向，从而用于无线通信、网络、雷达和影像等多个领域。

(2) 光学调制器。美国华裔科学家使用纳米材料石墨烯最新研制出了一款调制器，科学家表示，这个只有头发丝1/400细的光学调制器具备的高速信号传输能力，有望将互联网速度提高1万倍，一秒钟内下载一部高清电影指日可待。这项研究是由加利福尼亚大学伯克利分校劳伦斯·伯克利国家实验室的张翔、王枫以及刘明等组成的研究团队共同完成的，研究论文于2011年6月2日在英国《自然》上发表。这项研究的突破点就在于，用石墨烯这种世界上最薄却最坚硬的纳米材料，做成一个高速、对热不敏感、宽带、廉价和小尺寸的调制器，从而解决了业界长期未能解决的问题。

(3) 石墨烯手机。2015年3月2日，全球首批3万部石墨烯手机在重庆发布，该款手机采用了最新研制的石墨烯触摸屏、电池和导热膜。其核心技术由中国科学院重庆绿色智能技术研究院和中国科学院宁波材料技术与工程研究所开发。

(4) 低成本石墨烯电池。美国俄亥俄州Nanotek仪器公司的研究人员利用锂离子可在石墨烯锂离子电池石墨烯表面和电极之间快速大量穿梭运动的特性，开发出一种新型储能设备，可以将充电时间从过去的数小时缩短到不到一分钟。该研究发表在近期出版的《纳米快报》上。由中国电信在广州举办的 2016 天翼智能终端交易博览会上，罗马仕展出了一款石墨烯充电宝，10 分钟可充满 6000mA · h，号称要“开辟能源存储新纪元”。

(5)可呼吸二氧化碳电池。2015 年 5 月，南开大学化学学院周震教授课题组发现一种可呼吸二氧化碳电池。这种电池以石墨烯作为锂二氧化碳电池的空气电极，以金属锂作为负极，吸收空气中的二氧化碳释放能量。

(6)泡沫石墨烯。2015 年 9 月，中国科学院上海硅酸盐研究所的研究人员称，利用细小的管状石墨烯构成了一个拥有与钻石同等稳定性的蜂窝状结构，创造出了一种泡沫状材料。这种材料的强度比同重量的钢材要大 207 倍，而且能够以极高的效率导热和导电。这种新材料能够支撑起相当于其自身重量 40 万倍的物体而不发生弯曲。这种新材料的特性意味着其可以用在防弹衣的内部和坦克的表面作为缓冲垫，以吸收来自射弹(如子弹、炮弹、火箭弹等)的冲击力。

四、石墨烯的国家战略

石墨烯由于具有非常优异和独特的光、电、磁、力等物理性能与化学性能，致使石墨烯材料在高性能复合材料、智能材料、电子器件、太阳能电池、能量储存装置和药物载体等领域具有极其广阔的应用前景。各国的政府、高等院校、科研院所和企业进行了大量的人力、物力与财力的投资。

英国首先分离出石墨烯。2013 年，英国政府投资 6100 万英镑在曼彻斯特大学创建国家石墨烯研究院，以使英国在石墨烯研究方面继续保持世界领先水平。2015 年英国又投资 6000 万英镑同样在曼彻斯特大学成立石墨烯工程创新中心，旨在打造新的尖端石墨烯研究设施，实现“发现在英国”“制造在英国”的国家目标。2015 年在欧洲提出石墨烯旗舰计划，预计 10 年累计投资 10 亿英镑，旨在把石墨烯及相关二维材料从实验室推广到社会应用中。美国国家纳米技术计划将石墨烯作为重要组成部分，2004—2013 年美国国家科学基金会资助了近 500 项石墨烯研究项目。我国对石墨烯的研究和应用开发高度重视，仅科学技术部国家重点基础研究发展计划(973 计划)就先后立项三项；2015 年 11 月，工业和信息化部联合国家发展和改革委员会、科学技术部出台了《关于加快石墨烯产业创新发展的若干意见》，提出我国石墨烯材料未来 5 年的发展目标。目前，我国已成为石墨烯研究和应用开发最为活跃的国家之一，数据显示，我国在相关领域发表的研究论文数、申请的专利数逐年上升。

第五节　生物医学材料技术

人类利用生物医学材料的历史与人类历史一样漫长。自从有了人类，人们就不断地与各种疾病作斗争，生物医学材料是人类同疾病作斗争的有效工具之一。追溯生物医学材料的历史，公元前约 3500 年古埃及人就利用棉花纤维、马鬃作为缝合线缝合伤口。而这些棉花纤维、马鬃则可称为原始的生物医学材料。公元前 2500 年前中国、埃及的墓葬中就发现有假牙、假鼻、假耳。人类很早就用黄金来修复缺损的牙齿。文献记载，1588 年人们就用黄金板修复颚骨。1775 年就有金属固定体内骨折的记载，1800 年有大量有关应用金属板固定骨折的报道。1809 年有人用黄金制成种植牙齿。1851 年有人使用硫化天然橡胶制成的人工牙托和颚骨。20

世纪初开发的高分子新材料促成了人工器官的系统研究的开始，人工器官的临床应用则始于1940年。人工器官的临床应用拯救了成千上万患者的生命，减轻了病魔给患者及其家属带来的痛苦与折磨，引起了医学界的广泛重视，加快了人工器官研究步伐。目前，从天灵盖到脚趾骨，从人体的内脏到皮肤，从血液到五官，除了脑以及大多数内分泌器官，大多有了代用的人工器官。

依据生物材料的发展历史及材料本身的特点，可以将已有的材料分为三代，它们各自都有明显的特点和发展时期，代表了生物医学材料发展的不同水平。20世纪初，第一次世界大战以前所使用的医用材料可归于第一代生物医学材料，主要特征是简单替代。代表材料有石膏、各种金属、橡胶以及棉花等物品，这一代的材料大多被现代医学所淘汰。第二代生物医学材料的发展是建立在医学、材料科学(尤其是高分子材料学)、生物化学、物理学及大型物理测试技术发展的基础之上的。研究工作者也多由材料学家或主要由材料学家与医生合作来承担。研究的思路仍然是努力改善材料本身的力学、生化性能，以使其能够在生理环境下有长期的替代、模拟生物组织的功能。代表材料有羟基磷灰石、磷酸三钙、聚甲基丙烯酸、胶原、多肽、纤维蛋白等。第三代生物医学材料的特征是具有促进人体自修复和再生作用的生物医学复合材料。它们一般由具有生理活性的组元及控制载体的非活性组元所构成，具有比较理想的修复再生效果。其基本思想是通过材料之间的复合、材料与活细胞的融合、活体材料和人工材料的杂交等手段，赋予材料特异的靶向修复、治疗和促进作用，从而达到病变组织主要甚至全部由健康的再生组织所取代的效果。骨形态发生蛋白(BMP)材料是第三代生物医学材料中的代表材料。

现代科学技术随着生物技术与基因工程的发展正孕育一些重大突破，其中之一就是在不远的将来，除大脑外，人体所有的组织器官均可实现人工再生与重建，其技术关键取决于生物医学材料(biomedical materials)和组织工程(tissue engineering)的发展。

什么是生物医学材料呢？简单地说，生物医学材料是用于与生命系统接触和发生相互作用的，并能对其细胞、组织和器官进行诊断治疗、替换修复或诱导再生的一类天然或人工合成的特殊功能材料，亦称生物材料(biomaterials)。生物材料制作的心脏起搏器、人工心脏瓣膜、人工血管、人工心脏、介入性治疗导管与血管内支架等正在挽救和维持世界上成千上万心血管病患者的生命；用生物材料制作的人工关节与功能性假体已广泛用于伤残人肢体形态和功能的恢复；用生物材料制成的各种人工器官每年有数万人在使用。可以说，现代医学的进步是与生物材料的发展分不开的。

一、生物医学材料的特性与评价

任何一种材料要作为生物医学材料使用，除了应具有必要的理化特性，还需要满足在生理环境下工作的生物学要求，即应有良好的生物相容性。这是生物医学材料区别于其他材料的基本特征，下面介绍生物医学材料与生物机体相互作用的形式。

(一)生物反应

生物材料植入机体后，通过材料与机体组织的直接接触和相互作用而产生两种生物反应：其一是宿主反应，即机体组织与生物活体系统对材料作用的反应；其二是材料反应，即材料对机体生理环境作用的反应。

1. 宿主反应

宿主反应通常分为5类，即局部组织反应、全身毒性反应、过敏反应、致癌/致畸/致突变反应和适应性反应。

局部组织反应是指机体组织对植入手术创伤的一种急性或炎性反应，是最早的宿主反应，其反应程度取决于创伤的性质、轻重和组织反应的能力，并受患者年龄、体质、防御系统的损伤、药物应用与体内维生素缺乏程度等因素的影响。

全身毒性反应通常是由于植入材料或器件在加工和消毒过程中吸收或形成的低分子量产物在机体内渗出或生理降解所产生的毒性物质所引发的一种反应。

致癌/致畸/致突变反应一般属于慢性反应，其中致癌反应是因材料中含有致癌物质或材料在体内降解中产生的致癌物质所致。

适应性反应是机体对于材料的应用，属于慢性和长期性反应，其中包括机械力对组织与材料相互作用的影响。

2. 材料反应

材料反应是指材料在机体环境下的反应，通常包括生理腐蚀、吸收、降解与失效等反应。

生理腐蚀是材料在生理环境作用下的一种腐蚀。因为人体体液是含约1%氯化钠的充气溶液，此外还含有其他类型的盐、有机化合物、血液、淋巴液与酶等，在37℃体温下对金属材料是一个相当强的腐蚀环境，可产生多种类型的腐蚀等。生理腐蚀可引起金属从植入体表面脱落，导致过敏反应。生理腐蚀过程中产生的金属离子和腐蚀产物会引起局部组织反应或全身毒性反应。用医用金属材料制作的承载部件在生理环境中易发生应用腐蚀和腐蚀疲劳，导致部件损伤与失效。因此，对医用金属材料来讲，其发展历史实际上是寻求能耐生理腐蚀的金属材料的历史。

吸收是指材料在体液或血液中因吸收某些成分而改变其性能的过程。这种吸收过程是慢性和长期性反应。例如，人工心脏瓣膜支架在血液中因选择性吸收血液中的类脂化合物而变色、鼓胀和开裂，不过借助于支架表面改性或材料表面复合可使吸收现象得到控制。

降解与失效是材料在生理环境两个十分重要的材料反应。生物降解是材料在生理环境作用下发生结构破坏与性质蜕变的一个过程。在生理环境中能发生降解的材料有可降解生物陶瓷(如硫酸钙、β-磷酸三钙等)、可降解高分子材料(如天然的蛋白质(或聚肽)、交联明胶等)，还有人工合成的聚乳酸、聚乙醇酸以及它们的共聚物等。它们作为生物降解材料的基本条件是降解产物应对机体无毒性，能参与体内的代谢循环。利用这些材料的降解特性可制造可吸收的手术缝合线、骨折内固定器、骨缺损填料和药物缓释的载体。最容易降解和失效的是医用高分子材料。陶瓷与金属材料也可能通过降解而失效。导致材料在生理环境中失效的途径有多种，除了降解，还有磨损、生理腐蚀、吸收和机械力作用等。

(二)生物相容性

生物材料在与机体组织发生直接接触与相互作用时会产生损伤机体的宿主反应和损坏材料性能的材料反应。因此，对于一种合格的生物材料，既要要求所引起的宿主反应能够保持在可接受的水平，又要要求其材料反应不致造成材料本身破坏。这种对材料在生理环境条件下应具有的特殊性能要求通常用生物相容性来表征。

生物相容性根据材料使用目的与要求的不同通常分为两类：其一是血液相容性，主要考察植入心血管系统的材料与血液相互作用的水平；其二是组织相容性或一般的生物相容性，主要考察植入机体组织的材料与体液相互作用的水平。血液相容性与组织相容性密切相关，但各有所侧重。

二、生物材料的分类与应用

生物医学材料按材料的基本性质来分类，则可分为医用金属材料、生物陶瓷、医用高分子材料、医用复合材料以及其他生物材料等5类。

(一)医用金属材料

医用金属材料种类很多，但能够在人体生理环境条件下长期安全服役的却不多。经过长期研究和临床筛选而得到广泛应用的金属材料主要有医用不锈钢、医用钴基合金、医用纯钛与医用钛合金、医用形状记忆合金和医用贵金属等，图5-13为部分医用金属材料制作的产品。

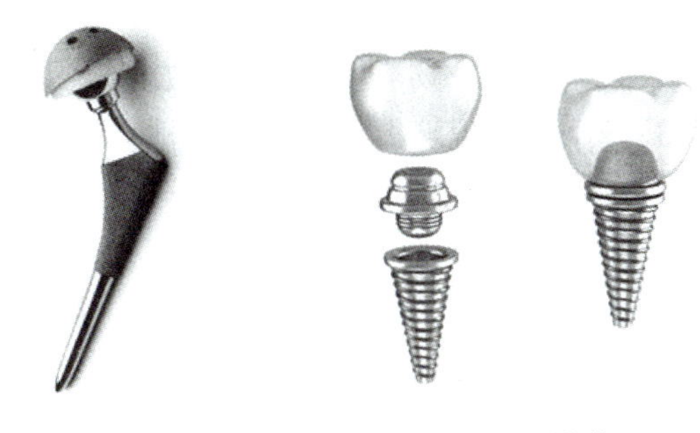

(a)人工髋关节　(b)牙根种植体

图5-13　医用金属材料制作的产品

1. 医用不锈钢

医用不锈钢的临床应用比较广泛。在骨科，医用不锈钢常用来制作各种人工关节和骨折内固定器，如人工髋关节、膝关节、肩关节、肘关节、腕关节、踝关节与指关节等。在口腔科，医用不锈钢广泛应用于镶牙、矫形和牙根种植等各种器件的制造，如各种牙冠、牙桥、固定支架、卡环、义齿等。在心血管系统，医用不锈钢应用于制作各种植入电极、传感器的外壳与导线、人工心脏瓣膜、介入性治疗导丝与血管内支架等。

2. 医用钴基合金

医用钴基合金的耐磨性是所有医用金属材料中最好的，故钴基合金植入体内不会产生明显的组织反应。但是，钴基合金人工关节在机体中的松动率较高。医用钴基合金与医用不锈钢是医用金属材料在临床医学中应用最广泛的两类材料。相对不锈钢而言，医用钴基合金更适于制造体内承载苛刻的长期植入件。医用钴基合金在骨科用来制作各种人工关节、接骨板、骨钉、骨针、接骨丝等；在心血管系统用于制造人工心脏瓣膜、血管内支架等；在口腔科用于制作卡环、基托、舌杆、义齿等；此外还用于脊椎整形、颅骨修复等。

3. 医用钛和钛合金

医用钛和钛合金密度小、毒性小、弹性模量接近于天然骨，故广泛用于制作各种人工关节、接骨板、骨螺钉与骨折固定针等。用纯钛和钛合金制作的牙根种植体、义齿、牙床、托环、牙桥与牙冠已广泛用于临床。

4. 医用形状记忆合金

形状记忆合金有多种临床应用，在整形外科主要用于制作脊柱侧弯矫形器械、人工颈椎椎间关节、加压骑缝钉、人工关节、髌骨整复器、颅骨板、颅骨铆钉、接骨板、髓内钉、接骨超弹性丝、关节接头等；在口腔科用于制作齿列矫正用唇弓丝、齿冠、托环、颌骨铆钉等；在心血管系统用于制作血栓过滤器、人工心脏用的人工肌肉和血管扩张支架、脑动脉瘤夹、血管栓塞器等；在介入性治疗中用于制作食道、气道、胆道和前列腺扩张支架；另外，还用于制作耳鼓膜振动放大器、人工脏器用微泵等。

(二)生物陶瓷

生物陶瓷是一类用作生物医学材料，且在临床医学中得到应用的陶瓷材料，主要用于人体骨骼-肌肉系统与心血管系统的修复、替换以及用作药物运达与缓释载体。生物陶瓷按其植入人体后所引起的组织-材料反应和在生理环境中的化学活性可分为 3 类，即近于惰性生物陶瓷、表面生物活性陶瓷和可吸收生物陶瓷。

1. 近于惰性生物陶瓷

近于惰性生物陶瓷是一类暴露于生物环境中几乎不发生化学变化的生物陶瓷，其所引起的组织反应主要表现在材料周围会形成厚度不同的包裹性纤维膜。属于此类的生物陶瓷主要有氧化铝生物陶瓷、氧化锆生物陶瓷和医用碳素材料。在临床中得到广泛应用的是氧化铝生物陶瓷和医用碳素材料。

氧化铝生物陶瓷在生理环境中基本不发生腐蚀和溶解，具有良好的生物相容性，在临床上用来制作承力的人工骨、关节修复体、牙根种植体、骨折夹板与内固定器、药物缓释载体等。

2. 表面生物活性陶瓷

表面生物活性陶瓷是一类能与机体组织在界面上实现化学键结合的生物陶瓷，主要包括羟基磷灰石生物活性陶瓷和生物活性玻璃陶瓷。

羟基磷灰石(HA)生物活性陶瓷是一种主要由羟基磷灰石所构成的生物活性陶瓷。HA 生物活性陶瓷在 1250℃以下稳定，易溶于酸，难溶于水、醇，是构成骨与牙齿的主要无机质，具有良好的生物相容性。HA 生物活性陶瓷具有传导成骨功能，能与新生形成骨键合，植入肌肉、韧带和皮下后能与组织密合，无明显炎症或其他不良反应。HA 生物活性陶瓷的临床应用较广泛，可用于制作牙种植体、经皮器件、人工血管、气管和喉管支架，可进行牙周袋与骨缺损充填、牙槽嵴扩建、颌面骨重建、五官矫形和脊柱融合以及广泛用于人工关节表面涂层，提高其生物相容性。HA 生物活性陶瓷的主要缺点是脆性和在生理环境中的抗疲劳性能差，但可以通过材料复合方法加以改善。

生物活性玻璃陶瓷又称生物活性微晶玻璃，这是一类含有磷灰石微晶相，或者即使不含有磷灰石结晶相，也能在体内与体液发生界面反应，并在其表面生成羟基磷灰石微晶层的玻璃陶瓷。生物活性玻璃陶瓷主要用于制作人工种植牙、牙冠、耳小骨、颅骨、脊椎骨等；颗粒状材料用于牙槽嵴扩建、骨囊腔充填；粉末状材料用于牙根管治疗等。

3. 可吸收生物陶瓷

可吸收生物陶瓷是一类在生理环境作用下能逐渐降解和吸收的生物陶瓷。属于可吸收生物陶瓷的主要有β-磷酸三钙(β-TCP)和硫酸钙生物陶瓷等。

β-磷酸三钙可吸收生物陶瓷主要是指多孔型和颗粒状陶瓷制品。这类制品植入体内后将被体液溶解和组织吸收而导致解体，解体形成的小颗粒不断地被吞噬细胞所吞噬，这就是生物降解的基本过程。β-磷酸三钙可吸收生物陶瓷具有良好的生物相容性，植入体内后血液中的钙与磷能保持正常水平，且无明显的毒副作用。由于其机械强度不高，故不适用于承力体位的修复，在临床中主要用于骨缺损修复、牙槽嵴增高、听小骨替换和药物运达与缓释载体。

(三)医用高分子材料

医用高分子材料是一类用于临床医学的高分子及其复合材料，是生物医学材料的重要组成部分。

1. 医用高分子材料分类

医用高分子材料按其来源可分为天然高分子材料和人工合成高分子材料两类。天然高分子材料是指取自自然界经加工或不加工而成的一类高分子材料，如纤维素、淀粉、壳聚糖、胶原、酪蛋白、血纤维蛋白等。人工合成高分子材料种类很多，如聚乙烯、聚丙烯、聚四氟乙烯、聚氨酯、聚乳酸等。

医用高分子材料按材料的性质可分为非降解型和生物降解型两类。非降解型医用高分子材料是指在生理环境中能长期保持稳定，不发生降解、交联或物理磨损等，且具有良好理化特性的一类高分子材料，如聚乙烯、聚丙烯酸酯、芳香聚酯等。此类材料应用范围很广，主要用于制作人体软、硬组织的修复体、人工器官、人工血管等。生物降解型医用高分子材料是一类在生理环境中可发生结构破坏与性能蜕变，其降解产物能通过正常的新陈代谢，或被机体吸收利用，或排出体外的高分子材料，如胶原、甲壳素、纤维素、聚氨基酸、聚肽等，主要用来制作可吸收手术缝合线、药物载体与运达载体、医用黏结剂、人工皮等。

2. 医用高分子材料的临床应用条件

医用高分子材料在临床应用中主要具有以下性质：①良好的理化特性与力学性能。例如，用于制作人工髋臼材料，除了应具有足够的强度、韧性、硬度，还要有良好的耐磨性和抗蠕变性能。又如，人工心脏一年要不停地搏动3000万次以上，这就要求材料应具有优异的抗疲劳性能和良好的抗凝血特性。还有人工肾的透析膜，除了应有的理化性能，还要求有特殊的分离透析功能。②耐生物老化。人体既有像胃那样的酸性环境，也有像肺那样的碱性环境。在血液和体液中有钠、钾、钙、镁、碳酸根、磷酸根、硫酸根等多种离子和氧、二氧化碳以及多种蛋白质和酶等。高分子材料在上述的离子、分子、蛋白质和酶的作用下会导致聚合物断链降解、交联或形态变化，从而使性能蜕变。为此，对于长期植入人体的高分子材料，要求有良好的抗生物老化特性，不受血液、体液、机体组织等生理环境因素的影响。③良好的生物相容性。材料植入体内后应无毒副作用、无热源反应、不致癌、不致畸、不致突变、不引起过敏反应或不干扰机体的免疫机理、不破坏邻近组织、不发生材料表面钙化。④对于与血液直接接触的材料，要有良好的血液相容性，不引起溶血、不使血液中蛋白质变质，不破坏其有效成分。

3. 医用高分子材料的应用

现代材料科学和生物医学工程的发展不仅能用医用高分子材料来修复人体损伤的组织与器官，恢复其功能，而且可以用人工器官来取代人体器官的全部或部分功能。

用医用高分子材料制成的人工心脏(又称人工心脏辅助装置)可在一定时间内代替自然心脏功能，成为心脏移植前的一项过渡性急救措施。又如，人工肾可维持肾病患者几十年的生命，患者只需每周去医院2～3次，利用人工肾将体内代谢毒物排出体外就可以维持正常人的活动与生活。人工心脏瓣膜的广泛应用已经拯救了成千上万人的生命。用人工肝解毒装置可使面临死亡的重症安眠药中毒患者在两个小时内脱离危险。上述的人工心脏、人工肾、人工肝以及人工胰、人工膀胱等主要是用医用高分子材料制造的，如图 5-14 所示。总之，医用高分子材料的发展，使得过去许多幻想逐渐变成现实。每出现一种性能优异的新材料，就会给临床医学带来新的突破。

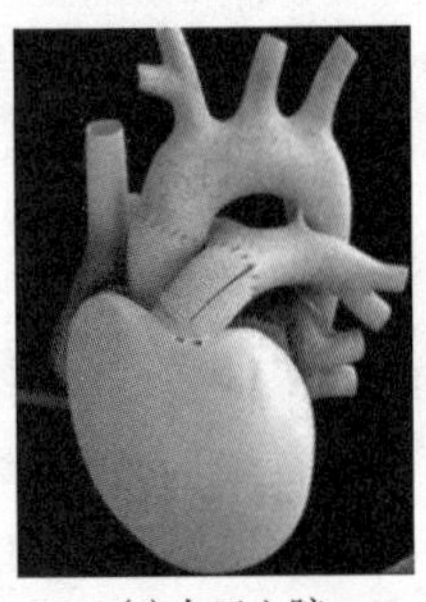
(a) 人工心脏

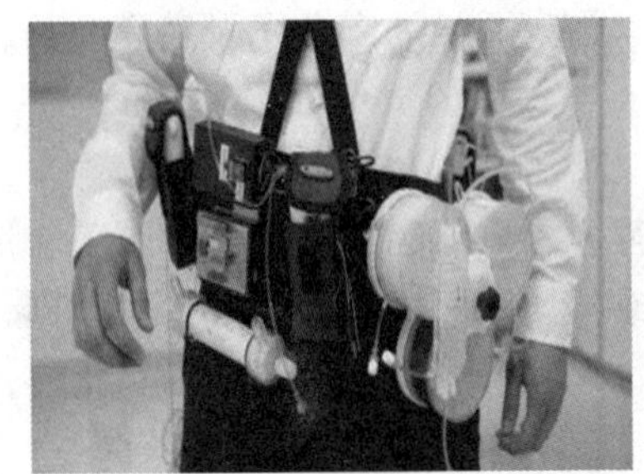
(b) 人工肾

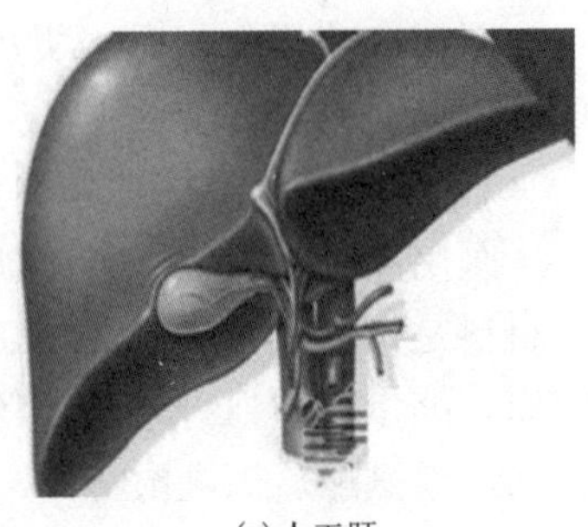
(c) 人工肝

图 5-14　医用高分子材料产品

(四) 医用复合材料

医用复合材料同其他复合材料一样均是由两种或两种以上的不同种类材料通过复合工艺组合而成的新型材料。由于人体的绝大多数组织都可视为复合材料，故研究与开发医用复合材料一直是生物医学材料发展中最活跃的领域之一。

医用复合材料的特点在于其本身与组分材料都必须具有良好的生物相容性。为此医用复合材料的组分材料通常选择医用金属材料、生物陶瓷和医用高分子材料，它们既可作为复合材料的基材，又可充当其增强体或填料。

医用复合材料按复合的目的与用途来，可分为医用结构复合材料和医用功能复合材料两大类。医用结构复合材料是承力结构使用的材料，材料复合的主要目的是提高和改善材料的力学性能。而医用功能复合材料则是通过材料的复合赋予复合材料以新的特性或用于改善基体材料原有性能的不足。

对于金属基医用复合材料，其基材的特点在于有足够高的强度、韧性与抗疲劳性能，故成为人工关节制造的主要材料。以金属材料为基材的医用结构复合材料为数不多，基本上是以提高基材的生物相容性和血液相容性为主要目的医用功能复合材料。医用金属材料的耐腐蚀性能较低，植入体内后极易产生应力腐蚀和腐蚀疲劳，引发有关毒性反应。另外，医用金属材料植入血管内容易引发血栓，导致血管阻塞。为了提高医用金属材料的耐腐蚀性和抗凝血性能，广泛地采用在其表面加涂生物陶瓷和医用高分子材料的方法。目前，加涂低温各向同性(low temperature isotropy，LTI) 碳层的人工心脏瓣膜和加涂羟基磷灰石涂层的人工髋关节均已应用于临床。

对于陶瓷基和高分子基医用复合材料来讲，其多数属于医用结构复合材料。材料复合的主要目的是增韧和增强。用碳纤维、碳化硅晶须增强的医用生物碳和用不锈钢及钛纤维增韧的生物玻璃可用于制造人工骨。用氧化锆颗粒弥散分布增强的生物活性玻璃陶瓷，是迄今强度最高的生物陶瓷材料。用定向排列的碳纤维增强的聚乳酸可用于制造人工韧带和肌腱修复体。用碳纤维弥散分布增强超高分子量的聚乙烯可使其断裂强度和弹性模量提高 40%，耐磨性和抗疲劳性能均得到明显改善，已用于人工关节的制造。用羟基磷灰石颗粒增强的聚乙烯人工骨材料，可通过调整羟基磷灰石含量使材料的弹性模量达到自然骨的水平，以克服生物陶瓷因弹性模量过高及与自然骨弹性形变不匹配而产生的应力屏蔽效应。

（五）其他生物材料

(1) 酶。这是一类对生物化学反应具有催化活性的蛋白质。由于酶在水溶液中一般不稳定，因此需要将其进行物理或化学处理为不溶于水且能保持活性和专一性的固定化酶。这种固定化酶在临床医学中有着广泛的用途，可用作临床化验与诊断材料、血液灌流吸附剂、生物传感器和药物等。在临床治疗中，用胰蛋白酶作为消炎药物可用于消毒清洗伤口；用血纤维蛋白溶酶可催化溶解凝固血栓，用于治疗血栓。

(2) 生物衍生材料。这是将生物活体组织经特殊处理后而形成的生物材料。所用的生物活体组织主要取自动物体。此类材料必须经过处理方可使用。经过处理的生物活体组织已失去生命力，故生物衍生材料是一类无生命的材料，如猪心脏瓣膜、牛心包、牛颈动脉、人脐动脉、冻干骨片以及再生胶原、弹性蛋白、硫酸软骨素等。生物衍生材料在临床中主要用于两个方面：其一是用于替换和修复病变损伤的机体组织，如经定型处理的猪心脏瓣膜与人工机械瓣膜相比有血栓并发症率低、无噪声、对血液无害等优点；其二是作为供细胞、毛细血管和组织长入的临时骨架，以促进被替换的组织再生，如皮肤掩膜、骨与软骨修复体、纤维蛋白制品等，它们在使用中随着组织再生将降解、吸收直到消失。

(3) 生物技术衍生材料。这类新型材料不同于普通无生命的生物材料，其主要特点是在生物材料的设计中引入生物构架——蛋白质和活体细胞，为利用基因工程制造仿生材料创造了条件。生物技术衍生材料的发展始于 20 世纪 80 年代末，主要研究领域有生物分子材料、集合系统和组织工程，其发展目标在于实现人体组织和器官的修复与重建，并正在形成一个新的科学技术领域——人体自身“构件”的克隆与重建。这将为生物材料的发展开创一个新纪元。

(4) 生物分子材料。生物分子材料是一类利用生化提取或基因重组合成的生长因子及蛋白质与其载体复合的，或用有关生物分子与人造聚合物共价耦合构成的杂化分子所形成的新型生物材料。这种材料拥有一般生物材料所不具有的生物学功能，后者主要体现在能促进细胞分化与生长、诱导人体组织再生和参与生命活动。近年来，这种生物材料由于将材料科学与基因工程及现代医学紧密结合在一起而成为生物材料的一个新的研究前沿和热点科研项目，并且取得了重大进展，其代表性的研究项目就是骨形态发生蛋白（bone morphogenetic protein，BMP）生物分子材料的研制与应用研究。这种蛋白质具有独特的诱导成骨功能，可使断骨快速再接和缺骨快速再生，在骨科和口腔科具有广泛的应用前景。

总之，生物医学材料的研究与开发近十年来得到了飞跃发展，已被许多国家列为高技术新材料发展计划，并迅速成为国际高技术的制高点之一。生物医学材料的研究与开发之所以受到世界各国的高度重视，是因为其具有重大的社会效益和重大的经济效益：①随着社会进步和经济发展及生活水平的提高，人类对自身的健康事业格外重视；②近 70 亿人口对生物医学材料有巨大的市场需求；③生物医学材料产业是典型的知识密集型产业，价格高，附加值极高，以高技术材料市场每公斤价格比较，生物医学材料最高，达 120～150000 美元，而建材仅 0.1～1.2 美元，宇航材料为 100～1200 美元。生物医学材料除了具有巨大的经济效益和社会效益，还具有深远的科学意义。生物医学材料是材料科学与生命科学的交叉学科，代表了材料科学与现代生物医学工程的一个主要发展方向，是当代科学技术发展的重要前沿阵地之一。

第六节　新型高分子材料技术

高分子材料与人们的生活息息相关，从各种器具、衣服面料到工业用工程塑料、农业用塑料薄膜，从打火机、照相机外壳到火箭壳体、航天飞机储能罐等，都成为高分子材料大显身手的场所。高分子材料具有质量轻、可塑性好、加工方便、成本低等特点，所以发展迅速，已经占有巨大的市场。目前大量生产的高分子材料是通常条件下使用的，还存在机械强度差和耐热性能低的缺点。科学技术的飞速进步对高分子材料提出了更高的要求，从而强有力地推动高分子材料向着高性能和多功能方向发展。下面主要介绍高性能高分子材料与功能高分子材料。

一、高性能高分子材料

以前人们把高分子材料看作质地较软、强度较差的材料，其实经过多年的研究开发，已生产出许多可与钢铁相媲美的高分子材料，应用于许多领域。

(一)工程塑料

工程塑料一般是指工业用的高性能热塑性塑料，是为了满足电子、电工、航空航天等领域的需要而发展起来的。工程塑料具有良好的综合性能，特别是刚性大、蠕变小、机械强度高、耐热性能好、电绝缘性好、可在较苛刻的化学与物理环境中长期使用。工程塑料广泛用于电子电气、机械零件、仪器仪表、办公机器、家用电器、文化娱乐、建筑行业、交通运输、医疗卫生、国防工业等尖端科技领域。

目前已工业化的工程塑料中产量较大的有聚酰胺(PA)、聚甲醛(POM)、聚碳酸酯(PC)、改性聚苯醚(改性 PPO)和热塑性聚酯，人们称它们为五大通用塑料。通过研究也产生了较多的特种工程塑料或高性能工程塑料，主要有聚苯硫醚(PPS)、聚酰亚胺(PI)、聚醚醚酮(PEEK)以及聚醚酰亚胺(PEI)等。高性能工程塑料价格高、年消费量很小，但是它的增长速度很快。

(二)高分子合金

高分子合金是指通过物理或化学的方法将已有的两种或两种以上的高分子材料进行复合制备而成的多元复合材料，其借助金属合金的名称，称为高分子合金。

高分子合金材料品种很多，性能各异，例如，高抗冲击聚苯乙烯是用橡胶增韧的聚苯乙烯，它既保留了聚苯乙烯的光泽性好、易加工的特点，又因含有橡胶而改善了材料的韧性；ABS 是丙烯腈、丁二烯和苯乙烯三者共聚的产物，它既保留了聚苯乙烯的良好的模塑加工性和光泽，又因含有聚丁二烯而改变了材料的韧性，并用聚丙烯腈增加了材料的稳定性和表面硬度。高分子合金材料发展迅速，已成为新型材料中必不可少的重要方面，应用也很广泛。20 世纪 80 年代初，日本、美国两国科学家各自独立研究开发了一种新型的高分子合金——分子复合材料(MC)，它是用刚性高分子在分子水平上对柔性高分子组成的基质进行增强而得到的一种新功能材料，用这种方法，只要在柔性高分子基质中加入百分之几的少量刚性棒状高分子，就可大幅度地提高材料的强度和模量。

二、功能高分子材料

功能高分子材料是指具有特定功能作用、可作为功能材料使用的高分子化合物，其所具有的功能范围十分广泛，当前这是一类备受瞩目、发展迅速的新型高分子材料。

(一)光功能高分子材料

光功能高分子材料是指能够对光进行传输、吸收、储存、转换的一类高分子材料。目前研究开发较多的光功能高分子材料主要有：①感光性高分子材料(可发生光化学反应)；②光致变色材料和光导电材料(能量转换)；③塑料光导纤维(光曲线传播)；④光盘(信息储存)；⑤高分子光敏剂、紫外线吸收剂等。

1. 感光性高分子材料

感光性高分子材料是指在光的作用下迅速发生光化学反应，引起物理和化学变化的高分子体系。感光性高分子材料的研究和应用已有较长的历史，主要产品有光刻胶、光固化黏合剂、感光油墨、感光涂料等。

光刻胶又称光致抗蚀剂，光致抗蚀剂最早应用于印刷制版。在印刷工业中，用感光树脂版代替金属版，不仅节省了金属，而且工艺简单，易实现自动化操作。此后，光致抗蚀剂又广泛应用于电子工业。在半导体电子器件或集成电路的制造中，需要在硅晶体或金属等表面进行选择性的腐蚀，为此，必须将不需腐蚀的部分保护起来。将光刻胶均匀涂布在被加工物体表面，通过所需加工的图形进行曝光，由于受光与未受光部分发生溶解度的差别，曝光后用适当的溶剂显影，就可得到由光刻胶组成的图形，再用适当的腐蚀液除去被加工表面的暴露部分，就形成了所需要的图形。

另外，光固化黏合剂、感光油墨、感光涂料是近年来发展较快的产品。这些产品具有固化速度快、涂膜强度高、不易剥落、印迹清晰、省能、污染小等待点，便于大规模工业生产。从目前感光性高分子材料的市场份额来看，感光油墨和感光涂料占首位，其次是光致抗蚀剂。

2. 光致变色高分子材料

光致变色高分子材料在光的作用下，化学结构会发生某种可逆性变化，因而对可见光的吸收波长也发生变化，从外观上看是相应地产生颜色变化。这类材料可用来制造各种护目镜、能自动调节室内光线的窗玻璃、密写信息记录材料等，故引起了人们的广泛关注。

光致变色高分子材料同光致变色无机物和小分子有机物相比具有低褪色速率常数、易成型等优点，因而得到了广泛的应用，其应用主要有以下方面。

(1)光的控制和调变。用这种材料制成的光色玻璃可以自动控制建筑物或车内的光线。做成的防护眼镜可以防止原子弹爆炸产生的射线和强激光对人眼的损害，还可以制作滤光片、军用机械的伪装等。

(2)信号显示系统。这类材料可以用作宇航指挥控制的动态显示屏、计算机末端输出的大屏幕显示等。

(3)信息储存元件。光致变色材料的显色和消色的循环变换可用来建立信息储存元件。预计未来的高信息容量、高对比度和可控信息储存时间的光记录介质就是一种光致变色膜材料。

(4)感光材料。这类材料可应用于印刷工业方面，如制版等。

除上述用途外，光致变色材料还可用作强光的辐射计量计及模拟生物过程。

3. 塑料光导纤维

光导纤维(简称光纤)是一种能够传导光波和各种光信号的纤维。光导纤维基本上由高度透明的折射率较大的芯材和其周围被覆着的折射率较低的皮层材料两部分组成。根据光线从光学密介质(高折射率)射入光学疏介质(低折射率)时，光线在界面向光学密介质内反射的原理，光在光纤芯内通过反复反射而向前传输。利用光纤构成的光缆通信可以大幅度提高信息传输容量，且保密性好、体积小、质量轻、能节省大量有色金属和能源，故目前发展非常快。

光导纤维按其芯材不同可分为石英光纤、玻璃光纤、塑料光纤三类。三类光纤中石英光纤由于传输损耗小，在长距离通信方面已实用化。玻璃光纤在医疗方面(如胃镜)已得到应用。但是这两种光纤不仅价格高，而且容易断线，加工性能不好，故在一些通用领域进展不大。而塑料光纤由于具有便宜、轻便等特点，故在短距离通信、传感器以及显示方面已实用化，且发展较快。

在塑料光纤的研究中，由于塑料光纤具有传输损耗较大、耐热性能较差以及容易吸潮的缺点，明显限制了应用。为了改进上述的缺点，研究者开发出相应的低损耗塑料光纤、耐热塑料光纤和耐湿塑料光纤。

(二)电功能高分子材料

电功能高分子材料主要包括导电高分子、超导高分子、光电导高分子、压电高分子、声电高分子、热电高分子等，本书主要介绍导电高分子材料和光电导高分子材料。

1. 导电高分子材料

通常所说的导电高分子材料是指电导率在半导体和导体范围内的高分子材料。按导电原理，导电高分子材料可分为复合型和结构型两大类。结构型导电高分子是指分子结构本身能提供载流子从而显示“固有”导电性的高分子材料；复合型导电高分子是以绝缘聚合物作为基体，与导电性物质(如炭黑、金属粉等)通过各种复合方法制得的材料，它的导电性是靠混合在其中的导电性物质提供的。

导电高分子材料与金属相比，具有质量轻、易成型、电阻率可调节等诸多优点，早已引起人们的普遍关注。目前，复合型导电高分子材料已在许多领域发挥着重要作用。

原则上，任何高分了都可用作复合型导电高分了材料的基质，导电填料也有很多种，如各种金属粉、炭黑、碳化钨、碳化镍等。正是由于基质及填料的多样性，复合型导电高分子材料的种类繁多，分类法也有多种。一般常见的有以下几种分类法：按高分子基体材料的性质可分为导电塑料、导电橡胶、导电胶黏剂等；按其电性能(电阻率)可分为半导性材料、防静电材料、导电材料、高导电材料等。

近年来复合型导电高分子材料的增长速度很快，可广泛用作防静电材料、导电涂料、电路板、压敏元件、感温元件、电磁波屏蔽材料、半导体薄膜等。

以聚乙烯、聚苯乙烯、ABS 等为基料，加入导电填料、抗氧剂、润滑剂等经混炼加工而制得的导电塑料可用作电线、高压电缆和低压电缆的半导体层、干电池的电极、集成电路和印刷电路板及电子元件的包装材料、仪表外壳、瓦楞板等。

以 ABS、聚丙烯酸、环氧树脂等加入金属粉及炭黑等配制成的导电涂料，主要用作电磁屏蔽材料、电子加热元件和印刷电路板用的涂料、真空管涂层、微波室内壁涂层、发热漆等。

在橡胶中加入导电填料制成的各类导电橡胶主要用作防静电材料，如医用橡胶制品、导电轮胎、复印机用辊筒等。

2. 光电导高分子材料

光电导高分子材料就是指高分子绝缘体或半导体在光照下，通过光激发使其导电性能增加的高分子材料。几乎所有的绝缘体和半导体都或多或少地具有光电导性。光电导包括三个基本过程，即光激发、载流子生成和载流子迁移。

典型的光电导高分子材料中最引人注目的是聚乙烯咔唑(PVK)。PVK 主要在紫外线区域显示其光电性，为了使光电性扩展到可见光区，则需要在其中掺杂有机染料和电子受体，以形成电荷转移配合物。

与无机光电导体相比，高分子光电导体有以下特点：高分子结构容易改变，性质容易改变，可以大量生产，可成膜、挠曲、通过增感来随意选择光谱响应区、废感光材料容易处理等。因此这类材料得到了非常广泛的应用：光电导材料可以用于静电照相或静电复印；将 PVK 与热塑性薄膜复合还可制得全息记录材料，即在充电曝光后再经一次充电，然后加以显影；用 PVK-TNF(2，4，7-三硝基芴酮)光电导体制作直流反射式光阀；用光电导高分子材料制作有机太阳能电池的研究工作也正在进行。

(三)化学功能高分子材料

化学功能高分子材料是一类具有化学反应功能的高分子材料。其种类很多，如离子交换树脂、高分子催化剂、高吸水性树脂、高分子絮凝剂等。本书只介绍离子交换树脂和高吸水性树脂。

1. 离子交换树脂

离子交换树脂是一类能显示离子交换功能的高分子材料。离子交换树脂在溶液中的离子交换过程大致如下：溶液内离子扩散到树脂表面，再由表面扩散到树脂内功能基所带的可交换离子附近，进行离子交换，之后被交换的离子从树脂内部扩散到表面，再扩散到溶液中。

离子交换树脂的主要功能有离子交换功能、吸附功能、催化功能、脱水功能、脱色功能以及载体功能等。

离子交换树脂在工业上的应用非常广泛，可用于物质的净化、浓缩、分离、离子组成转变、脱色以及催化剂等方面，成为许多工业部门和科技领域不可缺少的重要材料之一。以水处理为例，采用离子交换树脂净化水的效率很高，如一种新的丙烯酸系阴离子水处理用树脂，工作交换量可达 800～1100kg/(mol·m^3)。离子净化水的质量也很高，如一次离子交换净化水的电阻率可达 $2\times10^7\Omega\cdot cm$，这相当于自来水经过 28 次重复蒸馏的结果。目前用离子交换树脂处理水的技术已广泛应用于原子能工业、锅炉、医疗甚至宇航等各个领域。

2. 高吸水性树脂

高吸水性树脂又称为超强吸水聚合物或超级吸水剂，是指含有强亲水性基团、可吸收自重几百至几千倍水的高分子材料。

传统的吸水材料如纸、棉、麻等吸水能力只有自重的 15～40 倍，且保水性差，加压即失水。而高吸水性树脂能吸收数百倍至数千倍于自身重量的水，而且保水性强，即使加压水也不会被挤出。

近年来，高吸水性树脂在科研和生产方面已经取得了很大的成就，在医疗卫生、建筑材料、环境保护、农业、林业及食品工业等领域得了广泛的应用。

在农业方面，高吸水性树脂可充当保水剂，若土壤中混入 1%高吸水性树脂，可使土壤的湿度得到很好的调节。在移植树苗时，只需将其根在 1%树脂的凝胶中浸泡或将树脂掺在泥团中，则移植的成活率可大幅度地提高。另外，若将高吸水性树脂凝胶涂布蔬菜、高粱、大豆、灌木等种子上，在干旱地区播种时成活率也有显著提高。

在工业方面，高吸水性树脂可用作涂料防漏添加剂、工业脱水剂等。在建筑工程上，将高吸水性树脂混在堵塞用的橡胶或混凝土中可用作堵水剂，还可用作水泥养护剂等。

在日常生活中，高吸水性树脂也有十分广泛的应用。例如，已开发出一种可调节水分的树脂薄膜，可用于蔬菜、水果的保鲜。用高吸水性树脂制成的卫生巾也是备受妇女欢迎的生活用品。

(四) 高分子液晶材料

高分子液晶是在一定条件下能以液晶相态存在的高分子。与其他高分子相比，它有液晶相所特有的分子取向序和位置序；与小分子液晶化合物相比，它又有高分子量和高分子化合物的特性。高分子量和液晶序的有机结合赋予了高分子液晶材料独特的性质，在高强度高模量纤维的制备、液晶自增强材料的开发、光纤被覆材料、光电和温度显示材料、疾病诊断和治疗以及生命科学的研究等方面取得了迅速的发展，并发挥了重要的作用。高分子液晶目前已成为功能高分子材料中的重要一员。

高分子液晶与小分子液晶相比，具有以下特点：①热稳定性大幅度提高；②热致性高分子液晶具有较宽的液晶相温度区间；③黏度大，流动行为与一般溶液显著不同。

高分子液晶材料的应用也非常广泛，其重要的应用方向就是制作高强度高模量纤维、液晶自增强塑料及原位复合材料，在航空、航天、体育用品及其他部门得到广泛应用。例如，Kevlar49 纤维具有低密度、高强度、高模量和低蠕变性的特点，且在静电荷及高温条件下仍有优良的尺寸稳定性，特别适合于用作复合材料的增强纤维。又如，Kevlar29 纤维的伸长率高，耐冲击性优于 Kevlar49 纤维，已用于制造防弹衣和各种规格的高强缆绳等。

除用作上述结构材料外，由于高分子液晶如同小分子液晶一样也具有特殊的光学性质、电光效应、热光效应等，因而可以用作信息显示材料(数码显示器、电光学快门、电视屏幕和广告牌等)、光学材料(选择滤光片、反射板、光调制器等)、储存材料(光盘等)、非线性光学材料等。

(五) 医用高分子材料

医用高分子材料大致可分为机体外用材料与机体内用材料两大类。

机体外用材料主要制备医疗用品，如输液袋、输液管、注射器等。输液袋、输液管可用卫生级聚氯乙烯制造。由于这些高分子材料成本低，使用方便，现已大量使用。

机体内用材料又可分为外科用和内科用两类。外科用的有人工器官、医用黏合剂、整形材料等。内科用的主要是高分子药物。高分子药物就是具有药效的低分子与高分子相结合的药物，它具有长效、稳定的特点。

人工器官是医用高分子材料的主要发展方向。目前用高分子材料制成的人工器官已植入人体的有人工肾、人工血管、人工心脏瓣膜、人工关节、人工骨骼、整形材料等。应用的高分子材料主要有 PVC、ABS、PP、硅橡胶、含氟聚合物等。正在研究的有人工心脏、人工肺、人工胰脏、人造血、人工眼球等。

第七节　储氢材料技术

氢被认为是人类最理想的能源。其主要优点有：①燃烧热值高，每千克氢燃烧后的热量约为汽油的 3 倍、酒精的 3.9 倍、焦炭的 4.5 倍；②氢燃烧后的产物是水，是世界上最干净的能源。氢气的制取可以由水分解进行，而水又是地球上最为丰富的资源，因此，原料非常丰富，氢能在 21 世纪有望成为世界能源舞台上一种举足轻重的二次能源。同时，氢能应用范围广，适应性强，可作为燃料电池，也可用于氢能汽车等。虽然氢能优点多，应用范围广，但开发和利用氢能并不是一蹴而就，需要解决两个关键问题：①氢气的制备技术；②高密度的安全存储，尤其是氢的存储一直是一个技术难题。因此，氢的开发和利用需要氢能的制备与储存两大相关技术。

一、氢能的制备技术

氢能的利用，首先要有生产氢能的先进技术，只有大量氢能的产生才能使其广泛应用成为可能。目前，世界各国的制氢技术以石油、天然气的蒸汽重整法和煤的部分氧化法为主。欧美石油和天然气的蒸汽重整法占制氢总量的 90%以上，国内的制备方法以煤的部分氧化法为主。蒸汽重整法是目前最为经济的方法，其研究的重点是延长催化剂的寿命和热的优化利用。传统的电解水制氢也占一定的比例，其氢产量为总产量的 1%～4%。氢能源经济中，制氢是关键环节。未来制氢的发展重点是：以太阳能为一次能源的光分解水制氢，以可再生能源为一次能源的生物制氢；高级电解水制氢；以天然气为主要原料的小型重整炉制氢；以核能为一次能源的热化学循环分解水制氢；等等。

二、氢能的储存技术

氢能作为一种新型能源，要想得到广泛的应用，必须具有安全有效的储存技术。传统成熟的储存方法就是高压气瓶液态或固态储氢方法，这种方法既不经济也不安全。新型的方法就是采用储氢材料储氢，这种方法可以很好地解决传统方法存在的问题。目前使用的储氢材料主要有合金、碳材料、有机液体、玻璃微球和某些配合物等。未来的储氢技术要既可便携使用，又可小型化和中、大型化。

储氢材料必须具备以下条件：①易活化、氢的吸储量大；②用于储氢时，氢化物的生成热小；③在室温附近时，氢化物的分解压为 203～304kPa，具有稳定合适的平衡分解压；④氢的吸储或释放速度快，氢吸收和分解过程中的平衡压力小；⑤对不纯物(如氧气、氮气、一氧化碳、二氧化碳、水等)的耐中毒能力强；⑥在氢反复吸储和释放时，微粉化小，性能不会恶化；⑦金属氢化物的有效热导率大；⑧储氢材料价格适中，不因为储氢材料的价格影响其产业化。另外，对于不同用途的储氢材料，可能还需要其他条件。

1. 金属储氢材料

金属储氢材料通常是指合金氢化物材料，其储氢密度是标准状态下氢气的 1000 倍以上，与液氢相同，甚至超过液氢。近年来，对于多相储氢合金的研究也取得了许多有意义的成果。

(1) 稀土系储氢合金。$LaNi_5$ 是稀土系储氢合金的典型代表，具有很高的储氢能力。$LaNi_5$ 合金的优点是活化容易、分解氢压适中、动力学性能优良、不易中毒，室温放氢量为 95%～97%，但它会在吸氢后发生晶格膨胀、合金易粉化、循环容量衰减严重。

(2) 镁系储氢合金。镁具有吸氢量大(MgH_2 含氢量为 7.6%)、吸收氢平台好、质量轻、资源丰富、价格低等优点，但放氢温度高、吸收氢速度慢且表面容易形成一层致密的氧化膜。

(3) 钛系储氢合金。钛系储氢合金放氢温度低，价格适中，但不易活化、易中毒、滞后现象比较严重，限制了它的使用。

2. 碳储氢材料

碳储氢材料主要有单壁纳米碳管(SWNT)、多壁纳米碳管(MWNT)、碳纳米纤维(CNF)、石墨纳米纤维、高比表面积活性炭、活性炭纤维(ACF)等。目前研究的重点是多壁纳米碳管、碳纳米纤维、石墨纳米纤维和高比表面积活性炭等碳材料的储氢。

(1)活性炭储氢材料。活性炭由于吸附能力大、表面活性高、循环使用寿命长、易实现规模化生产等优点成为一种独特的多功能吸附剂，但活性炭吸附温度较低，使其应用受到限制。例如，用比表面积高达 3000m^2/g 的超级活性炭储氢，在 196℃、3MPa 下储氢量为 5%，但随着温度的升高，储氢密度降低，室温、6MPa 下的储氢量仅为 0.4%。

(2)碳纳米纤维储氢材料。碳纳米纤维储氢成本较高，循环使用寿命较短，但该材料具有储氢容量高等优点，受到人们的广泛关注。例如，在室温、12MPa 条件下，经过适当表面处理的碳纳米纤维储氢量可达到 10%。

(3)石墨纳米纤维储氢材料。石墨纳米纤维是一种截面呈十字形、长度为 10～100μm 的石墨材料。近年来，石墨纳米纤维储氢材料取得了较大的进展。1MPa 氢气气氛中用机械球磨法制备的纳米石墨粉，储氢量随球磨时间的延长而增加。当球磨 80h 后，氢浓度可达 7.4%。

(4)碳纳米管储氢材料。碳纳米管成本较高，批量生产技术尚不成熟。其储氢机理还不清楚，无法准确测得碳纳米管的密度，但其具有储氢量大、释氢速度快、可在常温下释氢等优点，因此成为一种有广阔发展前景的储氢材料。

3. 有机液体氢化物储氢材料

有机液体氢化物储氢材料是借助不饱和液体有机结构与氢的加氢和脱氢反应来实现的。目前常用的有机液体氢化物的储氢剂有苯和甲苯，理论储氢量分别为 7.19%和 6.16%，比高压压缩储氢量和金属氢化物储氢量都大。

三、储氢材料的应用

储氢材料具有的吸氢和放氢特性，使得它的应用领域很多，而且还在不断地开拓新的应用领域，主要应用如下。

1. 作为储运氢气的容器

传统的储氢方法在储存和运输方面存在成本高、安全性低的缺点，如钢瓶储氢及储存液态氢。储氢材料的出现可解决上述问题，首先，氢以金属氢化物形式存在于储氢合金中，其原子密度比相同温度、压力条件下的气态氢大 1000 倍。例如，采用 $TiMn_{1.5}$ 制成储氢容器与高压(15MPa)钢瓶装置相比，在储氢量相等的情况下，两者的重量比为 1∶1.4，体积比为 1∶4。可见用储氢合金作为储氢容器具有质量轻、体积小的优点。其次，用储氢合金储氢，无需高压及储存液氢的极低温设备和绝热措施，节省能量，安全可取。因此，使用储氢材料储存氢气安全，储气密度高，并且无需高压(＜4MPa)及可长期储存且少有能量损失，是一种安全的储氢方法。

2. 氢气的分离与回收

工业生产中，有大量含氢的废气排放到空中白白浪费，如全国星罗棋布的合成氨厂和氯碱厂，每年都有大量含氢很高的混合气体放空浪费，仅合成氨厂每年放空的氢气达 10 亿 m^3。如果能对其加以分离、回收、利用，则可节约巨大的能源。氢化物分离氢气的方法与传统方法不同，当含氢的混合气体(氢分压高于合金-氢系平衡压)流过装有储氢合金的分离床(集装箱)时，氢被储氢合金吸收，形成金属氢化物，杂质排出；加热金属氢化物即可释放出氢气。例如，采用一种由镧铌合金($LaNi_5$)与不吸氢的金属粉及黏结材料混合压制烧结成的多孔颗粒作为吸氢材料，分离合成氨生产气中的氢。目前国内已采用储氢量达 50～70N · m^3 的储氢合金集装箱在合成氨厂和氯碱厂进行氢的回收与净化，具有能耗低、投资少的优点。

3. 氢气的纯化

市售氢气一般含(10～100)×10^{-6}的N_2、O_2、CO_2及H_2O等不纯物，但利用储氢合金对氢的选择性吸收特性将氢气进行纯化，可使氢气的纯度可达 6 个 9(99.9999%)以上。这就是储氢材料的低能耗超纯净化作用。德国、日本和中国对氢净化器都有深入研究，如浙江大学研制的净化器，选用了 $MlNi_5$ 型储氢合金。此项技术已在仪器、电子、化工、冶金等工业中广泛应用。

4. 氢能汽车

储氢合金作为车辆氢燃料的储存器，目前处于研究试验及应用研究阶段。德国曾试验氢燃料汽车，采用 200kg 的 TiFe 合金储氢，行驶 130km。我国也于 1980 年研制出一辆氢能源汽车，储氢燃料箱重 90kg，乘员 12 人，时速 50km，行驶 40km。当前的主要问题是储氢材料的质量比汽油箱质量大得多，影响汽车速度。但氢的热效率高于汽油，而且燃烧后无污染，使氢能汽车的前景十分诱人，真正成为便宜而又使用方便的二次能源。

5. 氢气静压机

当改变金属氢化物湿度时，其氢分解压也随之变化，由此可实现热能与机械能之间的转换。这种通过平衡氢压的变化而产生高压氢气的储氢金属，称为氢气静压机。大多数的氢化物压缩器用于氢化物热泵、空调机制冷装置、水泵等。

到目前为止，已经开发了各种氢化物压缩器，如荷兰飞利浦公司研制的氢化物压缩器，使用 $LaNi_5$ 储氢合金，在 160℃和 15℃下循环操作，氢压从 0.4MPa 增至 4.5MPa；美国布鲁克赫文国家实验室使用 VH_2 氢化物，工作温度从 18℃到 50℃，压力由 0.7MPa 增至 2.4MPa；美国 1981 年研制了一台氢压机样机，使用 $LaNi_{4.5}Al_{0.5}$ 储氢合金，300℃氢压力可达 7.5MPa。上述压缩器只具备增压功能，在 100℃以下加热条件下只能获得中等压力的氢气；我国开发的一系列氢化物净化压缩器兼有提纯与压缩两种功能。其中 MHHC24/15 型压缩器使用 $(MnCa)_{0.95}Cu_{0.05}(NiAl)_5$ 作为净化压缩介质，在温度低于 100℃的情况下，可获得 14MPa 的高压氢，可直接充灌钢瓶。

6. 氢化物电极

20 世纪 70 年代初，人们发现 $LaNi_5$ 和 TiNi 等储氢合金具有阴极储氢能力，而且对氢的阴极氧化有催化作用。但由于材料本身性能方面的原因，储氢合金没有作为电池负极的新材料而走向实用化。1984 年以后，由于 $LaNi_5$ 基多元合金在循环寿命方面的突破，用金属氢化物电极代替镍镉电池中的负极组成的镍氢电池才开始进入实用化阶段。以氢化物电极为负极、$Ni(OH)_2$ 电极为正极、KOH 水溶液为电解质组成镍氢电池结构。

与镍镉电池相比，镍氢电池具有如下优点：①比能量为镍镉电池的 1.5～2 倍；②无重金属 Cd 对人体的危害；③良好的耐过充、放电性能；④无记忆效应；⑤主要特性与镍镉电池相近，可以互换使用。

储氢合金的应用很多，除上面介绍的方面外，在热能的储存与运输、金属氢化物热泵、空调与制冷、均衡电场负荷方面都有广阔的应用前景，许多潜在的项目也正在积极开发。

思　考　题

1．简述材料技术的发展与人类文明的进步的关系。

2．形状记忆材料的记忆效应是什么？
3．什么是超导现象？超导材料的应用有哪些？
4．什么是纳米材料？什么是纳米技术？
5．石墨烯材料的结构特点和主要特性是什么？
6．简述生物材料的种类和应用。
7．简述储氢材料的特点与应用前景。

参考文献

曹克广，关荐伊，2015．现代高新技术概论．北京：化学工业出版社．
刘云圻，2017．石墨烯：从基础到应用．北京：化学工业出版社．
马如璋，蒋民华，徐祖雄，2006．功能材料学概论．北京：冶金工业出版社．
蒲素云，1990．金属植入材料及其腐蚀．北京：北京航空航天大学出版社．
杨华明，宋晓岚，金胜胡，2005．新型无机材料．北京：化学工业出版社．
杨杰，吴月华，1993．形状记忆合金及其应用．合肥：中国科技大学出版社．
周瑞发，2003．纳米材料技术．北京：国防工业出版社．

第六章　信 息 技 术

自 20 世纪 40 年代计算机问世以来，在全世界范围内兴起的信息技术革命对人类产生了空前的影响。它深刻地改变着人类的生产方式、生活方式和思维观念。正是信息技术革命将人类带入了知识经济时代。因此，现代信息技术是知识经济的先导。现在多数科学家一致认同将信息技术革命划为农业革命和工业革命之后的第三次产业革命。信息技术的发展，使人类的劳动方式发生了革命性的变化，开创了人类智力解放的新纪元。信息产业已发展成为世界范围内的朝阳产业和新的经济增长点。信息化已成为推进国民经济和社会发展的助力器，信息化水平则成为一个城市或地区现代化水平和综合实力的重要标志。

第一节　信息与信息技术

一、信息

信息在人们的生活、工作、学习中频频出现，可谓无所不在。人们时刻都在进行信息的交换，如果没有信息的交换，人类将失去生存的基础，更谈不上社会的发展。通俗地说，信息就是指各种各样的消息、资料、知识。人类的一切活动，就是在进行信息的获取、传递、存储、处理。信息在空间的传递称为通信。信息可以通过各种方式保存下来，从一个时代传到另一个时代。信息在时间上的传递称为信息存储。通过信息的传递和存储，不同地域、不同时代的人可以共享信息。可以说物质、能量和信息是人类社会赖以生存、发展的三大要素。

人类自出现就有对信息的依存要求，人类群体的活动贯穿着信息的获取、传递、储存、加工和处理，因此，人类的进化史同时是一部人类信息活动的演变史。人类的信息活动经历了五个不同的时期：①最初是语言时期，信息活动主要靠自身器官的感觉、声带发音、脑的思维来实现；②文字产生后，信息以符号形式出现，信息的获取、传递、存储超越了人生理机能的局限，活动范围扩大，时间上可以世代流传；③印刷术的发明，使信息的传递、存储的方式变革为印刷物的出版发行，其方式和范围均是信息技术的一次突破；④电和电磁波的发现，使信息活动的面貌有了根本性变化，信息以电的形式出现，产生了近代信息技术，电报、电话、传真、广播、收音机、电视的电磁信号替代了语言、文字、图形，信息的传递形式从邮政书信转变为广播通信，信息的存储形式转变为磁带录音录像；⑤1946 年第一台计算机出现后，信息与通信技术结合产生了电子信息技术，人类实现了第五次信息变革，进入了数字化的信息社会。

二、信息技术

1. 信息技术的定义

信息技术具体的含义十分广泛，并处于不断的发展演变过程中。目前对于它的定义，大致可分为两类：一类是描述性定义，主要从信息技术的具体形式出发来阐述信息技术，这类定义主要考察信息技术的外在表现形式，比较形象、具体；另一类是功能性定义，这类定义注重阐明信息技术的内在本质或其根本作用，而并不探讨信息技术可能呈现或利用的物质或能量的具体形式。

功能性定义中有代表性的有以下几种。

(1)信息技术是关于信息搜集、加工、存储、检索、传递、利用的理论和方法的总称。

(2)信息技术是在计算机与通信技术支撑下，以获取、加工、存储、变换、显示和传输文字、数值、图像、视频与音频信息为目标，提供设备与信息服务两大方面的技术方法和设备的总称。

(3)信息技术是关于信息的产生、识别、提取、变换、存储、传递、处理、检索、分析、决策、控制和利用的技术总称。

(4)信息技术是管理、开发和利用信息资源的有关方法、手段与操作程序的总称。

(5)信息技术是人类在认识自然和改造自然过程中所积累起来的关于获取信息、传递信息、存储信息、处理信息等的经验、知识、技能资料的总和。

总之，信息技术首先是技术。把人类在认识自然和改造自然的过程中积累起来并在生产劳动中体现出来的经验与知识称为技术。技术的本质或其存在的价值就在于它能拓展人类器官的功能，从古代的石器、铜器、铁器到近代的蒸汽机、发电机，再到现代的人造卫星、电子计算机等，无不是如此。

因此，从广义上来说，信息技术就是能够拓展人类信息器官功能的各种技术的总称，是涉及信息的生产、获取、检测、识别、变换、传递、处理、存储、显示、控制、利用和反馈等信息活动的所有技术的集合。信息技术以拓展人类信息器官功能为目标，来完成信息获取、传输、存储、加工、处理、再生和施用等。

三、信息技术对社会的影响

信息技术对人类社会的主流影响是积极的，主要体现在以下几个方面。

(1)对经济的影响。信息技术有助于个人和社会更好地利用资源，使其充分发挥潜力，缩小国际社会中的信息与知识差距；有助于减少物质资源和能源的消耗；有助于提高劳动生产率，增加产品知识含量，降低生产成本，提高竞争力；有助于提高国民经济宏观调控管理水平、经济运行质量和经济效益。

(2)对教育的影响。随着科学技术的飞速发展、素质教育的全面实施和教育信息化的快速推进，信息技术已逐渐成为服务于教育事业的一项重要技术。信息技术有助于教学手段的改革(如电化教学、远程教育等)，能够打破时间、空间的限制，使教育向学习者全面开放并实现资源共享，明显提高了学习者的积极性、主动性和创造性。

(3)对管理的影响。信息技术有助于更新管理理念、改变管理组织；有助于完善管理方法，以适应虚拟办公、电子商务等新的运作模式。进入20世纪90年代后，美国、日本、欧盟等纷纷制定了各自的信息基础设施发展计划，即信息高速公路计划，并投入了巨额资金。新兴工业化国家和地区也不甘落后，投入大量资金发展网络技术和通信技术。

(4)对科研的影响。应用信息技术有助于科学研究前期工作的顺利开展；有助于提高科研工作效率；有助于科学研究成果的及时发表。

(5)对文化的影响。信息技术促进了不同国度、不同民族之间的文化交流与学习，使文化更加开放化和大众化。

(6) 对生活的影响。信息技术给人们的生活带来了巨大的变化，计算机、因特网、信息高速公路、纳米技术等在生产生活中的广泛应用，使人类社会向着个性化、休闲化方向发展。在信息社会里，人们的行为方式、思维方式甚至社会形态都发生了显著的变化。

毋庸讳言，信息技术也给人们的生活带来了一些负面影响，主要体现在以下方面。

(1) 信息泛滥。信息技术的发展导致信息爆炸，信息量的增加明显超出了人们的接受能力，有可能带来各种各样的社会问题。

(2) 信息污染。随着信息流动量的增大，信息污染也成为人们关注的问题。例如，一些错误信息、冗余信息、污秽信息、计算机病毒等侵占了信息存储资源，影响了信息处理和传输的速度，污染了信息环境，尤其是计算机病毒会造成信息利用的严重障碍。

(3) 信息犯罪。近年来，出现了利用计算机和信息网络进行高科技信息犯罪的现象。例如，利用计算机网络进行经济诈骗，贩卖色情信息，散布谣言，窃取个人、企业、政府的机密等。

(4) 信息渗透。信息化发展的渗透性表现为对国家或世界社会、政治、经济、文化、日常生活等各个层面的深刻影响或改变，这使得各民族文化的独特性和差异性也受到了挑战。

四、信息技术的特点

信息技术是一个广泛联系的交叉学科，涉及广泛的知识背景。信息学科不仅与各类传统化智能化交通管理、军事指挥自动化系统、战略防御系统、远程视听教学系统、自动护理系统、远程会诊系统、办公自动化系统等交叉，同时信息技术在信息学科内部也存在交叉，如物理学与微电子技术、纳米电子技术之间，数学与计算机软件、通信协议之间，生物学与电子学、信息学、仿生学之间，材料科学与元器件的制造之间等均存在交叉。随着科学技术的发展，一体化是当代科学技术发展的基本特征。机电一体化、光电一体化等进一步提高了信息存储和加工的效率。多媒体系统的发展使各种媒体综合化、一体化，这些都是当代技术发展最有广阔前景的领域。

信息技术的核心是计算机与智能技术、通信技术、传感技术及控制技术，称为信息技术四基元。信息技术四基元的关系是一个有机的整体，它们和谐有机地合作，共同完成扩展人的智力功能的任务。无论信息的获取(传感系统)、信息的传递(通信系统)、信息的处理与再生(计算机与智能系统)，还是信息的使用(控制系统)，都要通过机械的、电子或微电子的、激光的、生物的技术手段来实现。信息技术(特别是现代信息技术)的支撑技术主要是电子与微电子技术、机械技术、光电子技术和生物技术等。

总之，信息科学技术是一门综合技术，它包括微电子技术、电子计算机技术、通信技术、人工智能技术、传感和控制技术等。

第二节 微电子技术

微电子是信息科学技术的基础，微电子技术发展的理论基础是 19 世纪末至 20 世纪 30 年代建立起来的现代物理学，这期间的重要发现包括 1895 年德国科学家伦琴发现 X 射线、1896 年贝克勒尔发现放射性、1897 年英国科学家汤姆逊发现电子、1898 年居里夫人发现镭、1900 年普朗克建立量子论、1905 年和 1915 年爱因斯坦提出狭义相对论和广义相对论等，正是这一系列发明和发现揭示了微观世界的基本规律，导致了海森堡、薛定谔等建立起量子力学的理论体系，为现代电子信息技术革命奠定了理论基础。作为信息科学技术的基础，微电子技术推动着计算机技术、通信技术及电子产品的不断更新换代，可以说没有现代的微电子就没有现代的电子信息技术。目前微电子技术已渗透到人类社会的各个领域和人类生活的各个方面，成为支撑高技术发展的基础和推进社会信息化的动力。

一、微电子技术的发展

微电子技术迅速发展的历程中，实现了几次重大的技术突破，从而加速了微电子技术的发展。1905 年世界上第一个真空电子管的发明，标志着人类社会进入了电子化时代，电子技术实现了第一次重大技术突破。这是控制电子在真空中的运动规律和特性而产生的技术成果，从此产生了无线电通信、雷达、导航、广播、电视和各种真空管电子仪器及系统。

1. 晶体管的发明

1947 年 12 月 16 日，美国贝尔实验室三位科学家威廉·邵克雷(William Shockley)、约翰·巴顿(John Bardeen)和沃特·布拉顿(Walter Brattain)成功地制造出世界上第一只点接触晶体管(图 6-1 和图 6-2)，该晶体管采用锗材料。晶体管的发明不仅为后来的集成电路的发明开辟了道路，更重要的是开创了微电子学学科与微电子技术领域，揭开了新一轮技术革命的序幕。为表彰三位科学家的重大贡献，他们共同获得了 1956 年诺贝尔物理学奖。

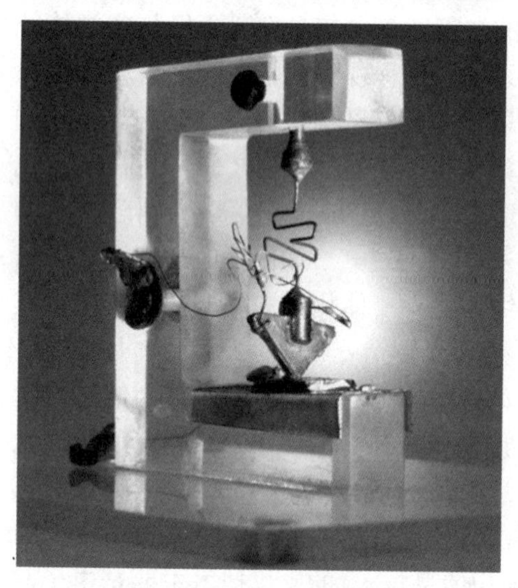

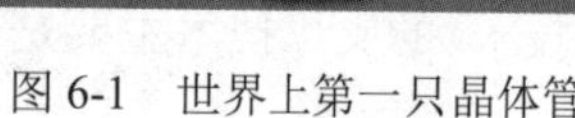

图 6-1　世界上第一只晶体管

图 6-2　邵克雷(前坐者)、巴顿(后左)和布拉顿在贝尔实验室

晶体管发展初期是利用锗单晶材料进行研制的。科学家通过大量的实验分析，发现半导体硅比锗有更多的优点。特别是硅表面可以形成稳定性好、结构精密、电学性能好的二氧化硅保护层。这不仅使硅晶体管比锗晶体管更加稳定，性能更加好，更重要的是在技术上前进了一大步，即发明了晶体管平面工艺，为 20 世纪 50 年代末集成电路的问世奠定了可靠的基础，这正是微电子技术的第二次重大技术突破，也是电子技术的第三次重大技术突破。

2. 集成电路的发展

随着晶体管应用日益广泛，特别是制造工艺的发展，科学家想到，为什么不把组成电路的元器件和线路都像制造晶体管那样放在一块硅片上来实现电路的微型化呢？

1952 年 5 月在美国电气工程师协会的一次座谈会上，英国皇家研究所达默就在美国工程师协会举办的座谈会上发表的论文中第一次提出了集成电路的设想，论文提出：“可以想象，随着晶体管和一些半导体工业的发展，电子设备可以在一个固体块上实现，而不需要外部的连接线，这块电路将由绝缘层、导体和具有整流放大作用的半导体等材料组成。”

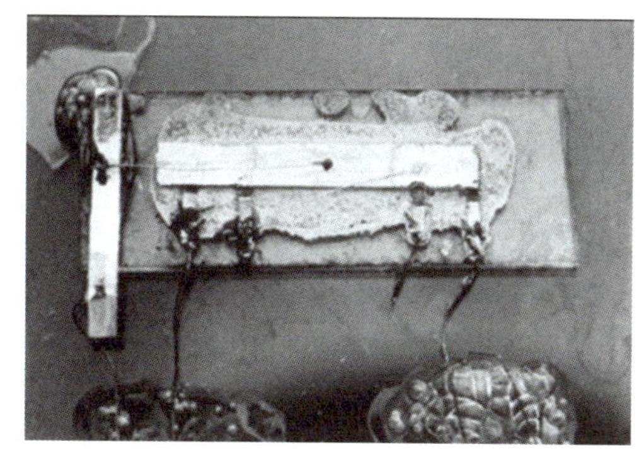

图 6-3　世界上第一块集成电路

1958 年，美国得克萨斯仪器公司的工程师基比尔(Kilby)按照达默的设想，制成了世界上第一块集成电路(图 6-3)。集成电路的发明是一个技术创新，在集成电路的发明过程中，基比尔对 PN 结电容和薄膜电阻的物理原理进行深入分析后所提出的集成电路概念，对微电子技术的发展作出了巨大的贡献，他也因此获得了 2000 年诺贝尔物理学奖。

集成电路(integrate circuit，IC)是指通过一系列特定的加工工艺，将晶体管、二极管等有源器件和电阻、电容等无源器件，按照一定的电路连接集成在一块半导体单晶片(如硅或砷化镓)或陶瓷等基片上，作为一个不可分割的整体执行某一特定功能的电路组件。集成电路的发明和发展，除了得益于一系列物理原理的重大发现，还得益于许多新工艺的发明。重大的工艺发明主要包括离子注入工艺、扩散工艺、外延生长工艺、光刻工艺。从此，电子工业进入了集成电路时代。

3. 摩尔定律

在今天的信息技术行业有一个神话，这个神话就是一条定律把一个企业带到成功的巅峰，这个定律就是摩尔定律，而这个企业就是 Intel 公司。世界 CPU 市场霸主 Intel 公司的创始人之一的戈登·摩尔正是摩尔定律发现者。

摩尔指出：微处理器芯片的电路密度，以及它潜在的计算能力，每隔一年翻番。这也就是后来出名于信息技术界的摩尔定律的雏形。为了使这个描述更精确，1975 年，摩尔做了一些修正，将翻番的时间从一年调整为两年。实际上，后来更精确的时间是两者的平均即 18 个月。摩尔定律不是一条简明的自然科学定律，尊它为发展方针的 Intel 公司更是取得巨大的商业成功，而微处理器也成为摩尔定律的最佳表现，也带着摩尔本人的名望和财富每隔 18 个月翻一番。

摩尔定律促成了 Intel 公司巨大的商业成功，不仅使半导体行业的工程师遵照着这一定律每 18 个月将晶体管的数量翻一番，更是意味着异样功能的芯片每 18 个月体积就可以减少 1/2，成本减少 1/2。也可以说是摩尔定律让人们生活中的电子产品功能越来越强大，体积越来越轻薄小巧，价格越来越低廉。

4. 集成电路快速发展

20 世纪 50 年代末发展起来的小规模集成电路(SSIC)，集成度在 100 个元器件；60 年代发展了中规模集成电路(MSIC)，集成度在 1000 个元器件；70 年代又发展了大规模集成电路(LSIC)，集成度大于 1000 个元器件，如 1971 年，全球首颗微处理器 Intel 4004(图 6-4)被发明出来，其集成了 2300 只晶体管，是大规模集成电路的先驱。紧接着 70 年代末发展了超大规模集成电路(VLSIC)，集成度在 10 万个元器件以上；80 年代更进一步发展了特大规模集成电路(ULSIC)，集成度又比 VLSIC 提高了两个数量级，达到 100 万个元器件以上。1994 年由

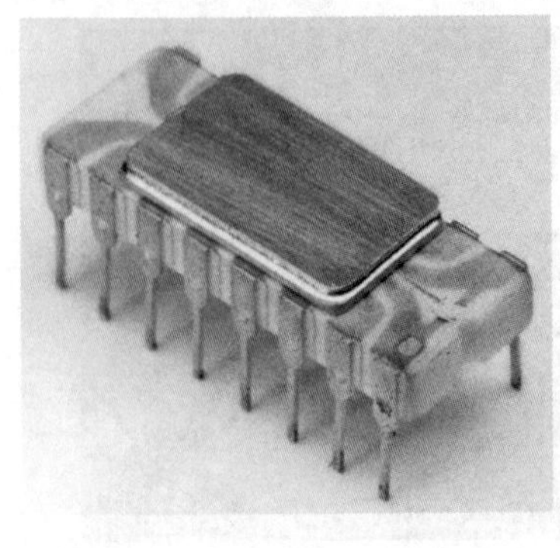
图 6-4　Intel 4004

于集成 1 亿个元件的 1G DRAM 的研制成功，进入巨大规模集成电路（GSIC）时代。

随着集成电路集成度的提高，版图设计的线宽不断减小。1985 年，1bit 特大集成电路的集成度达到 200 万个元器件，要求线宽为 1μm；1992 年，16bit 芯片的集成度达到 3200 万个元器件，线宽减到 0.5μm，即 500nm；1995 年，64bit 的集成电路，其线宽已达 0.3μm，即 300nm；1998 年，256bit 集成电路的线宽为 0.25μm，即 250nm。进入 21 世纪，集成电路的性能更加优越，其线宽更细，集成度更大，在计算机记忆芯片上可集成数十亿个晶体管。

二、微电子技术新动向

1. 摩尔定律仍可延续

2015 年正值摩尔定律 50 周年，半个世纪以来半导体芯片的集成化趋势如摩尔的预测，推动了整个信息技术产业的发展。新材料、新工艺等的不断涌现成为摩尔定律仍可延续的重要保障。尽管以传统材料与制备工艺为支撑的半导体芯片集成度增速有所放缓，然而，碳纳米管等新材料、极紫外光刻技术等新工艺及芯片架构新型设计方法的不断涌现使得摩尔定律仍可延续。

2015 年，晶体管制备及其芯片制造工艺取得重要进展。7 月，一种采用新方法制备而成的分子大小的晶体管问世，该晶体管的新型结构使得其与传统晶体管不同，并有望应用于处理能力超过目前水平几个数量级的计算机系统。同在 7 月，IBM 公司推出全球首片 7nm 制程测试芯片，该芯片采用全新的硅锗沟道晶体管技术和极紫外光刻技术，内含 200 亿个可以实际工作的晶体管。与 Intel 公司正在开发的 10nm 芯片技术相比，7nm 芯片有可能实现芯片面积缩小 50%，功耗性能比提高 50%。

碳纳米管作为最有望替代硅成为半导体材料的候选对象之一，近几年碳纳米管芯片制造技术更是连续获得突破。2012 年 IBM 公司找到将碳纳米管准确放置在芯片上的方法，并制造出集成有 1 万个碳纳米管晶体管的芯片，这成为降低芯片制造成本的关键一步。2015 年，IBM 公司再次突破碳纳米管晶体管商业化应用的重要瓶颈，提出一种能在原子量级上将特定类型金属与碳纳米管结合的方法。在芯片架构方面，斯坦福大学的研究结果表明，碳纳米管的特性使得存储器和处理器能以立体方式堆叠在一起，从而大幅度提高计算机芯片的运行速度。尽管如此，如何更好地分离金属纳米管和半导体纳米管（半导体形式的纳米管才能用于晶体管），以及开发出可靠的适用于数十亿级纳米管的非光刻工艺仍是碳纳米管晶体管商业化应用必须解决的技术难题。

2. 集成电路新进展

（1）不同材料集成于单一芯片层的芯片制造技术。以前只有晶格非常匹配的材料能整合在一个芯片层上，2016 年 1 月，美国麻省理工学院（MIT）的研究人员开发了一种全新的芯片制造技术，可将两种晶格大小非常不一致的材料——二硫化钼和石墨烯集成在一层上，制造出通用计算机所需的电路元件芯片。新芯片内的材料层仅 1～3 个原子厚，有助于制备出超低能耗的隧穿晶体管处理器，从而制造出功能更强大的计算机。最新技术也有助于将光学元件整合进计算机芯片内。

(2)制造芯片的DNA“折纸术”。2016年3月，美国杨百翰大学的研究团队提出了一种制造芯片的DNA“折纸术”。DNA的体积非常小，具有碱基配对和自组装的能力，而目前电子厂商生产的芯片最小为14nm制程，这比单链DNA的直径大10倍以上，也就是说，DNA可成为构筑更小规模芯片的基础。DNA“折纸术”是通过将一条长的DNA单链与一系列经过设计的短DNA片段进行碱基互补，从而可控地构造出高度复杂的纳米结构。研究人员用新技术组装了一个三维管状结构，并让它竖立在芯片底层的硅基底上，然后尝试着用额外的短链DNA将金纳米粒子等其他材料“系”在管子内特定位点上，最终形成了一个电路。传统芯片制造由于生产设施昂贵、生产步骤多，所以成本高。以往获得速度快、便宜的芯片通常采用削减生产成本或者缩小元器件尺寸的方法，而DNA“折纸术”可以更快、更便宜地制造出计算机芯片。

(3)用层状材料组成的印刷晶体管。2017年4月，来自德国都柏林三一学院先进材料生物工程研究中心(AMBER)的“石墨烯旗舰”项目研究人员制造了完全由分层材料组成的印刷晶体管。该研究团队使用标准印刷技术将石墨烯薄片作为电极与其他层状材料组合，二硒化钨和氮化硼作为通道和分离器(晶体管的两个重要部分)，以形成全部印刷完成、全部由层状材料制成的可工作的晶体管。所有这些都是纳米厚、几百纳米宽的薄片。最重要的是，由不同的层状材料制成的薄片分别具有导电(在石墨烯的情况下)、绝缘(氮化硼)或半导体(二硒化钨)的电子性能，使得它们能够形成电子构件。虽然这些印刷分层器件的性能尚不能与先进的晶体管进行比较，但研究团队认为，除了目前最先进的技术，其打印薄膜晶体管(thin film transistor，TFT)的性能已有很大的提高。

第三节　电子计算机技术

电子计算机是20世纪最辉煌的技术成果之一，具有划时代意义。它具有存储数据、记忆、逻辑推理、判断等功能，以及运算速度快、计算精度高等特点，广泛应用于国民经济、国防、科研及日常生活等各个领域。电子计算机实际上是物化了人的部分智力的机器。它代替了人的部分脑力劳动，扩展了人脑的功能，又称为电脑。

一、计算机的发展

计算机起源于计算器的发展。计算器的产生又出于人类社会生产、生活和交换活动的需要。社会越发展，需要计算的问题就越复杂，于是辅助人们计算的工具就应运而生，如春秋战国时期的“算筹”和唐朝末年的“算盘”。算盘是人类经过加工制造出来的第一种计算工具，是我国古代发明创造的重要成就之一，也是世界公认的计算工具史上的一大发明，由于灵巧轻便而广为流传，对世界数学的发展产生了重要的影响。

1642年法国数学家和哲学家布莱兹·帕斯卡(Blaise Pascal，1623—1662年)发明了第一台真正的机械式计算机——加法机(图6-5)。帕斯卡的加法机向人们揭示出：用一种纯粹机械的装置去代替人们的思维和记忆，是完全可以做到的。1968年，编程语言PASCAL以帕斯卡的名字命名。

德国著名数学家戈特弗里德·威廉·莱布尼茨(Gottfried Wilhelm Leibniz，1646—1716年)发明了乘法机(图6-6)。这是第一台可以完成加、减、乘、除四则运算的计算机。莱布尼茨对计算机的贡献不仅在于乘法机，1700 年，他借鉴中国的“易经”提出了二进制数的设计思路；虽然莱布尼茨设计的计算机用的还是十进制，但是他率先系统提出了二进制数的运算法则，直到今天，二进制数仍然左右着现代计算机的高速运算。

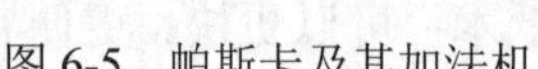

图 6-5　帕斯卡及其加法机

图 6-6　莱布尼茨设计的乘法机

首先开辟计算机自动化方向的是英国数学家查尔斯·巴贝奇(Charles Babbage，1792—1871 年)，他在现代电子计算机诞生一百多年前，就提出了近乎完整的程序自动控制的设计方案。巴贝奇于 1822 年用多项式数值表的数值差分规律制造了一台可以运转的差分机模型——差分机 1 号。这种计算机不仅能每次完成一个算术运算，还能安排自动完成一系列算术运算，这就是计算机程序设计的萌芽。现代计算机的基本原理就是来自于巴贝奇的发明，因此巴贝奇被公认为“计算机之父”。

19 世纪中期至 20 世纪初是人类历史上一个重要发展时期，以电能的开发和应用为标志，人类进入了电气时代。随着精密机械制造技术和工艺水平的提高，以及物理学特别是电磁学等学科的发展，用电能作为动力，将电气元件应用于计算工具成为当时科学家研究的重点。第一个采用电气元件制造计算机的是德国工程师康拉德·朱斯(Konrad Zuse，1910—1995 年)。1938 年，朱斯制作了一台全部采用继电器的计算机 Z-1，Z-1 是一种纯机械式的计算装置，性能并不理想，运算速度慢，可靠性也差。后来经过不断的改进，1941 年底，朱斯成功研制世界上第一台全部采用电磁继电器进行程序控制的通用自动计算机 Z-3，完成 Z-3 以后，朱斯在 1942—1943 年，为德国军方主持建造了两台专用的计算机 S1、S2，用于滑翔式炸弹，在对付盟军的战舰中发挥了威力。

20 世纪 30 年代，研制电子计算机的条件已经具备：一是有了早期计算机提供的技术基础；二是电子技术已经发展起来；三是军事上有迫切需要。电子计算机的诞生已成为历史的必然，军事上的迫切需要则是电子计算机诞生的直接导因。第一台电子计算机的主要设计和制造者是美国的莫希利(Mauchly，1907—1980 年)。1942 年 8 月，应美国军方阿伯丁弹道实验室加快弹道计算速度的要求，莫希利在题为《高速电子管计算装置的使用》的报告中，提出了利用电子管作为主要元件，设计、制造电子计算机的方案。1946 年 2 月 14 日，世界上第一台通用电子计算机研制成功。这台机器被命名为电子数值积分计算机(ENIAC)(图 6-7)。该机实际耗资 48 万美元，占地 170m^2，重 30t，每秒运算次数为 5000 次，比当时最好的继电器式计算机快 100 倍。ENIAC 采用了电子元件和电子线路实现逻辑运算，这在计算机技术史上是一次重大的突破，对计算机的后来发展起了十分重要的作用。

图 6-7 世界上第一台电子计算机——ENIAC

1945 年初，冯 · 诺依曼(von Neumann，1903—1957 年)在总结 ENIAC 的优缺点基础上，提出了完整的存储程序通用电子计算机离散变量自动电子计算机(EDVAC)的逻辑设计方案，1946 年又进一步完善了这一方案。这个方案中最重要的思想是关于程序内存的思想，即程序设计者可以事先按一定要求编好程序，把它和数据一起存储在存储器内，从而使全部运算自动化。另一重要思想是把二进制系统地运用到计算机上。这个方案是目前一切电子计算机的基础，其影响是巨大的。

电子计算机程序内存思想的最早提出人是英国数学家图灵(Turing，1912—1954 年)。1936 年，图灵发表了《关于理想计算机》一文，提出了理想计算机的数学理论。当时他写这篇论文的目的不是研制具体的计算机，而是解决纯数学问题(如何判断一些函数是否是可计算的)，但是图灵从数学上证明：通用的理想计算机是应该存在的。图灵的这种机器实际上是现代数字计算机的数学模型，因此人们把它称为图灵机。在图灵机里，指令和运算数据都存放在同样的纸带上，这正是程序内存计算机的根本特征。图灵清楚地证明了通用数字计算机是可以制造出来的。冯 · 诺依曼不止一次说过，图灵是现代计算机基本设计思想的创始人。

1959 年，美国菲尔克公司研制的第一台大型通用晶体管电子计算机问世，标志着电子计算机已进入第二代。由于采用晶体管逻辑元件和快速磁芯存储器，机器的运算速度从几千次每秒提高到几十万次每秒，主存储器容量从几千字提高到 10 万字。人们把第二代电子计算机的研制成功称为计算机史上的第二次革命。1958 年 4 月，IBM 公司决定批量生产晶体管计算机，次年就生产出第一批 IBM_{1403} 机。1964 年，已经能制造运算速度二三百万次每秒的晶体管计算机。这种计算机造价低，因而开始在工业、农业、商业广为使用。

1964 年 4 月 7 日，IBM 公司宣布成功研制 360 系列计算机，它标志着电子计算机进入第三代，从此电子计算机得到更为广泛的应用。由于采用集成电路，计算机具备体积小、质量轻、成本低、运算速度快等优点，向小型化方向发展。1965 年，美国就生产了一千多台小型机，到 1970 年已增至一万多台，品种达一百多个。世界上最大的小型机生产厂家是美国的数字计算机设备公司 DEC；在小型机中，1965 年研制的 PDP-8 型是第三代小型机中最著名的。

1972 年，IBM 公司批量生产的 IBM 系列机，其主存储器采用大规模集成电路，但逻辑元件仍是小规模集成电路。1973 年，交付美国国家航空航天局使用的 ILLIAC-IV 机才全面采用了大规模集成电路。一般认为使用大规模集成电路作为计算机的逻辑元件和存储器是第四代机的标志。这一时代，建立在大规模集成电路基础上的微型机和巨型机并行发展起来。

智能计算机是一种有知识、会学习、能推理的计算机，它不仅具有理解自然语言、声音、文字和图像的能力，并且具有说话的能力，使人机能够用自然语言直接对话。它还可以利用已有的和不断学习到的知识，进行思维、联想、推理，并得出结论，能解决复杂问题，或者说它还具有汇集、记忆、检索有关知识的能力。智能计算机突破了传统的冯•诺依曼的概念，舍弃了二进制结构，把许多处理机并联起来，并行处理信息，使运算速度明显提高。它的智能化人机接口使人们不必编写程序，只需发出命令或提出要求，计算机就会完成推理和判断，并且给出解释。研制智能电子计算机难度极大，难就难在计算机处理人的自然语言问题上，也就是它如何理解人的语言，如何说出人的语言。

二、奠定现代计算机理论基础的重要人物和思想

作为能够模拟人类思维的高级计算工具，电子计算机有着严谨的数学理论基础和严密的体系结构。1946 年 ENIAC 的诞生不是偶然的，是数百年无数杰出科学家前仆后继、努力奋斗的结果。

1. 布尔及逻辑代数

数字计算机首先来源于理论突破，是逻辑代数为开关电路设计奠定了数学基础，逻辑代数又称布尔代数，是以它的创立者，英国数学家乔治•布尔(George Boole，1815—1864 年)的名字命名的。1847 年，布尔出版了《逻辑的数学分析》(*The Mathematical Analysis of Logic*)，这是他对符号逻辑的第一次贡献。1854 年，他出版了《思维规律的研究——逻辑与概率的数学理论基础》(*An Investigation of the Laws of Thought，on Which are Founded the Mathematical Theories of Logic and Probabilities*)，这是他最著名的著作，在这本书中布尔介绍了逻辑代数。

以这两部著作为基础，布尔建立了一门新的数学学科——逻辑代数。在逻辑代数里布尔构思出一个关于 0 和 1 的代数系统，用基础的逻辑符号系统描述物体和概念。这种代数不仅广泛用于概率和统计等领域，更重要的是，它为百年后出现的数字计算机开关电路设计提供了重要的数学方法和理论基础。

2. 香农及计算机开关电路

1938 年，年仅 22 岁的信息论创始人，美国科学家克劳德•艾尔伍德•香农(Claude Elwood Shannon，1916—2001 年)发表了论文《继电器和开关电路的符号分析》(*A Symbolic Analysis of Relay and Switching Circuits*)，当时他已经注意到电话交换电路与逻辑代数之间的类似性，即把逻辑代数的“真”与“假”和电路系统的“开”与“关”对应起来，并用 1 和 0 表示。于是他用逻辑代数分析并优化开关电路，这就奠定了现代电子计算机开关电路的理论基础。

该理论是通信历史上最杰出的理论之一，由于逻辑代数只有 0 和 1 两个值，恰好与二进制数对应，香农把它们用于以脉冲方式处理信息的继电器开关，从理论到技术彻底改变了数字电路的设计方向。因此，这篇论文在现代数字计算机史上具有划时代的意义。

3. 图灵及图灵机

图灵被称为“计算机科学之父”“人工智能之父”。图灵是计算机逻辑的奠基者，许多人工智能的重要方法也源自这位伟大的科学家：24 岁，提出图灵机理论；31 岁，参与 Colossus 的研制；33 岁，构思了仿真系统；35 岁，提出自动程序设计概念；38 岁时，设计了“图灵测试”。

1936 年 5 月，图灵向伦敦权威的数学杂志投了一篇论文，题为《论可计算数及其在判定问题中的应用》。在这篇开创性的论文中，图灵给可计算性下了一个严格的数学定义，并提出

著名的图灵机的设想。图灵机不是一种具体的机器，而是一种思想模型，可制造一种十分简单但运算能力极强的计算装置，用来计算所有可能想象到的可计算函数。

4. 维纳及计算机设计五原则

诺伯特·维纳(Norbert Wiener，1894—1964年)是美国应用数学家，被称为“控制论之父”，在电子工程方面贡献良多。他是随机过程和噪声过程的先驱，又提出了“控制论”一词。

1940年维纳提出了现代计算机构想，这就是著名的现代计算机设计五原则：不是模拟式，而是数字式；由电子元件构成，尽量减少机械部件；采用二进制，不是十进制；内部存放计算表；在计算机内部存储数据。维纳提出的五原则，为电子计算机设计指引了正确的方向，为ENIAC的设计者提供了很好的思路。正是由于这些科学家思想的闪光，才使得现代电子计算机顺利诞生。

5. 冯·诺依曼及冯·诺依曼结构

冯·诺依曼被称为“现代计算机之父”。

1945年，冯·诺依曼以《关于EDVAC的报告草案》为题，起草了长达101页的报告，即计算机史上著名的“101页报告”。报告广泛而具体地介绍了制造电子计算机和程序设计的新思想。报告的综合设计思想便是著名的冯·诺依曼结构，也称普林顿结构。报告明确指出：采用二进制，不但数据采用二进制，指令也采用二进制；计算机由五部分构成，即运算器、控制器、存储器、输入装置和输出装置，并描述了这五部分的职能和相互关系；程序由指令组成，并和数据一起存放在存储器中，机器按程序制定的逻辑顺序，把指令从存储器中读出来并逐条执行，从而自动完成程序描述的处理工作。

三、新型计算机的发展

1. 光子计算机

光子计算机简称光脑，其实是对应于电脑而言。光子计算机是一种由光信号进行数字运算、逻辑操作、信息存储和处理的新型计算机。不同于电子计算机对电子的控制，光子计算机依靠激光器、光学反射镜、透镜、滤波器等光学元件和设备对光子的控制完成光运算。

如牛顿从树上掉下的苹果最终悟出著名的万有引力定律，瓦特从沸腾的水中得到灵感发明蒸汽机，科学家开发光脑的灵感也是来自于大自然。科学家发现蝴蝶翅膀漂亮的颜色既不是染料色也不是颜料色，而是一种新奇的色彩——结构色彩。这种结构色彩饱和度高、光泽绚丽、环境友好且永不褪色。蝴蝶翅膀中特定的周期性结构对光具有调控性能，使某一频率范围的波不能在此周期性结构中传播而被散射回来。人们将这种具有特定周期性结构的物质称为光子晶体。类似于电子计算机中半导体元件可以对电子选择性通过，光子计算机中的光子晶体也可以作为光的开关，实现0和1的逻辑运算。光子计算机中的关键部件激光器就是通过这一原理实现的。

2. 量子计算机

量子计算机是指利用量子相干叠加原理的理论上具有超快的并行计算和模拟能力的计算机。如果将传统计算机比作自行车，量子计算机就好比飞机。使用亿亿次的“天河二号”超级计算机求解一个亿亿亿变量的方程组，所需时间为100年。而使用一台万亿次的量子计算机求解同一个方程组，仅需0.01秒。1982年，诺贝尔奖获得者理查德·费曼提出量子计算机的概念。

1994 年，贝尔实验室的专家彼得·秀尔证明量子计算机能够完成对数运算，且速度远胜传统计算机。2005 年，世界第一台量子计算机原型机在美国诞生，基本符合了量子力学的全部本质特性。2010 年 3 月，德国于利希研究中心发表公报：该中心的超级计算机 JUGENE 成功模拟了 42 位的量子计算机。2010 年，中国科学技术大学-清华大学联合小组成功实现了当时世界上最远距离的量子态隐形传输，传输距离达 16km。2016 年 8 月，我国自主研制的世界首颗量子科学实验卫星"墨子号"成功升空。2017 年 5 月世界上第一台超越早期经典计算机的光量子计算机由中国科学技术大学、中国科学院-阿里巴巴量子计算实验室、浙江大学、中国科学院物理研究所等单位协同研发成功。

3. 生物计算机

生物计算机(分子计算机)，即脱氧核糖核酸(DNA)分子计算机，是受人脑具有强大信息处理能力的启发，以模拟人脑的生物功能进行数字计算的一类计算机，发展方向有神经网络计算机、光神经计算机和生物芯片计算机等。

生物计算机作为即将完善的新一代计算机，其优点是十分明显的。但它也有自身难以克服的缺点。其中最主要的便是从中提取信息困难。一种生物计算机 24 小时就完成了人类迄今全部的计算量，但从中提取一个信息却花费了一周。这也是目前生物计算机没有普及的最主要原因。

4. 纳米计算机

纳米计算机是用纳米技术研发的新型高性能计算机，其体积只有数百个原子大小，长度是人头发直径的 1‰，性能比传统的计算机强大得多，而且有着极强的导电性。纳米技术开始研制成计算机内存芯片，其性能也远超过传统计算机的性能。2013 年 9 月 26 日斯坦福大学宣布，人类首台基于碳纳米晶体管技术的计算机已成功测试运行。该纳米计算机实际只包括 178 个碳纳米管，并运行只支持计数和排列等简单功能的操作系统。该项实验的成功证明了人类有望在不远的将来，摆脱当前硅晶体技术以生产新型计算机设备。

第四节　通 信 技 术

从古到今，人类的社会活动总离不开消息的传递和交换。古代人类采用结绳记事、消息树、烽火台等原始的通信手段来传输简单的消息。文字的发明、书信的使用、驿站的修建，使得详细信息的远距离传输成为可能。但真正实现消息的快速、准确、高效、远距离传输还是以电信号为消息载体的近代通信技术出现后才开始的。自 19 世纪初以莫尔斯发明有线电报为标志的近代电通信技术问世以来，伴随着工业革命和信息技术的发展，通信技术从有线到无线，从文字语音到图像视频传输，从电通信到光通信，从模拟通信到数字通信，一百多年来通信技术得到了飞速发展。从火星探测、卫星定位到移动通信、广播电视、数据网络服务等，通信技术已经与现代社会人们的生活密不可分。

1837 年，莫尔斯发明了电报，他利用点、画、空格适当组合的代码表示字母和数字，进行信息的传输。1876 年，贝尔发明了电话，直接将声音信号转变为电信号沿导线传送。

19 世纪末，人们又致力于研究利用能够以电磁波形式在空间传输的无线电信号来传送信息，即无线电通信。1895 年意大利的马可尼(Marconi)首次利用电磁波实现了无线电通信，开辟了无线电技术的新领域。随着各类电子器件的出现，无线电通信技术迅猛发展，继而出现了无线电广播、传真和电视。

到 20 世纪 30 年代中期以前，无线电通信方面已完成了利用电磁波来传递电码、声音和图像的任务。也就是在这个时期，里夫斯(Reeves)提出了脉冲编码调制(PCM)数字通信方式，20 世纪 40 年代末期，美国制造出了第一台试验用 PCM 多路通信设备，首次实现了数字通信，至此通信技术有了新的飞跃。

随着社会的发展和科学技术的进步，各种技术之间相互渗透、相互利用，相继出现了综合业务数字网(ISDN)、多媒体通信技术(MMT)、综合移动卫星通信(M-SAT)、个人通信网以及智能通信网(IN 或 AIN)等。特别是多媒体通信技术以通信技术、广播电视技术、计算机技术为基础，突破了计算机、电话、电视等传统产业的界限，将计算机的相互性、通信网的分布性和电视广播的真实性融为一体，向人们提供了综合的消息服务，成为一种新型的、智能化的通信方式。

一、通信技术的发展

电报的发明，拉开了电信时代的序幕，引起了通信方式的变革，并且开创了人类利用电来传递信息的历史。电报传送的是符号。要发送一份电报，得先将报文译成电码，再用电报机发送出去；在收报一方，则要经过相反的过程，即将收到的电码译成报文，然后送到收报人的手里。因此，人们开始探索一种能直接传送人类声音的通信方式，这就是现在家喻户晓的电话。

1796 年，休斯提出了用话筒接力传送语音信息的办法。虽然这种方法不太切合实际，但他给这种通信方式起了一个名字——telephone(电话)，一直沿用至今。

1861 年，德国一名教师发明了最原始的电话机，利用声波原理可在短距离内互相通话。

1876 年 3 月 7 日，贝尔申请了电话发明专利。1877 年，即在贝尔发明电话后的第二年，在相距 300 km 的波士顿和纽约之间架设的第一条电话线路开通了，进行了首次长途电话试验，并获得了成功。

电话传入我国是在 1881 年，英籍电气技师皮晓浦在上海十六铺沿街架起一对露天电话，付 36 文制钱可通话一次，这是中国的第一部电话。1882 年 2 月，丹麦大北电报公司在上海外滩扬于天路办起我国第一个电话局，用户 25 家。1889 年，安徽省安庆州候补知州彭名保自行设计了一部电话，包括自制的五六十种零件，成为我国第一部自行设计制造的电话。

1956 年，在英国和加拿大之间的大西洋海底铺设完成了电话电缆，使远距离的电话通信成为现实；1962 年，美国研究成功了脉码调制设备，用于电话的多路化通信；1965 年，第一部由计算机控制的程控电话交换机在美国问世，标志着一个电话新时代的开始；1969 年，美国国防部高级研究计划署(ARPA)提出了研制 ARPA 网的计划，当年建成并投入运行，改变了传统的专用信道的传输方式，标志着计算机通信的发展进入了一个崭新的纪元；1970 年，世界上第一部程控数字交换机在法国巴黎开通，标志着数字电话的全面实用和数字通信新时代的到来。

进入 20 世纪 90 年代，随着数字技术和因特网技术的成熟，出现新的电话通信手段，其中网络协议电话(internet protocol，IP)是最具代表性的技术，提高了通话容量，并大幅度降低通话费用，使电话通信进入了一个崭新的时代。

目前，国际上许多大的电信公司推出了普通电话与普通电话之间的 IP 电话，普通电话客户通过本地电话拨号上本地的互联网电话的网关(gateway)，通过网关透过 Internet 网络进行连接，远端的 Internet 网关通过当地的电话网呼叫被叫用户，从而完成普通电话客户之间的电话通信。

二、微波通信的发展

从无线电频谱的划分看，将频率为 300～300000MHz 的射频称为微波频率。微波通信(microwave communication)就是使用波长在 0.1mm～1m 的电磁波——微波进行的通信。微波通信不需要固体介质，当两点间直线距离内无障碍时就可以使用微波传送。

微波通信是 20 世纪 50 年代的产物。由于其通信的容量大、投资费用省(约占电缆投资的 1/5)、建设速度快、抗灾能力强等优点而取得迅速的发展。20 世纪 40—50 年代产生了传输频带较宽、性能较稳定的微波通信，成为长距离大容量地面干线无线传输的主要手段，模拟调频传输容量高达 2700 路，也可同时传输高质量的彩色电视信号，而后逐步进入中容量乃至大容量数字微波传输。80 年代中期以来，随着频率选择性色散衰落对数字微波传输中断影响的发现以及一系列自适应衰落对抗技术与高状态调制和检测技术的发展，数字微波传输产生了一个革命性的变化。特别应该指出的是 20 世纪 80—90 年代发展起来的一整套高速多状态的自适应编码调制解调技术与信号处理及信号检测技术的迅速发展，对现今的卫星通信、移动通信、全数字高清晰度电视(high definition television，HDTV)传输、通用高速有线/无线的接入，乃至高质量的磁性记录等诸多领域的信号设计和处理应用起到了重要的作用。

微波通信由于其频带宽、容量大，可以用于各种电信业务的传送，如电话、电报、数据、传真及彩色电视等均可通过微波电路传输。微波通信具有良好的抗灾性能，对于水灾、风灾及地震等自然灾害，微波通信一般都不受影响。但微波经空中传送，易受干扰，在同一微波电路上不能使用相同频率于同一方向，因此微波电路必须在无线电管理部门的严格管理下进行建设。此外，由于微波直线传播的特性，在电波波束方向上不能有高楼阻挡，因此城市规划部门要考虑城市空间微波通道的规划，使之不受高楼的阻隔而影响通信。

三、移动通信的发展

通信技术的另一个亮点是移动通信。移动通信简单地说就是移动体之间的通信，或移动体与固定体之间的通信。移动体既可以是人，也可以是汽车、火车、轮船、收音机等处于移动状态中的物体。

可以这样说，移动通信从无线电通信发明之日就产生了。现代移动通信技术的发展始于 20 世纪 20 年代，大致经历了以下五个发展阶段。

第一阶段为 20 世纪 20—40 年代，为早期发展阶段。在这期间，首先在短波几个频段上开发出专用移动通信系统，其代表是美国底特律市警察使用的车载无线电系统。该系统工作频率为 2MHz，到 40 年代提高到 30～40MHz，可以认为这个阶段是现代移动通信的起步阶段，其特点是使用专用系统开发、工作频率较低、使用范围狭小，主要对象是船舶、飞机、汽车等专用移动通信以及相关的军事通信，使用频段主要是短波段，通信设备体积庞大、笨重，而且通信效果很差。

第二阶段为 20 世纪 40 年代中期至 60 年代初期，其间移动通信有了进一步的发展，公用移动通信业务开始问世。1946 年，根据美国联邦通信委员会(FCC)的计划，贝尔系统在圣路易斯城建立了世界上第一个公用汽车电话网，称为城市系统。这一阶段的特点是从专用移动网向公用移动网过渡，接续方式为人工，网的容量较小。

第三阶段为20世纪60年代中期至70年代中期。首先，由于60年代晶体管的出现，移动通信开始快速地向小型化、便捷化及个人化方向发展。这段时间在频段的使用上进行了改进与完善，其特点是采用大区制、中小容量，使用450 MHz频段，实现了自动选频与自动接续。

第四阶段为20世纪70年代中期至80年代中期，这是移动通信蓬勃发展时期。由于集成电路技术、微型计算机和微处理器的快速发展，以及由美国贝尔实验室推出的蜂窝系统的概念及其理论在实际中的应用，美国、日本等国家纷纷研制出陆地移动电话系统，从而使得移动通信真正进入了个人领域。这阶段的技术主要是模拟调频、频分多址，以模拟方式工作，使用频段为800/900MHz(早期曾使用450 MHz)，称为蜂窝式模拟移动通信系统或第一代移动通信系统。进入20世纪80年代，移动通信已经达到了成熟阶段，但仍存在漫游不好和保密性差等缺点。

第五阶段为20世纪80年代中期至今，这是数字移动通信系统发展和成熟时期。

四、光纤通信的发展

光纤的发明引起了通信技术的一场革命。1973年，世界光纤通信尚未实用。武汉邮电科学研究院(当时的武汉邮电学院)就开始研究光纤通信，由于武汉邮电科学研究院采用石英光纤、半导体激光器和编码制式通信机正确的技术路线，我国在发展光纤通信技术上少走了不少弯路，从而使我国光纤通信在高新技术中与发达国家有较小的差距。

1978年改革开放后，光纤通信的研发工作明显加快。20世纪80年代中期，数字光纤通信的速率已达到144Mbit/s，可传送1980路电话，超过同轴电缆载波。于是，光纤通信作为主流得到大量采用，在传输干线上全面取代电缆。现在，中国已敷设光缆总长约250万km。光纤通信已成为中国通信的主要手段。

光纤通信是一种自20世纪70年代快速发展起来的先进通信方式。它的优点非常多：通信容量大、传输损耗小、抗干扰、无串扰、保密性好、体积小、质量轻、成本低、寿命长等。它将有极为光明的前景，为用户提供接近无限的带宽。

五、卫星通信的发展

从1945年克拉克提出3颗对地球同步的卫星可覆盖全球的设想以来，卫星通信真正成为现实经历了20年左右的时间。先是诸多低轨卫星的试验，1957年10月4日，苏联成功发射世界上第一颗距地球高度约1600km的人造地球卫星，利用卫星开展商用通信业务。1962年，在最初的通信卫星条例基础上，建立了美国通信卫星公司(Communications Satellite Corporation，COMSAT)。在1964年成立的国际通信卫星组织(International Telecommunications Satellite Consortium，INTELSAT)中，COMSAT占有50%以上的股份。1965年4月6日发射的“晨鸟”(EarlyBird)号静止卫星标志着卫星通信真正进入了实际商用阶段，并纳入了世界上最大的商业卫星组织INTELSAT的第一代卫星系统IS-I。地球静止轨道(geostationary orbit，GEO)商用卫星通信以INTELSAT卫星系统为典型。

卫星通信是一种容量大、距离远、使用灵活、性能可靠的通信工具，它受到的干扰也较小，通信质量稳定，无论民用还是军用都有很大的发展前途。卫星通信系统有：①同步卫星通信系统，自20世纪60年代中期开始发展，至今全世界已有200个国家共建立了上百万个地面站。世界上全部电视转播业务和 2/3 的跨洋电信业务由卫星系统承担。通信卫星还用于传送卫星云图、监测森林或草原的火情及洪涝灾害、测算受灾地区的面积等。②高倾斜度大椭圆轨道卫星通信系统，它弥补了同步卫星在高纬度地区有“盲点”的不足，但是寿命较短，设备磨损较大。③低轨道移动卫星通信系统，低轨道卫星小巧，一般只有几百千克重，用小型火箭就能发射，这也为及时更换有故障的卫星提供了便利，对保证通信系统的质量和高可靠性有利。

第五节　新型信息技术

一、移动互联网

移动互联网是基于移动通信与互联网技术，通过手机、平板电脑等智能移动终端设备获取业务和服务的新一代互联网。据统计，截至 2015 年 6 月，我国移动互联网用户总数达 9.05 亿户，手机网民规模达 5.94 亿人，短信、移动音乐、手机游戏、视频播放、手机支付、定位服务等为人们提供了便捷的、多样化的信息和服务。

目前，第四代移动通信技术(4G)正以更快的无线通信技术、更灵活的通信方式、更高的智能、更好的兼容性推动移动互联网的迅猛发展，而手机、平板电脑、个人数字助理(personal digital assistant，PDA)、车载导航仪、可穿戴设备等移动智能终端的小型化、多样化以及接入方式的便捷性都意味着人们已处在全新的移动互联网环境中。

二、云计算

云计算(cloud computing)是一种新兴的计算模式，在远程数据中心，大量计算机连接成一片“云”，它可以将计算任务分布在由这些计算机构成的资源池上，以供各种服务，包括强大的计算能力、超大的存储空间、丰富的应用软件等。

对于个人用户而言，只需要通过个人计算机、手机等接入数据中心，按自己的需求进行运算和数据存储，而不需要关心数据在哪片“云”上进行计算和存储，例如，360 云盘，只需要在手机或个人计算机中安装云盘客户端即可在云盘安全地保存文件、照片、音频、视频等。对于企业用户，云计算为他们提供了合适的硬件平台、开发环境、软件和个性化的管理服务，使企业以较低的成本享受高性能的服务，例如，微软云 Azure 为房地产、航运、视频网站等企业提供了安全、灵活、快捷的服务，使用户通过传统方式运营复杂且需要付出极大管理成本的各行业务在云计算中变得轻松和容易。

三、大数据

大数据(big data)，或称巨量数据、海量数据，指的是所涉及的数据量的规模巨大到无法通过人工，在合理时间内达到截取、管理、处理，并整理成为人类所能够解读的信息。目前较为普遍的大数据定义为“无法使用传统流程或工具处理和分析的数据”。IBM 公司所称的大数据通常用三个特征描述：数量(volume)、种类(variety)和速度(velocity)。2012 年英特尔大数据论坛上，互联网数据中心(internet data center，IDC)定义了大数据的四大特征：海量的数据规模；快速的数据流和动态的数据体系；多样的数据类型；巨大的数据价值。因此，可以用大量、多样性、速度快以及价值高和密度低(high value and low density)四大特征来描述大数据。

四、物联网

1999 年，麻省理工学院首次提出物联网的概念，而 2005 年在突尼斯举行的信息社会世界峰会上，国际电信联盟(ITU)在年度报告中对物联网概念的含义进行了扩展：信息与通信技术的目标已经从任何时间、任何地点连接任何人，发展到连接任何物品的阶段，而物体的连接就构成了物联网。在其发布的《ITU 互联网报告 2005：物联网》中正式提出了物联网的概念。

通过十余年的发展，物联网基本可以定义为：通过无线射频识别(RFID)卡、无线传感等信息传感设备，按传输协议，以有线和无线的方式把任何物品与互联网相连接，运用云计算等技术，进行信息交换、通信等处理，以实现智能化识别、定位、跟踪、监控和管理等功能的一种网络。物联网是在互联网的基础上，将用户端延伸和扩展到任何物品与物品之间，在这个网络中，物品能够彼此进行“交流”，而无需人的干预。其实质是利用射频自动识别等技术，通过计算机互联网实现物品的自动识别和信息的互联与共享。

五、人工智能

人工智能(artificial intelligence，AI)是指用人工的方法和技术，模仿、延伸和扩展人的智能，实现机器的智能化。广义的人工智能包括狭义人工智能、人工情感与人工意志三个方面。

人工智能也称机器智能，人工智能是研究使计算机来模拟人的某些思维过程和智能行为(如学习、推理、思考、规划等)的学科，主要包括计算机实现智能的原理、制造类似于人脑智能的计算机，使计算机能实现更高层次的应用。美国斯坦福大学人工智能研习中心的尼尔逊(Nilson)教授定义人工智能是关于知识的学科——怎样表示知识以及怎样获得知识并使用知识的学科。美国麻省理工学院的 Winston 教授认为：人工智能就是研究如何使计算机去做过去只有人才能做的智能的工作。除此之外，还有很多关于人工智能的定义，至今尚未统一，但这些说法均反映了人工智能学科的基本思想和基本内容，由此可以将人工智能概括为研究人类智能活动的规律，构造具有一定智能行为的人工系统。因此人工智能也就是研究如何应用计算机的软硬件来模拟人类某些智能行为的基本理论方法和技术。

六、虚拟现实技术

虚拟现实(virtual reality，VR)技术是通过计算机和知觉传感等技术模拟现实世界，以及人与现实世界的交互作用的仿真系统生成技术。它可以生成三维的虚拟环境，借助必要的感知设备与虚拟环境中的物体发生交互作用，使用户产生逼真的视觉、听觉、触觉等一体化的感觉，从而获得身临其境的感受和体验。与虚拟现实相关的技术包括：①增强现实(augmented reality，AR)，即使真实的环境和虚拟的环境实时地叠加到同一个画面或空间，使其同时存在，如谷歌眼镜；②混合现实(mixed reality，MR)，即合并现实与虚拟世界而产生的新的可视化环境。

虚拟现实具有“3I”特性，即沉浸性(immersion)、交互性(interaction)和构想性(imagination)。在虚拟环境中，虚拟现实用户不仅具有身临其境的现场感，还有随心所欲的可操纵感，与现实生活相比，人们在虚拟现实中更容易获得以满足主观愿望为目的的超现实的感受与体验。由于具有这些特征，虚拟现实技术实质上是世界和人的感知与行为的数据化模拟和仿真，其虚拟现实感建立在以假乱真的主观感觉上。

虚拟现实技术将会影响文化娱乐、教育培训、医疗卫生等产业发展，也可能为社交和电子商务领域带来创新机遇。主要领域包括：①文化娱乐产业方面，包括虚拟现实游戏、虚拟现实电影、虚拟现实直播类视频和虚拟现实旅游类视频等；②教育培训方面，包括虚拟现实教育培训和虚拟现实模拟训练；③医疗卫生方面，包括虚拟现实远程医疗、虚拟现实和增强现实治疗、虚拟现实身体康复与心理治疗等；④社交网络和电子商务方面，包括虚拟现实社交和虚拟现实电子交易等。这些领域能成为产业发展的主流主要取决于相关技术的进步和用户体验的提升。

思 考 题

1. 现代信息技术主要包括哪些技术？
2. 什么是微电子技术？
3. 集成电路的关键技术有哪些？
4. 电子计算机的主要组成部分有哪些？它的发展有哪些趋势？

参 考 文 献

段竹，田宏，2016. 大数据基础与管理. 北京：清华大学出版社.

王娟，管红杰，2016. 大学计算机基础. 2 版. 北京：清华大学出版社.

王士舫，董自励，2015. 科学技术发展简史. 4 版. 北京：北京大学出版社.

魏斌，陈寒，张妍，等，2017. 人工情感原理及其应用. 武汉：华中科技大学出版社.

武奇生，姚博彬，高荣，等，2016. 物联网技术与应用. 北京：机械工业出版社.

阎毅，2008. 信息科学技术概论. 武汉：华中科技大学出版社.

张延良，2015. 信息与通信工程专业导论. 北京：中国电力出版社.

赵欢，2007. 大学计算机基础：计算机科学概论. 北京：人民邮电出版社.

中国科学院，2017. 2017 高技术发展报告. 北京：科学出版社.

第七章　海 洋 技 术

浩瀚的海洋是生命的源泉和人类的摇篮。世界海洋面积约 3.6 亿 km^2，占地球总表面积的 71%。人类对海洋的利用已经有了几千年的历史，直到 20 世纪 60 年代，海洋开发事业发生了一个战略性的转变。人类开发海洋的活动已从海底、海面和海空全面展开，进入了一个综合、立体开发的新时代。在此基础上，一门新兴的海洋科学技术建立和发展起来。尤其是在当前，人类正面临着人口、资源、环境三大问题。随着人口的急剧增长、能源消耗的日益增多、环境污染的加剧，人类陆地生存空间受到越来越大的威胁，于是人们将目光投向了广阔的海洋。

第一节　海洋科学技术的兴起和发展

一、现代海洋开发的原因

20 世纪 60 年代，人类开始了大规模地有组织地开发利用海洋的活动。促进现代海洋开发活动蓬勃兴起的原因是多方面的，归纳起来主要有以下四个方面。

(1)海洋中蕴藏着极其丰富的资源。第二次世界大战后，由于世界人口的不断增加和经济的迅速增长，人类对食物的需求逐年增加，陆地上的蛋白质生产已日益显示出短缺的趋势，自然资源的消费量也越来越大。人类急切地寻找新的食物(特别是高蛋白生物)来源和新的资源开发场所。人们发现，浩瀚的海洋中有着极其丰富的生物资源和矿产资源以及丰富的海洋能源。据估计，地球上生物资源的 80%在海洋，约 1350 亿 t，有人称海洋是人类最大的食品库。海底还蕴藏着丰富的石油和金属等矿藏。海水中的重水可提取氘，成为核聚变取之不尽的燃料。

(2)海上运输在现代交通运输中占重要地位。海上自古以来就是重要的物品运输通道，其运载量大、经济效益高，在各国贸易交往中发挥着重要的作用。许多国家把海上运输看作现代社会的“经济命脉”“生命线”。大型和超大型轮船的建造与应用进一步推动了海上运输业的快速发展。

(3)海洋是现代立体战争的重要战场。由于卫星技术的发展，陆地上的战略基地几乎已“无密可保”，一些大国纷纷利用海底的隐蔽条件，把陆上军事设施转向海底。特别是战略导弹核潜艇出现后，要求对海洋有更深入细致的了解，促进了世界范围的海洋调查和开发研究。

(4)研究开发海洋与其他科学技术的发展相互促进。海洋的研究开发，可以为地震预报、气象预报、生命起源、生物进化、地壳构造、资源预测、港口建设等方面提供科学依据和基本资料，推进地球科学的基础理论的发展。此外，电子技术、遗传工程和光导纤维技术的迅速发展，提高了海洋开发的能力，并推动了一大批新兴海洋产业的迅速形成。

二、海洋科学技术的发展

美国是首先开始现代海洋开发的国家，美国 20 世纪 60 年代初至 70 年代末用于海洋科学的预算增长了 20 多倍，以致美国在海洋开发方面一直居于领先地位。1960 年法国戴高乐提出了“向海洋进军”的口号。随后，日本把海洋科学技术列为三大尖端技术之一，并作为国家超重点项目。这一时期，对海洋的开发利用转向了对海洋资源的全面开发。海洋产业的生产方法也由过去的单项开发转向立体的综合开发，包括海底矿产资源开发、海洋水产资源和海水资源的开发(包括海下工厂的建设)、海面工厂的建设(包括潮汐发电、波浪发电的海洋能源利用)，以及海洋空间资源的利用(如海上机场和海上城市的建设等)。在此基础上，一门新兴的科学技术——海洋科学技术建立和发展起来。

海洋科学技术是全面深入地开发各种海洋资源的一门科学技术。它包括对整个海洋水体和上至大气下到海底的物质及其相互作用规律的研究，又包括现代各项海洋开发的基本技术和应用技术。由于海洋科学技术的建立和发展采用最新的技术装备，新兴的海洋产业和海洋开发活动在 20 世纪七八十年代获得了飞快的发展。海洋开发的规模和范围不断扩大，海洋经济总产值增长速度加快。本章主要介绍人类对于海洋的开发应用技术。

第二节 海 洋 技 术

海洋技术是伴随着人类从海洋获取“渔盐之利”“舟楫之便”而发展起来的，其包括海洋开发技术、海洋探测技术和海洋通用技术三个领域的内容。近些年来，由于现代海洋开发和海洋科学研究的迅速发展，对海洋技术不断提出新的要求，目前已形成用于研究、开发和管理海洋的高新技术群，并在许多领域取得引人注目的进展和成就。

一、海洋开发技术

现代海洋开发技术主要包括海洋生物资源开发、海底矿产资源开发、海水资源开发、海洋能源利用及海洋空间利用等方面所采用的技术。

(一)海洋生物资源的开发技术

在全球海洋中，海洋生物资源总的蕴藏量大约 342 亿 t，其中海洋动物 325 亿 t，海洋植物 17 亿 t，而每年生产蛋白质的能力，相当于全世界现有人口所需蛋白质总量的 7 倍。开发海洋生物资源是人类早期海洋开发活动之一，现在已从过去的单纯捕捞鱼虾等活动，发展到人工增养殖、制造海洋药物等现代海洋开发。采用的技术有捕捞技术、增养殖技术及海洋生物工程技术等。

1. 海洋捕捞技术

国外对捕捞技术的开发研制，是以保护幼鱼资源、提高渔获物的质量及鲜度为重点而进行的。美国、日本和西欧各国的鱼探仪多采用微机，向多功能、自动化、彩色数字显示及立体显示发展，并广泛应用卫星遥感、声探测及发光拖网等高新技术。中国现已建造的 8154、8166 等新型远洋渔轮缩小了中国渔船行业与世界发达国家的差距；现已能生产 TCLC201 型彩色双频率垂直探鱼仪，应用卫星遥感技术，预测鱼类洄游规律，探明鱼群质量和数量等；创造性地研制成功适合中国国情、简单可靠、易于操作的系列型变水层拖网及捕捞技术，以及利用高速拖网、多船、单船围网等作业方式。

2. 海水增养殖技术

海水增养殖技术在日本、美国和英国发展较快。美国开发成功鳕鱼的养殖技术，并用转基因技术培育出巨型鲑鱼，采用基因重组技术使鲍鱼生长率提高 50%～100%，养殖时间缩短到 1/2；日本为扩大养殖面积，建成许多装有光纤水下照明装置及各类声呐的人工鱼礁，并利用杂交染色体等高技术，培育出适合低水温期生长新品种，在世界上首先研制成养殖鱼抗病毒感染的鱼类干扰素，具有较高的疗效，是养殖渔业的理想新药。中国在 20 世纪 50 年代开发了海带自然光育苗和浮筏式养殖技术；60 年代解决了紫菜采苗、育苗养殖技术和牡蛎采苗养殖技术；70 年代研制成功贻贝采苗养殖技术；80 年代开发成功中国对虾的工厂化育苗及养殖技术。中国是世界上首次研究成功海藻单倍体育种技术、紫菜体细胞酶法育苗技术、对虾三倍体和四倍体育苗技术的国家，并在海水鱼贝类的三倍体育苗技术和鱼类性别控制技术的研究方面取得重大进展。

3. 海洋生物工程技术

海洋生物工程技术在海洋新品种生物的培育及海洋生物医药的研制方面发挥了巨大的作用。美国科学家采用基因工程技术把虹鳟鱼的生长激素基因转移到鲤鱼和鲇鱼体内，获得了鲤鱼和鲇鱼的新品种，养殖期也缩短了 6 个月；日本从寒冷水域的鱼血清中分离出抗冻基因，成功地转移到大西洋鲑鱼中，开辟了鱼类南移北殖的新途径；采用细胞工程技术及组织培养法，从有特殊生理活性的海洋生物中开发出一些海洋新药，美国已研制出抗病毒、抗肿瘤和膜海鞘素 B(didemnin B)、苔藓虫素(bryostatin)、海兔毒素(dolastoxin)、软海绵素 B(halichondrin B)等，日本开发成功治疗脑血管硬化、动脉硬化和心脏病的海洋药物。中国利用基因分离、转基因和细胞培养技术相结合，以及基因工程和蛋白质工程相结合，开展了有价值的海洋药物基因的分离，培养新的活性物质转基因生物，相继研制成功高效降脂抗栓药糖脂、新型海洋免疫增强药物海力特、具有健脑增智和防止心血管疾病的 DHA 胶丸，以及医治皮肤病有较好疗效的“麦姬”系列产品等。

4. 深海微生物高压培养技术

随着深海技术的发展，深海微生物高压培养技术逐渐发展起来，该技术起源于美国，代表人物是美国特拉华大学的 Hoover。深海环境的主要特征就是高压低温，而在深海热泉附近则有极度的高温存在。深海微生物具有特殊的适应性使得它们能够在这种极端环境下生存和生长。近年来，关于深海嗜压菌的生理及分子生物学方面的研究确定了与调节压力相关的电控单元，并显示了微生物的生长是受深海环境下压力与温度之间的关系所影响的。在高压恒化器中的连续培养，可以研究深海微生物种群的生长反应，发现深海微生物可以对生存基质的微小变化做出反应；同时，嗜压微生物从碳源浓度较高的区域分离出来，证实了嗜压菌也喜欢营养丰富的环境，对不同环境的适应性很强，它们能够在低碳的贫营养深海环境中正常生存。

美国、法国、德国等国家掌握深海微生物高压培养的关键技术。现在，微生物培养技术除了适应深海的极端环境，已经开始通过分子层面来实现微生物培养的研究。中国在深海微生物高压培养方面起步晚，发展现状与发达国家之间的差距比较大。深海微生物高压培养技术的研究机构主要是比利时鲁汶大学、德国慕尼黑工业大学、韩国高丽大学、美国俄亥俄州立大学以及中国船舶重工集团公司。

(二)海底矿产资源的开发技术

海底矿产资源的勘探和开发一直是各国海洋技术研究的重点，主要集中在海洋油气田、海洋金属矿产资源、热液矿床和砂矿资源的开发方面。

1. 海洋油气开采技术

海洋油气的勘探开发是陆地石油勘探开发的延续，经历了一个由浅水到深海、由简易到复杂的发展过程。在全球海洋油气探明储量中，目前浅海仍占主导地位，但随着石油勘探技术的进步，勘探逐渐进入深海。

20 世纪 70 年代末期，世界油气勘探开始涉足深水。目前，海洋油气勘探的水深已超过 3000m，陆地上的油气勘探方法与技术在海洋油气勘探中都是适用的。但是，受恶劣的海洋自然地理环境和海水的物理化学性质的影响，许多勘探方法与技术受到了限制，目前主要勘探方法有地层勘探法、电磁法和化学勘探法等。我国深水油气勘探开展较晚，主要以与国外合作的方式进行，技术发展较快。

美国是最早开展深水油气地球化学勘探的国家之一。从美国近几年的油气供应来源来看，其 10%的油气来自海洋油气开发。目前，墨西哥湾地区是当今深水油气勘探开发的重点区域之一。在经历墨西哥湾漏油事件后，美国政府于 2011 年公布修订后的海上石油开发“五年计划”——《2012—2017 年外大陆架(OCS)油气租赁计划草案》。美国深水油气勘探开发已到产业化阶段。

2012 年，我国 863 计划海洋技术领域项目——南海深水油气勘探开发关键技术及装备通过验收。该项目取得的成果使我国初步形成了 3000m 深水油气勘探开发技术能力。此外，中国海洋石油总公司(简称中海油)以海洋石油 981 平台为核心，如图 7-1 所示，打造了以“五型六舰”为主体的作业能力达到 3000m 水深的联合作业船队，我国深水油气勘探技术也已进入产业化阶段。

图 7-1　海洋石油 981 深水半潜式钻井平台

“五型六船”工程战略是中国海洋石油总公司从“十一五”以来大力推动的深水发展战略，即计划建造 5 种型号、6 艘可在水深 3000m 海域工作的深海工程装备，组成中国深海油气开发的联合舰队。中海油“五型六船”工程战略具体组成为：一艘 3000m 深水半潜式钻井平台海洋石油 981，作为该船队的“旗舰”；一艘 3000m 级深水铺管起重船海洋石油 201；一艘 3000m 12 缆深水物探船海洋石油 720；一艘 3000m 深水地质勘查船海洋石油 708；两艘 3000m 深水大功率三用工作船。

在海洋油气开采技术方面，美国、英国、挪威为领先国家，掌握核心技术，实现了深水油气地球化学勘探开发。美国为深水油气地球化学勘探技术的起源国家，代表人物为美国加利福尼亚大学圣迭戈分校斯克里普斯海洋研究所教授 Constable。中国深水油气地球化学勘探技术处于快速发展时期。2006 年之后，与世界先进国家的差距在不断缩小。目前，中国在论文数量方面具有一定优势，且专利数量逐步增多，但在论文篇被引频次和专利合作协定(PCT)

专利方面较为滞后。

目前已探明的全世界海底石油储量约为1350亿t，其中在大陆架的石油储量为1100亿t，占世界石油总储量的 1/3 以上。海底石油储量最大的地区有波斯湾、马拉开波湖(委内瑞拉)和北海。海底天然气储量最大的地区是波斯湾、北海和墨西哥湾。目前已有 100 多个国家和地区进行了海上油气勘探，40 多个国家和地区正在进行海上开采。海洋石油年产量已达 8 亿多 t。海上油气开采的设备也越来越先进，大型现代化钻井平台拥有自动定位系统、可重返海底的坑道口装置和现场海上石油暂存与装运设施等。中国通过引进、消化、吸收和应用国际先进技术以及自主科技攻关，海洋油气开发技术水平大幅度提高。

2. 金属结核矿产资源的开采技术

深海开发以多金属结核开采技术研发为起点。20 世纪 70 年代以来，西方发达国家通过技术移植、相关技术借鉴和二次开发及技术创新等方面的工作，完成了深海多金属结核开采的技术储备。目前，发达国家的多金属结核开采技术研究工作基本处于静止状态，一旦经济环境条件成熟，在适当吸收技术发展的最新成果后，即可将该技术用于商业开采。我国深海采矿技术研究虽起步较晚，但在国家大洋专项的支持和中国大洋矿产资源研究开发协会的组织协调下，获得了大量研究成果，在国际上已占据一席之地。在过去的十多年中，研究工作经历了基础研究、扩大试验研究阶段，已进入系统集成与制造、海试技术设计阶段。

在海底多金属矿藏选冶技术方面，美国、英国、日本、法国等走在了世界前列。目前，对于海底多金属矿藏选冶技术的研究尚处于实验室和小型装置先导性中试阶段，尚未实现工业化。其中研究最多的是锰结核矿藏，锰结核是深海海底蕴藏量最丰富的矿藏之一。锰结核的外形像土豆，大小不一，内含锰、铜、镍、钴等多种金属。由于形态多为结核状，而且成分以锰为主，故称锰结核，如图 7-2 所示。它分布极广，大约 25%的深海海底都覆盖有锰结核，储量约为 3 万亿 t。锰结核含有金属的品位达到了工业要求，具有很高的开采价值。

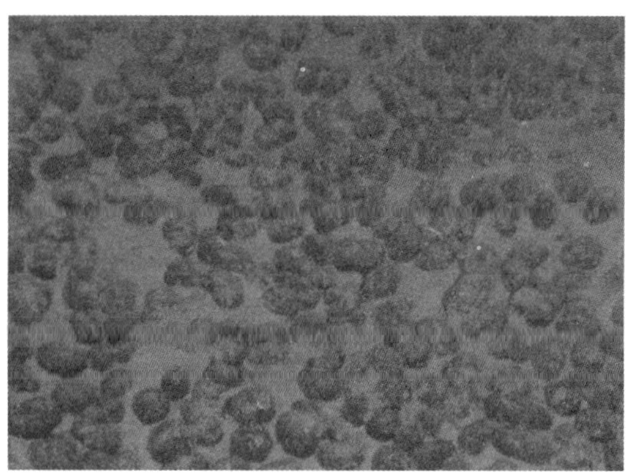

图 7-2　锰结核矿图片

日本深海矿产资源开发技术居世界领先地位，已经研制出具有高效率及高可靠性的流体掘式采矿实验系统，进行了锰结核基础性冶炼技术研究、有经济价值和有效率的冶炼技术开发，并将成熟技术封存。

英国研究深海锰结核和结壳的生成模式，研究深海锰结核、钴壳、硫化物或金属沉积采矿是英国矿业公司有兴趣的长期战略。英国在政治上和科学上介入这些资源的开发，不但能使深海采矿技术发展保持与世界同步，而且确保英国公司拥有最终开发这些资源的权利。英国深海采矿试验性开采系统由泵吸采矿式、连续链库或无人遥控潜水式组成，日产量可达 1 万 t。英国对红海多金属软泥的开发也进行了大量的调查研究。

法国原子能研究所的科学家利用水下机器人的工作原理，研制出 PKAZ6000 深海多金属矿采集系统。该系统能自动下潜到 6000m 水深的洋底自动寻找矿石，并高速运动采集矿石，然后按照自动控制程序返回海面。在理论研究结束之后，1987 年 10 月在土伦外海进行了首次试采实验获得了成功。近些年来，法国的科学家又研制成功一种梭式采矿车，设计采矿能力为 25t/h。

美国科学家在 20 世纪 90 年代后期推出高可靠性的无缆自动潜水器(AUV)，用以开采包括海底热液矿在内的大洋多金属矿资源。这种技术的特点是操作过程全部采用程序控制、水下作业时间长，同时能进行矿产资源的现场评价。美国已拥有日产 5000t 锰结核的开采设备和日加工处理 50t 锰结核的工厂。

中国自 20 世纪 90 年代开展海底多金属结核资源开采技术研究以来，经北京有色冶金设计研究总院、长沙矿山研究院和马鞍山矿山研究院等单位的努力，基本能自主设计海底锰结核的集矿和扬矿技术。长沙矿山研究院和长沙矿冶研究院这两家单位为我国的深海采矿技术特别是集矿机的研究开发做了大量开创工作，在大洋多金属结核的勘查能力和总体技术水平方面，已接近和达到世界先进水平。

关于海底多金属矿藏选冶技术的研究，国外主要集中在印度国家海洋学研究所、德国汉堡大学和日本产业技术综合研究所，国内主要集中在浙江大学和国家海洋局。

综上所述，我国海底多金属矿藏选冶技术还处于实验研究发展阶段，尚不能实现海底资源的商业化生产，这些年来，与国际上的差距在不断缩小，开采技术不断向产业化、一流化方向发展。

3. 海底热液矿床的开采技术

海底热液矿床是 20 世纪 60 年代中期发现的，它位于各大洋海底的深沟内，海底沉积物中含有丰富的铜、铅、锌、银、金等多种金属元素。目前已发现的巨大热液矿床有 37 个，其中以红海海底和太平洋加拉帕戈斯群岛东部海底的矿床储量最多。仅红海海底的一条海沟内，10m 厚的表层软泥中就含有锌 290 万 t、铜 100 多万 t、银 4500t、金 45t，价值 67 亿美元。由于热液矿床多分布在较浅的海底(2000～3000m)，而且成矿周期短，含有贵重金属，所以其有较高的经济价值，称为“海底金银库”。

4. 海底矿砂的开采技术

海底矿砂是海滨矿床由于河流、波浪、海流的作用使重矿物在海滨地带聚集而成的。海底矿砂品种很多，有金刚石、锆石、独居石、重晶石、金、银、金红石等 20 多种矿砂。目前世界上 96%的锆石、90%的金刚石、75%的锡石均采自海底矿砂。印度、泰国等从近海开采锡矿砂，成本比陆地上开采低 1/2。现在已有 30 多个国家对海底矿砂进行勘探和开采。

(三)海水资源的开发技术

海水是一个巨大的资源库，有取之不尽的水资源和化学物质。海水作为 21 世纪大规模开发利用的液体矿，其采用的开发技术包括海水化学元素提取、海水直接利用和海水淡化等技术。

1. 海水化学元素提取技术

海水是化学元素的宝库，从海水中可以提取或生产多种化工原料，如食盐、氯气、单质溴、镁、纯碱等，它们在工农业生产中有着广泛的用途。目前，在海水中已发现了 80 多种元素，几乎包括陆地上存在的所有化学元素。据估计海水中有 600 万 t 金、5000 多万 t 银、5 亿 t 铀。海水开发的资源主要有传统的海水提盐、高效快速的海水提镁及海水提铀。

在海水提盐方面，其生产已达到机械化或半机械化状态，澳大利亚研制的背负式收盐机，生产力达 1000t/h；法国牵引式 PR250 收盐机，每小时收盐 7000t。在海水提溴方面，英国海水提溴工业生产能力达 2.9 万 t/年。海水提镁的规模越来越大，方法也越来越多，美国、英国、日本的镁产量有 1/2 是从海里提取的。在海水提铀方面，从海水中提取重水和铀这类核工业原料，也已具有相当规模，美国建了年产 200t 重水的工厂；日本正在研究用特种纤维吸附法从海中提取铀，每提取 1kg 铀，只需 600 美元，相当于欧美国家费用的 1/20。

近年来，我国“混合盐与氯化钾制取硫酸钾”“苦卤与氯化钾制取硫酸铵与氯化钾制取硫酸钾”等多项工艺技术已获得国家发明专利和部级进步奖。采用塑苫技术生产海盐，是中国海水制盐史上新的里程碑，不仅保证海盐高产、稳产，而且明显降低了原盐生产成本。

2. 海水直接利用技术

海水直接利用技术包括工业循环冷却水的利用和海水直接灌溉农作物等技术，海水直接用于工业和农业，为解决淡水危机提供了美好的前景。日本采用海水作为工业冷却水的技术处于世界领先地位，现在日本工业企业冷却水用水总量的 60%采用海水；美国培育出用海水灌溉 SOS-7、SOS-11 号海蓬子，可用作饲料；印度用海水灌溉 860 万 ha（$1ha=10^4m^2$）的海滨沙丘，收获了 200 万～250 万 t 谷物。

中国在海水用于工业循环冷却水及海水印染方面取得显著成绩。广东核电合营有限公司（大亚湾核电站）每年用海水总量达 28 亿 m^3，占中国直接用海水总量的 51.4%；天津大港发电厂每年用海水总量达 14 多亿 m^3；1986 年，在山东省荣成县建成中国首座用海水做染色工业水源的海水印染厂，利用海水印染的纯棉绒比淡水染色工艺节约染料助剂 30%～40%，节约用水 1/3，染色牢度提高两级，有着明显的经济效益。

3. 海水淡化技术

地球上的水总体说来是咸的多，淡的少，陆地淡水只占很小一部分。随着经济建设的发展和人类生活用水的日益增加，陆地淡水供应日趋紧张，这就使人类把眼光投向了大海。海水淡化技术的研究工作已有 100 多年的历史了，目前，海水淡化技术已成为开发利用海水资源的一种重要手段，采用的主要方法有蒸馏法、电渗析法、反渗透法，这些方法都达到工业生产的规模。蒸馏法是当前世界上海水淡化的主要方法之一，大型多级闪蒸海水淡化技术已成熟，约 80%日产 5 万 t 以上的大型淡化厂集中在中东地区；多效蒸发海水淡化方法以法国、日本和以色列等国的研究成果卓著；1974 年日本建成世界第一座采用电渗析工艺的海水淡化厂，日产淡水 120t；反渗透法是在一种压力推动下进行薄膜脱盐的工艺，美国安装在斯托克岛上的大型海水淡化厂就是采用这种方法，日产淡水 11350t。

中国的海水淡化技术在建立了国内市场的同时开拓了国际市场。1981 年在南海西沙永兴岛上建立了中国第一座日产 200t 淡水的电渗析海水淡化器，1991 年为马尔代夫建起日产 35t 淡水的海水淡化厂，1997 年在浙江嵊山岛建起中国首座日产 500t 淡水的反渗透淡化站，其工程技术和经济数据都达到国际先进水平。1998 年天津大港发电厂采用国内技术，安装完成自产 1200t 海水的多级闪蒸装置，运行至今，其出水纯度、造水比例、能量消耗等指标均达到设计要求。

(四)海洋能源利用技术

海洋能源除了上述海底石油和天然气等化石燃料，在海水内部还蕴藏着巨大的能量，它们以波浪、潮汐、温差、海流、盐度差等形式存在，称为海洋能。海洋能源利用技术主要指通过一定的方式方法、工程设施把海洋能转换成电能的技术。海洋能尽管能流密度低、分布不均而且不稳定，但它具有蕴藏量大、可再生、不污染环境等特点，引起了越来越多国家的重视。这是 20 世纪 70 年代发展起来的一个知识密集和资金密集的高新技术领域，目前已进入实用发电的技术有潮汐能、波浪能(简称波能)及海水温差发电。

海洋能分布模拟是海洋能开发利用的关键环节，它是制定规划、选址及预测的重要基础。目前，海洋能分布模拟方法主要是对波能、风能、潮流能分别运用不同的数值模型进行模拟，可以依据模拟地区实际情况，选取具有不同的控制方程与分辨率的模型。为了提高模拟精度，数值模型正朝着将多个模型相互耦合和考虑更多的因素与提高计算效率方向发展。目前，国外已经有大气-波浪耦合模型、波浪-潮流耦合模型和大气-波浪-潮流耦合模型，以及利用图形处理器(GPU)并行计算技术的水动力数值模型的研究与开发。表 7-1 显示了海洋能分布模型分类。

表 7-1　海洋能分布模型

分类	一级	二级
海洋能分布模型	波能模型	水平二维模型
		垂直二维模型
		三维模型
	海上风能模型	中尺度模型
		小尺度模型
	潮汐、潮流能模型	水平二维模型
		三维模型

1. 波能发电技术

海洋波浪中蕴藏着巨大的能量，这是波浪在上下运动或横向运动时产生的类似风能的一种速度缓慢的机械能。据估算，在 1km^2 的海面上，波浪运动每秒钟蕴藏有 20 万 kW 的能量，世界上可供开发利用的波能约 30 亿 kW。利用波浪发电比潮汐发电困难得多，目前人们正在试用两种波浪发电的新方法。一种是在海面上的浮标中安装涡轮发电机，利用波浪一上一下的起伏垂直运动，推动装有活塞的浮标，借助活塞与浮标的相对运动所产生的压缩空气，驱动涡轮发电机发电。另一种是在海岸上设置固定的空气涡轮机，利用海浪冲击的力量，通过导管鼓动空气，驱动空气涡轮机发电。自 20 世纪 80 年代以来，挪威、英国和日本相继建成不同类型的波能发电站，1984 年挪威建成采用多共振振荡水柱系统的发电站，装机容量 50kW，1990 年英国采用振荡水柱波能发电系统建成一座装机容量为 75kW 的波能发电站，输出电力并入大电网。波能发电技术现已进入国际市场。

1982 年，我国研制成功航标灯用波能发电装置，采用阀冲动式空气涡轮机，可供 10～20W 的间断闪亮的航标灯作为电源。1985 年，研制成功采用无阀对称翼空气涡轮机的航标灯用波能发电装置。1990 年，开发成功多振荡水柱波能发电系统，采用直径为 0.85m 的对称翼，装机容量为 3kW，建在珠江口大万山岛的南部沿岸。1995 年底，在大万山岛建成一座装机容量为 20kW 的波能试验电站、一座装机 5kW 的漂浮式波能发电装置进行海上试验，并在青岛小麦岛建成 8kW 的摆式波能发电站。

2. 潮汐发电技术

潮汐发电是利用海水涨潮和落潮所形成的潮差发电。潮汐发电和水力发电的基本原理相同，都是利用水位差来推动水轮机，再利用水轮机带动发电机发电。据估算，世界海洋潮汐蕴藏的能量约 30 亿 kW。潮汐发电 20 世纪 50 年代就被人类所利用，现在技术已经成熟，每年可发电 1 万多亿 kW·h。法国已建成装机容量为 1000 万 kW 的大型圣马洛湾潮汐发电站，加拿大建成的安娜波利斯潮汐电站为潮汐能的开发树立了典范。

目前，中国有 8 座潮汐电站运行发电，总装机容量 6120kW，小型潮汐电站的开发技术基本成熟。其中，浙江省温岭县江厦潮汐电站总装机容量 3200kW，其开发技术代表了中国当代水平。浙江省海山潮汐电站装机容量为 100kW，有两台机组，24h 运行发电，由于海山潮汐电站的各项指标先进，1995 年荣获联合国科技发明创新奖，并向全球 110 多个国家推广。

3. 风能发电技术

海洋风能发电技术是清洁能源发展的代表技术，具有较好的发展前景。海洋风能发电技术最早出现在瑞典和丹麦，随后欧美等主要发达国家开始大规模发展海洋风能发电。在 21 世纪初，世界海洋风能发电已经进入了兆瓦级时代，最大单机容量已达到了 6MW。我国海洋风能发电虽然起步较晚，但近海风能资源丰富，具有极大的发展利用前景，海洋风能发电的核心技术主要包括风场规划、风机设计、风场施工及风场监测维护等环节。未来技术发展将把增大单机容量和塔架高度以提高捕风和发电效率、采用新材料以降低成本费用、向深海发展等目标作为技术研究的重点。随着海洋风能发电技术上的日趋成熟，海洋风电场的建设也正在向大型化和规模化发展。表 7-2 给出了海洋风能发电技术分解表。

表 7-2 海洋风能发电技术分解表

<table>
<tr><th>分类</th><th>一级</th><th>二级</th><th>三级</th><th>四级</th></tr>
<tr><td rowspan="14">海洋风能发电</td><td rowspan="2">风场规划</td><td>风场评估</td><td></td><td></td></tr>
<tr><td>风场设计</td><td></td><td></td></tr>
<tr><td rowspan="3">风机设计</td><td>发电机设计</td><td></td><td></td></tr>
<tr><td rowspan="2">支撑结构设计</td><td rowspan="2">基础设计</td><td>荷载设计</td></tr>
<tr><td>疲劳分析</td></tr>
<tr><td rowspan="2">风场施工</td><td>上部结构施工</td><td></td><td></td></tr>
<tr><td>基础施工</td><td></td><td></td></tr>
<tr><td rowspan="6">风场监测维护</td><td rowspan="4">风场监测</td><td>运行因素监测</td><td></td></tr>
<tr><td>气候环境监测</td><td></td></tr>
<tr><td>振动监测</td><td></td></tr>
<tr><td>功率监测</td><td></td></tr>
<tr><td>风场维护</td><td></td><td></td></tr>
<tr><td>风场管理</td><td></td><td></td></tr>
</table>

在海洋风能发电方面，美国、丹麦、英国、德国为领先国家，掌握核心技术，欧洲已实现规模产业化。中国海洋风能发电技术处于高速发展时期，2011 年之后，与世界先进国家的差距在不断缩小。海洋风能发电技术创新资源主要集中在丹麦奥尔堡大学、丹麦技术大学、荷兰代尔夫特理工大学、丹麦里索国家实验室、美国国家可再生能源实验室、美国通用电气

公司、丹麦维斯塔斯公司、德国西门子公司等机构，国内的创新资源主要集中在清华大学、新疆金风科技股份有限公司等。

4. 盐差能发电技术

盐差能是一种新型的可再生的海洋能，主要存在于河流入海口处。海洋-河口盐度差发电是一种在大江大河的入海口处海水和淡水混合时，由于海水与淡水含盐浓度的不同，含盐浓度高的海水（一般海水含盐度为3.5%）以较大的渗透压力向淡水扩散，而淡水也以很小的压力向海水扩散，利用这种渗透压力差所产生的能量，即海水盐差能驱动相应的发电设备而产生电能的发电技术。如果用很有效的装置来提取世界上所有河流的这种能量，那么可以获得约2.6TW 的电能。从全球情况来看，海洋-河口盐度差发电技术的研究仍处于不成熟的规模较小的实验室研究阶段，离示范应用还有较长距离。因此，为了缓解全球能源危机，我国应加速海洋-河口盐度差发电技术的理论基础与产业化研究，尤其是与之配套的半渗透膜工艺水平的提高，为实现其商业化打下坚实基础。

目前提取盐差能主要有 3 种方法：渗透压能法（PRO）是利用淡水与盐水之间的渗透压力差为动力，推动水轮机发电；反电渗析法（RED）是用阴阳离子渗透膜将浓、淡盐水隔开，利用阴阳离子的定向渗透在整个溶液中产生电流；蒸汽压能法（VPD）是利用淡水与盐水之间蒸汽压差为动力，推动风扇发电。目前渗透压能法和反电渗析法有很好的发展前景，面临的主要问题是设备投资成本高，装置能效低。蒸汽压能法装置太过庞大、昂贵，该方法还停留在研究阶段。

盐差能发电技术的核心技术掌握在美国、荷兰、日本等发达国家手中，但是现在仍没有进行商业化的生产。盐差能发电技术起源于美国，代表人物是美国本德研究所的 Lee 教授。盐差能发电技术的研究主要集中在新加坡国立大学、美国耶鲁大学、荷兰可持续水利技术中心、荷兰特温特大学和新加坡南洋理工大学。中国的盐差能发电技术目前发展较好，论文和专利数量逐渐增多，与发达国家之间的差距在逐渐缩小。

（五）海洋空间利用技术

海洋空间利用技术包括用于生产场所——海上火力发电站、海水淡化厂、海上石油天然气厂等；存储场所——海底储油库及海底仓库等；交通运输场所——海上航线、机场、港口、桥梁及海底光（电）缆等；军事基地——水下武器试验厂及水下指挥中心等方面的技术。海洋表面空间是人类最早开发的海洋空间，已有 2000 多年的历史。

人工岛的施工技术以日本的水平为世界之最，仅面积在 300ha 以上的人工岛就有 5 个，其中神户人工岛经历了 1994 年神户大地震的考验，施工技术达到国际一流水平；目前世界上已有 10 多个海上机场，其中关西国际机场就是日本人工岛建设的杰作。

目前，中国建成的人工岛有张巨河人工岛、澳门国际机场人工岛。前者是建在渤海极浅海用于海洋石油钻井用的人工岛，面积约 188m^2，既作为石油钻井平台，又作为生活平台，这项技术达到国际先进水平。2014 年 8 月至 2015 年 4 月，中国完成在永暑礁西南陆域上的吹沙填海作业，建成面积达 2.8km^2 的人工岛——永暑岛，永暑岛是永暑礁西南礁盘上的人工岛，是永暑礁西南岛的简称，建有永暑岛机场、永暑医院等。永暑岛是中国在南沙最大的物资集散中心。

海底隧道至 1995 年全世界共建 20 多个，尤以英吉利海峡海底隧道建成通车，堪称高科技的结晶。中国现已建成的港珠澳大桥海底隧道和正在建设的大连湾海底隧道，以及正积极筹建中韩海底隧道等海底隧道投资大、施工难度大、建设周期长、技术含量要求高。

近年来，海底光纤电缆的铺设进展迅速。美国投资兴建西起英国、东至日本，跨越地中海、红海、印度洋、太平洋，途经欧洲、非洲和亚洲 15 个国家的海底光缆，其全长为 2.4 万 km，当居世界之最。中国 1993 年与日本合作铺设了连接中日两国全长为 1260km 的海底光缆，成为国际海底光缆网络中的重要组成部分。

在海军基地的建设方面，美国走在最前面，已建成容纳几千人的海底军事隧道，以及与陆地隔绝的浅海地下基地。在加利福尼亚州圣迭戈市南部，圣迭戈湾东岸，建有圣迭戈海军基地，这是美国太平洋舰队最大的港口，美国海军舰队 1/3 的舰船都是以该基地为母港的。在圣克利门蒂岛附近的海底建有核武器试验场，供“极星”“海神”等导弹试验。在佛罗里达州迈阿密东南 50n mi 的海底，建有大西洋水下试验与评价中心，供潜艇及水下武器试验用。

二、海洋探测技术

目前，海洋探测技术已从空间、海面和水下构成立体探测系统。空间的探测以海洋遥感为主，进行海洋表面地形和物理状态、海面风和流、海洋上层水色和光学特性及海冰特性等要素的探测；海面的探测以调查船和海洋浮标为主，进行次表层流、热量扩散、水体混合、水团升降、营养盐、溶解氧、化合物的种类变化和海冰下面海洋学过程的探测；水下的探测以水声技术为主，进行大洋内部结构和洋底探测。

(一)海洋遥感技术

海洋遥感技术是利用传感器对海洋进行远距离非接触观测，以获取海洋景观和海洋要素的图像或数据资料的技术。海洋遥感技术始于第二次世界大战期间，是海洋立体观测系统中重要支柱之一，包括航空和航天两类遥感技术。

1. 航空遥感技术

航空遥感技术是指利用各种飞机、飞艇、气球等作为传感器运载工具在空中进行的遥感技术，是由航空摄影侦察发展而来的一种多功能综合性探测技术。该技术采用飞机为传感器的载体，具有机动性能好、分辨力高、不受轨道限制、易于海空配合、投资少、技术难度小等特点，因此在海洋环境探测中广泛应用。美国拥有近 20 架海洋遥感飞机。日本在遥感飞机上装载了多光谱相机、红外辐射计、机载测试雷达等航空遥感设备。加拿大拥有 10 多架由 P3 飞机改装的遥感飞机。中国的航空遥感技术发展较快，自行研制成功海冰航空遥感监测系统，主要有机载红外辐射计、微波辐射计、近红外相机以及投弃式表温浮标等，用于每年冬季对渤海和黄海北部的海冰航空遥感观测。

2. 航天遥感技术

航天遥感技术是指在地球大气层以外的宇宙空间，以人造卫星、宇宙飞船、航天飞机、火箭等航天飞行器为平台的遥感技术。该技术以卫星为传感器的主要载体，具有快速、同步、覆盖面广、全天候连续观测的特点。在航天遥感平台上采集信息的方式有四种：一是宇航员操作，如在阿波罗飞船上宇航员利用组合相机拍摄地球照片；二是卫星舱体回收，如中国的科学实验卫星回收的卫星相片；三是通过扫描将图像转换成数字编码，传输到地面接收站；四是卫星数据采集系统收集地球或其他行星、卫星上定位观测站发送的探测信号，中继传输到地面接收站。自 1978 年美国发射 Seasat-1 世界上第一颗海洋卫星之后，海洋卫星遥感技术取得举世瞩目的成就，现已从实验阶段过渡到业务应用阶段。目前，世界上已发射 10 多颗海洋卫星，星载传感器发展很快，雷达高度计、合成孔径雷达、散射计和水色扫描仪都得到了快速的发展。中国于 2002 年 5 月 15 日发射了第一颗用于海洋水色探测的试验型业务卫星海洋一号(HY-1A)，结束了中国没有海洋卫星的历史。

(二)海洋浮标技术

海洋浮标是以锚定在海上的观测浮标为主体组成的海洋水文气象自动观测站。它能按规定要求长期、连续地为海洋科学研究、海上石油(气)开发、港口建设和国防建设收集所需海洋水文气象资料，特别是能收集到调查船难以收集的恶劣天气及海况的资料。海洋浮标有锚泊浮标和漂流浮标两大类。目前，美国、日本、泰国等国在其邻近海域及一些大型国际海洋研究计划中，相继布设了锚泊浮标网及漂流浮标阵。中国现在已拥有大型、小型、深海型等 16 种海洋锚泊浮标和两套漂流浮标，以及浅海使用的潜标。这些浮标已构成资料浮标网，并成为中国海洋环境监测系统的重要组成部分。

1. 海洋锚泊浮标

锚泊浮标包括海上探测和岸上接收两大部分，是一个综合的系统工程。近年来，锚泊浮标广泛地采用了高新技术，现已研制成既能进行海洋水文气象常规探测，又可进行专业监视的新一代锚泊浮标。挪威研制成功 TOBIS 浮标，美国研制成功 Atlas 浮标，中国相继研制成功 FHB-1B 大型浮标、F2S1-1 小型浮标及 FZS2-1 型深海浮标。

2. 海洋漂流浮标

漂流浮标由于具有结构简单、造价低廉、使用方便、适用范围广、易于布放等特点，全球大气研究计划第一期全球试验、世界大洋环流试验等一些大型的国际海洋考察中广泛应用漂流浮标。首先，采用微处理机控制浮标系统的数据采集、处理、储存和编报转发，实现了全过程的自动化；其次，漂流浮标通过卫星进行定位和数据传输，使其在大洋任何位置都可实现资料通信和高精度定位；最后，采用互补金属氧化物半导体(complementary metal-oxide-semiconductor，CMOS)低功耗电路，为延长原配浮标的工作寿命提供了保障。

(三)深海原位探测技术

深海原位探测技术就是实地在线测量，通过原位测量仪器在海底对所关心的探测对象进行自动、连续的测量。原位测量仪器通常以系留浮标、系留潜标和深海潜水器等为承载体。测得的数据可以存储在带入海底的数据采集系统的存储器中，系统回收后，在实验室中再将数据导入计算机中进行分析，也可以通过无线或有线的方式进行实时传送。相比于获取样品的探测方式，原位探测获得的是在原位测得的数据而不是样品，它不像采样方式需要考虑保真的问题。

国际上深海领域的竞争日趋激烈，相应的国际和区域海洋监测网络逐步实施，深海原位探测技术是深海观测网络中重要的部分。美国、加拿大、欧洲为领先国家或区域，掌握核心技术，开展了海王星海底观测计划、ESONET 计划等。美国为深海原位探测技术的起源国家，代表人物为美国南佛罗里达大学 Short 教授以及美国蒙特利湾海洋研究所 Brewer 教授等。中国深海原位探测技术处于发展时期，发展速度较快。2006 年之后，与世界先进国家的差距在不断缩小。深海原位探测技术创新资源主要集中在美国南佛罗里达大学、美国蒙特利湾海洋研究所以及法国海洋开发研究院等，国内的创新资源主要集中在浙江大学、中国海洋大学、中国科学院海洋研究所等。

三、海洋通用技术

海洋通用技术一般为海洋开发和科学研究共用的技术，主要包括潜水技术、通信技术和防腐防污技术。

(一)潜水技术

潜水技术包括直接潜水(人直接承受外界水压力)和间接潜水(人体不直接承受外界水压力)两类。目前，在直接潜水中采用最先进的饱和潜水技术，模拟实验深度达 701m，而使用耐压潜水服的最大作业水深达 605m。潜水器是集自动技术、电子计算机技术、人工智能技术、新材料技术、水下通信技术及能源技术为一体，用于水下观察和作业的潜水装置。有载人潜水器和无人潜水器之分。

无人潜水是依靠遥控操作的无人潜水器在水下执行观察和作业任务，操作人员不直接进入水下。无人潜水器有多方向的推进器、水下姿态控制系统、水下照明、电视摄像系统和机械手等装置。按其能源和控制方式不同，可分为有缆和无缆两种。有缆无人潜水器于 1953 年研制成功，1975 年开始用于海洋开发；20 世纪 70 年代中期开始发展无缆无人潜水器。目前有缆的无人潜水器占多数，其下潜深度已达 7600m 左右。70 年代后期开始研制海洋机器人，遥控水下操纵器，它将代替潜水人员进行更多的潜水作业。

(二)通信技术

1. 海上通信

海上通信一般使用短波单边带通信、卫星通信和超短波通信等设备。由于短波单边带通信具有节省功率、节约频带、可同时传输两路信息、易实现自动化通信等突出的特点，所以在海上无线电通信中占有特殊重要的地位。20 世纪 80 年代以来，海上卫星通信技术发展迅速，因其具有传播距离远、覆盖面积大、通信回路灵活、容量大、质量高、稳定可靠、实时性强、同步性好等优越性，海上通信将与短波通信长期并存发展。

海上短波通信领域中，逐渐采用频率管理、数字通信成网、多媒体和大规模集成电路等技术，不断更新换代，使船舱上安装的短波通信设备的性能更加先进、可靠性明显提高，目前得到世界各国海上船舶及海洋浮标广泛应用。

海上卫星通信技术采用的卫星有地球同步气象卫星、极轨卫星系统、国际海事卫星三种。地球同步气象卫星通信系统不仅使浮标数据传输快、进行实时接收，而且数据的接收率明显提高；极轨卫星系统主要用于海洋锚泊浮标和漂流浮标的数据传输；国际海事卫星系统由卫星、地面站、协调站、移动站 4 部分组成。

2. 水下通信

水下通信非常困难，主要是由于通道的多径效应、时变效应、可用频宽窄、信号衰减严重，特别是在长距离传输中。水下通信相比有线通信来说速率非常低，因为水下通信采用的是声波而非无线电波。常见的水声通信方法是采用扩频通信技术，如全称码分多址(code-division multiple access，CDMA)等。目前水声通信技术发展得较为成熟，国外很多机构都已研制出水声通信调制解调器(modem)，通信方式主要有正交频分复用(orthogonal frequency division multiplexing，OFDM)、扩频以及其他的一些调制方式。此外，水下通信技术已发展到网络化的阶段，将无线电中的网络技术(Ad Hoc)应用到水声通信网络中，可以在海洋里实现全方位、立体化通信(可以与 AUV、UUV 等无人设备结合使用)，但只有少数国家试验成功。由于水声通信技术的敏感性以及巨大的应用价值，国外长期将它列为禁止出口中国的高端技术产品，目前仍严格控制。

美国为水下通信技术领先国家，掌握核心技术，拥有成熟产品，占据市场份额。美国为水下长距离数字声通信技术的起源国家，主要的研究机构为美国 Bethos 公司、美国伍兹霍尔海洋研究所、美国加利福尼亚大学圣迭戈分校斯克里普斯海洋研究所等。水下长距离数字声通信技术创新资源主要集中在海洋仪器公司、军工企业以及海洋研究所和大学，如美国 Bethos、Altas、Link Quest 等公司，英国拉夫堡大学、美国麻省理工学院。国内的创新资源主要集中在中国科学院声学研究所和厦门大学。中国水下通信技术处于发展时期，2006 年之后，与美国的差距在缩小。

(三)防腐防污技术

海洋是自然界中腐蚀最严酷的场所，它涉及的防腐防污技术既广泛又复杂，通常根据采用的方式可分为金属热喷涂防腐技术、各类高级涂料防腐技术及电解海水防污技术等。

金属热喷涂防腐技术，就是利用氧乙炔热源将铝合金丝(锌、不锈钢等)加热到熔化状态，借助气流将熔化的金属雾化成 4～10μm 的微粒，再喷涂于工件上的方法，一般防腐寿命达 40—50 年。

高级涂料防腐技术，包括重防腐涂料、无溶剂型重防腐涂料、新型有毒性防污涂料、无毒剂防污涂料等。日本和美国的该技术研究水平领先。日本首先开发了聚氨酯沥青厚浆涂料，美国首先开发了乙烯树脂厚浆涂料以及无溶剂聚氨酯型涂料。近年来，美国、英国和日本正在制定限制含锡等重金属毒料的防污漆的措施。

电解海水防污技术。日本 1965 年研制成一种防止船壳海洋生物附着的防污系统，现已有大量的防止海洋生物生长装置应用于船舷、滨海电站及近海工程上。英国从 20 世纪 60 年代在滨海电站的冷却系统和船舶、潜艇上开始应用电解海水防污装置，效果良好。美国、加拿大、丹麦、法国等国在滨海电厂、化工厂、海边游泳池、海上公园以及大型船舶上都大量应用电解海水防污装置。

思 考 题

1. 海洋技术主要包括哪几个方面？
2. 海洋能源技术主要有哪些？
3. 海洋技术的发展对人类的主要贡献表现在哪些方面？

参 考 文 献

艾万铸，李桂香，2000. 海洋科学与技术. 北京：海洋出版社.
曹克广，关荐伊，2015. 现代高新技术概论. 北京：化学工业出版社.
傅华，马书春，2005. 现代科学技术概论. 北京：北京出版社.
王栽毅，王云飞，薛钊，等，2017. 海洋领域先进技术评价. 青岛：中国海洋大学出版社.
张立红，尹显明，2012. 现代科学技术概论. 成都：西南交通大学出版社.

第八章　空间科学与空间技术

空间科学也称太空科学是指利用航天器研究发生在日地空间、行星际空间乃至整个宇宙空间的物理、天文、化学、生命等自然现象及其规律的科学。空间技术是探索、开发和利用宇宙空间的技术，又称航天技术。空间科学以航天技术为基础，包括空间飞行、空间探测和空间开发等方面。它不仅能揭示宇宙奥秘，而且将给人类带来巨大的利益。

第一节　概　　述

一、空间和空间资源

(一) 空间

人类活动的范围经历了从陆地到海洋、从海洋到大气层、再从大气层到外层空间的逐步扩展过程。陆地为地球表面未被海水浸没的部分，是人类的第一环境；海洋为地球表面广大的连续海水水体，是人类的第二环境；大气层是指地表以外包围地球的气体，是人类的第三环境；外层空间简称空间或外空，是指地球稠密大气层之外的、距地表 100～120km 以上的空间区域，它是人类的第四环境。人类活动范围的每一次飞跃，都增强了认识自然和改造自然的能力，促进了生产力的发展和社会的进步。

(二) 空间资源

无限的宇宙空间蕴藏着取之不尽的物质财富，期待着人类去开发利用。与宇宙空间相比，地球只不过是沧海一粟。宇宙空间中蕴藏的资源品种和数量很多，远超过地球，人类渴望获得的许多宝贵资源可望在宇宙空间得到满足。但是，人类对宇宙空间资源的了解甚少，就目前的认识，可大致分为三类。

(1) 轨道资源。航天器环绕地球按天体力学规律沿着特定轨道运动，卫星在轨道上飞行，位置高，飞行快，可以快速大范围地覆盖地球表面，从而达到通信、遥感、定位等目的。因此，各种卫星轨道本身就是重要的宝贵资源。例如，赤道上空约 36000km 的对地静止轨道一共只有一圈，只能布置有限数量的卫星，因此许多国家都在争夺早占该种轨道位置。

(2) 环境资源。卫星在宇宙太空飞行，它的周围环境是高真空、微重力、强辐射以及丰富的太阳能等，这种特殊的环境本身就是极为宝贵的资源，利用微重力环境可以制造出地面无法做到的材料和生物制品，而在空间粒子辐照环境中农业育种，引起变异，带回地面繁殖后代，会出现产量翻一番的奇异现象。

(3) 物质资源。月球及太阳系各行星上都蕴藏着极为丰富的资源。月球岩土中含有地壳里的全部化学元素和约 60 种矿藏，其中包括地球上极为缺乏的同位素氦-3，它是核聚变反应堆理想的燃料。

二、空间技术与宇宙速度

空间技术是研究和解决航天器进入太空并在太空正常运行、可靠工作，并以此研究发生在宇宙空间的物理、化学和生物等自然现象，探索研究太空环境、开发利用太空资源的综合性工程技术，又称太空技术或航天技术。讨论航天，那什么是天？普遍认为，天是指地球大气层以外至太阳系以内的空间。因此，大气层以外太阳系以内的航行活动则称为航天，而太阳系以外的航行活动则称为航宇。

相当长的历史阶段内，人类只能实现航天活动。因为任何一种航行活动都是与其推进技术密切联系的，只有当推进技术进步到一定程度，运动物体速度提高到一定水平，才具有某种特定的航行活动的能力。飞行器达到第一宇宙速度(7.9km/s)才能克服地球引力而环绕地球飞行，不落回地球表面；提高到第二宇宙速度(11.2km/s)可以脱离地球飞向太阳系的其他行星；提高到第三宇宙速度(16.7km/s)就可以飞离太阳系。虽然第三宇宙速度理论上可以实现太阳系以外的航行活动，但是太阳系太大，现代航天器以第三宇宙速度来飞行，需飞行万年以上才能离开太阳系。进行太阳系之外的通信信号来回一次需要一年以上时间。因此，讨论太阳系以外的航行活动为时尚早，当今技术远远做不到。发展空间技术，最终目的就是要实现空间转移。因此，把航天定义为地球大气层以外至太阳系之内的航行活动更为确切。当代研究的空间技术所涉及的范围也是指太阳系之内。

三、空间技术的发展

(一)空间技术的诞生

14 世纪末期，明朝的士大夫万户(图 8-1)把 47 个自制的火箭绑在椅子上，自己坐在椅子上，双手举着大风筝。设想利用火箭的推力，加上风筝的力量飞起。不幸火箭爆炸，万户也为此献出了生命。万户是世界上第一个利用火箭向太空搏击的英雄。他的努力虽然失败了，但他借助火箭推力升空的创想是世界上第一个，因此他被世界公认为“真正的航天始祖”，为了纪念这位世界航天始祖，科学家将月球上的一座环形火山命名为万户山。

图 8-1　万户飞天

俄国的齐奥尔科夫斯基(1857—1935 年)，是世界上公认的宇宙航行理论奠基人，他在一生中对宇宙航行的所有基本问题都从理论上进行了研究，并得出了正确的结论。1883 年，他就在《外层空间》一书中，发表了反作用推进理论，第一个从理论上证明火箭能在空间真空环境工作。1903 年，他发表了《利用喷气工具研究宇宙空间》的论文，推导出发射火箭运动必须遵循的齐奥尔科夫斯基公式。他还提出了多级火箭构造设想，指出了液体火箭是最合适的运载工具。1926 年 3 月，美国科学家罗伯特 · 戈达德详细研究了火箭的推进原理，并用液氧和汽油作为推进剂，设计、制造并成功发射了世界上第一枚液体火箭。此后，德国、意大利、英国、法国、美国等国家纷纷展开火箭技术的研究。1942 年 10 月，德国成功研制并发射了第一枚军用火箭 V-2，所用推进剂是酒精和液氧，其最大速度为 1.5km/s，射程 300km，总重量 13t，最大高度 80km。

1957 年 10 月，苏联成功地发射了世界上第一颗人造地球卫星(人造卫星)，拉开了人类"空间时代"的序幕。此后美国、法国、日本、英国等国纷纷发射了人造卫星，并不断地在卫星上安装各种仪器进行实际应用。现在各国发射的卫星总数已超过 6000 颗。

(二)空间技术的发展

人类进入宇宙空间是由载人飞船和地球空间站实现的。实现载人航天除了要求制造精度更高、推力更大的运载工具，还必须解决以下问题：获得关于空间飞行环境的足够信息，对人所承受的极限环境条件做出正确的判断；研制出确保宇航员生活、工作和安全飞行的生命保障系统；使地面和宇航员之间保持可靠的、不间断的通信联系；掌握航天器安全返回技术，等等。

美国和苏联在成功发射人造卫星之后，都开始了载人航天的研究。1961 年 4 月苏联第一个发射了载人飞船，把宇航员加加林送入地球轨道，运行 108 分钟，安全返回地面，开辟了人类航天的新纪元，图 8-2 为太空第一人加加林。为了取得空间优势，1961 年 5 月，美国国会通过了阿波罗登月计划，决定在 10 年内把人送上月球并安全返回。为此，美国先后动员 120 所大学、2 万家企业的 400 万人参加。1969 年 7 月 16 日，载着 3 名宇航员的阿波罗 11 号登月飞船成功发射，7 月 21 日，宇航员尼尔·阿姆斯特朗与巴兹·奥尔德林成为首次踏上月球的人类，并在月球上活动了 2 小时 21 分钟。7 月 25 日，三名宇航员成功降落在太平洋上，返回地球，图 8-3 为美国阿波罗登月计划宇航员。此后美国载人登月飞行了 5 次，1972 年 12 月，登月计划全部结束。

图 8-2　太空第一人加加林

图 8-3　美国阿波罗登月计划宇航员

其间，苏联在建立地球轨道空间站方面取得了重大进展，1971 年 4 月 19 日，苏联发射了第一个供宇航员停留、工作的空间站——礼炮 1 号。后来又发射了礼炮 2～7 号 6 个空间站，并用卫星式飞船多次向空间站运送宇航员和物品。在此基础上，1986 年 2 月 20 日，苏联又发射了有 6 个对接口、可连续对接的和平号大型地球轨道空间站。除美国和苏联外，由英国、法国等 10 个西欧国家参加的欧洲空间局也于 1983 年 11 月 28 日发射了太空实验室 1 号空间站。

中国也是发展空间技术较早的国家之一，1956 年中国将研制火箭技术纳入国家科学发展规划，1957年著名科学家钱学森等倡议开展人造卫星研究，1965年中国将发射人造卫星列入国家重点项目，1970年4月24日，中国第一颗人造卫星成功发射，是继苏联、美国、法国、日本之后，世界上第5个自行研制火箭发射地球静止轨道卫星的国家。此后中国的国土普查卫星、气象卫星等应用卫星迅速发展并投入使用。1985年，中国的长征系列运载火箭投放国际市场，先后为巴基斯坦、澳大利亚等国家发射卫星。

1992年，载人飞船正式列入我国国家计划，这项工程后来被定名为神舟号飞船载人航天工程。1999年11月20日，我国第一艘宇宙飞船神舟一号在酒泉卫星发射中心由新型长征运载火箭发射升空，次日在内蒙古中部地区成功着陆，此后神舟二号、神舟三号和神舟四号无人飞船在酒泉卫星发射中心陆续发射成功。在前四次无人神舟号宇宙飞船成功发射的基础上，2003年10月15日，由首位宇航员杨利伟乘坐的我国自主设计制造的神舟五号载人宇宙飞船在酒泉卫星发射中心顺利发射，在太空飞行21小时23分，绕地球14圈，飞行60多万千米后，于10月16日在内蒙古中部预定地点顺利、准确着陆。杨利伟自由走出船舱，胜利完成这次有伟大历史意义的太空航行，这标志着我国进入载人宇宙航行的新时代。

目前，我国航天科技界又开始了新征程，天宫二号空间实验室发射成功，神舟十一号飞船与天宫二号自动交会对接成功。探月计划已成功发射嫦娥三号探测器，突破月面软着陆、月面巡视勘察、深空测控通信与遥控操作、深空探测运载火箭发射等关键技术。中国运载能力最大的火箭长征五号发射成功，为中国未来天宫空间站的建设、探月三期工程及其他深空探测的实施提供了运输保障。

四、空间技术的主要研究内容

在相当长的时期内，人类主要还是在太阳系内从事活动，因此，把航天技术和空间技术视为同义词已得到公认。要实现航天活动，就要建立庞大的以航天器为核心的航天系统。它由特定的航天器(卫星、空间站、探测器)、运载工具(火箭、航天飞机)、航天发射场、地面测控网(地面站、船)、地面应用站网及其他有关系统组成，它是一个大系统工程。

(1)运载工具将航天器加速至宇宙速度，并送入预定的运行轨道。现代航天运载工具分运载火箭和航天飞机两种，前者为一次性使用，后者可多次使用。运载火箭最早发展，已普遍使用。各航天大国均拥有自己的运载火箭及发射场。运载火箭一般由2～4级组成，每级火箭均有推进系统，末级内装有火箭的制导与控制、跟踪、遥测、电源等系统。同时，末级顶部安装被运送的航天器。

(2)航天器指的是在地球大气层以外按天体力学规律运行的飞行器，包括各种人造卫星、载人飞船、空间站、行星探测器等。其中人造卫星发射数量最多，已广泛应用，并产生了巨大的效益。人造卫星种类很多，有通信卫星、遥感卫星、导航定位卫星、科学卫星等。

(3)航天地面测控网包括跟踪测控站(网)和卫星应用业务站。前者对航天器发射和运行的轨道进行跟踪，监测航天器的工作状态，发送各种工作指令。后者接收处理卫星的遥感图像，传递、转发、接收各种信息，如气象云图接收站、地球资源接收站、通信站、电视接收站等。

空间技术的主要内容由运载器技术、航天器技术和航天测控技术三大部分组成。

五、空间技术的特点

近50年来，空间技术发展很快，它有许多特点，这里强调三个突出特点。

(1)空间技术是高度综合的现代科学技术。它是许多科技最新成就的集成，其中包括喷气技术、电子技术、自动化技术、遥感技术、材料科学、计算科学、数学、物理、化学等。

(2)空间技术是对国家现代化、社会进步具有宏观作用的科学技术。由于航天器飞行速度快，运行高，所以可快速地大范围覆盖地球表面。例如，卫星使电视网络覆盖全国甚至全球；气象卫星可以进行全球天气预报，包括长期天气预报；侦察卫星可以及时发现世界各个地区的军事活动等。这都是常规手段无法做到的。

(3)空间活动是高投入、高效益、高风险的事业。尽管风险很大，但是空间技术的发展对人类的贡献是巨大的，因此它必将持续发展。

六、研究意义

空间技术研究的意义概括地说包括以下四个方面。

(1)在经济上，太空活动具有很高的经济和社会效益。多种应用卫星在通信广播、资源调查、环境监视、气象预报、导航定位等方面，已为人类作出了巨大的贡献。根据一些国家研究分析，空间技术投资效益比达 1∶10 以上。更为深远的意义是太空活动将为人类提供无限宝贵的各种资源。

(2)在军事上，许多军事专家认为谁占有空间优势，谁就具有军事战略优势。多年来，超级大国都在发展战略核武器，为选择打击目标、提高命中精度及了解敌方军事部署，竞相发展侦察卫星，它是洲际导弹的耳目，并已成为战略核武器的配套项目。通信、导航等卫星的发展，同样明显增强了国家的军事力量。航天技术的继续发展，对军事的影响将是革命性的。

(3)在科学技术上，空间活动带动和促进了众多学科的发展。首先，空间活动带动了技术发展，如电子技术、遥感技术、喷气技术、自动控制技术等；其次，空间活动对基础科学将有很大的推动作用，包括对生命科学、宇宙的形成和发展等都将有重要的新发现；最后，空间活动形成了许多边缘学科，如空间工艺学、空间材料学、空间生物学、卫星测地学、卫星气象学、卫星海洋学等。

(4)在政治上，空间技术极大地提高了国家在综合国力和国际活动中的地位，国际上讨论的许多重大问题都与空间有关，世界大国首脑会谈也离不开这个问题。

由于空间技术有如此重要的意义，当今参加开发空间的国家越来越多，已达 60 多个，而应用空间技术成果的国家几乎遍及世界各个角落。

第二节 运载技术

任何一种航行活动都是与其推进技术密切联系的，只有当推进技术进步到一定程度，运动物体速度提高到一定水平，才具有某种特定的航行活动的能力。运载器是将动能和势能传递给航天器，使其进入预定轨道的运载工具。常见运载器分为两种：一种是多级运载火箭，即一次使用的多级火箭；另一种是空间运输系统，即部分重复使用的航天运输器(如航天飞机)。运载火箭是由多级火箭组成的航天运输工具。其用途是把人造地球卫星、载人飞船、空间站、空间探测器等有效载荷送入预定轨道。它是在导弹的基础上发展的，一般由 2～4 级组成。本节主要介绍运载火箭，航天飞机将在航天器部分介绍。

一、现代火箭技术的发展

19 世纪末 20 世纪初，随着科学技术的进步，近代火箭技术和航天飞行发展起来，先驱者的代表人物有俄国的齐奥尔科夫斯基、美国的戈达德和德国的奥伯特。1942 年 10 月，德国 V-2 火箭的发射成功，把航天先驱者的理论变成现实，是现代火箭技术发展史的重要一页(图 8-4)。

图 8-4 德国 V-2 火箭

运载火箭是第二次世界大战后在导弹的基础上开始发展的。第一枚成功发射卫星的运载火箭是苏联用洲际导弹改装的卫星号运载火箭。到 20 世纪 80 年代，苏联、美国、法国、日本、中国、英国、印度和欧洲空间局已研制成功 20 多种大、中、小运载能力的火箭。最小的仅重 10.2 吨，推力 125kN，只能将 1.48kg 重的人造卫星送入近地轨道；最大的重 2900 多吨，推力 33350kN，能将 120 多吨重的载荷送入近地轨道。主要的运载火箭有大力神号运载火箭、德尔塔号运载火箭、土星号运载火箭、东方号运载火箭、宇宙神号运载火箭、阿里安号运载火箭、长征号运载火箭等。

二、运载火箭的分类

目前常用的运载火箭按其所用的推进剂不同，可分为固体火箭、液体火箭和固液混合型火箭三种类型。例如，我国的长征三号运载火箭是三级液体火箭；长征一号运载火箭则是固液混合型的三级火箭，其第一级、第二级是液体火箭，第三级是固体火箭；美国的飞马座号运载火箭则是三级固体火箭。

按级数来分，运载火箭可以分为单级火箭、多级火箭。其中，多级火箭按级与级之间的连接形式分为串联型、并联型、串并联混合型三种。串联型火箭级与级之间的连接分离机构简单，其上面级的火箭发动机在高空点火。并联型火箭的连接分离机构比串联型复杂，其核芯级第一级火箭与助推火箭在地面同时点火。苏联发射世界上第一颗人造地球卫星的卫星号运载火箭，就是在中央芯级火箭的周围捆绑了 4 枚助推器。助推器与芯级火箭在地面一起点火，燃料用完后关机抛离。我国的长征二号 E 运载火箭则是一枚串并联混合型火箭，其第一级火箭周围捆绑了 4 枚助推器，在第一级火箭上面又串联了一枚第二级火箭。

三、运载火箭的组成

不管固体运载火箭还是液体运载火箭，不管单级运载火箭还是多级运载火箭，其主要的组成部分都有结构系统、动力装置系统和控制系统。这三大系统称为运载火箭的主系统，主系统工作的可靠性将直接影响运载火箭飞行的成败。此外，运载火箭上还有一些不直接影响飞行成败并由箭上设备与地面设备共同组成的系统，如遥测系统、外弹道测量系统、安全系统和瞄准系统等。

(1)结构系统。结构系统是运载火箭的基体。它用来维持火箭的外形，承受火箭在地面运输、发射操作和在飞行中作用在火箭上的各种载荷，安装连接火箭各系统的所有仪器、设备，把火箭上所有系统和组件连接组合成一个整体。

(2)动力装置系统。动力装置系统是推动运载火箭飞行并获得一定速度的装置。对液体火箭来说，动力装置系统由推进剂输送、增压系统和液体火箭发动机两大部分组成。固体火箭的动力装置系统较简单，它的主要部分就是固体火箭发动机推进剂，直接装在发动机的燃烧室壳体内。

(3)控制系统。控制系统是用来控制运载火箭沿预定轨道正常可靠飞行的部分。控制系统由制导和导航系统、姿态控制系统、电源供配电和时序控制系统三大部分组成。制导和导航系统的功用是控制运载火箭按预定的轨道运动，把有效载荷送到预定的空间位置并使之准确进入轨道。姿态控制系统(又称姿态稳定系统)的功用是纠正运载火箭飞行中的俯仰、偏航、滚动误差，使之保持正确的飞行姿态。电源供配电和时序控制系统则按预定飞行时序实施供配电控制。

四、运载火箭的设计特点

运载火箭的设计特点是通用性、经济性和不断进行小的改进，这和大型导弹不同。大型导弹是为满足军事需要而研制的，起支配作用的因素是保持技术性能和数量上的优势。因此导弹的更新换代较快，几乎每 5 年出一种新型号。运载火箭则要在商业竞争的环境中求发展。作为商品，它必须具有通用性，能适应各种卫星质量和尺寸的要求，能将有效载荷送入多种轨道；经济性也要好。也就是既要性能好，又要发射耗费少。订购运载火箭的用户通常要支付两笔费用。一笔是付给火箭制造商的发射费，另一笔是付给保险公司的保险费。发射费代表火箭的生产成本和研制费用，保险费则反映火箭的可靠性。火箭制造者一般尽量采用成熟可靠的技术，并不断通过小风险的改进来提高火箭的性能。运载火箭不像导弹那样要定型和批量生产，而是每发射一枚都可能引进一点新技术，作一点小改进，这种小改进不影响可靠性，也不必进行专门的飞行试验。这些小改进积累起来就有可能导致大的方案性变化，使运载能力有成倍的增长。

五、世界其他国家运载火箭的典型型号

(一)美国典型型号运载火箭

大力神号运载火箭系列(图 8-5(a))是美国以其洲际导弹为基础研制的大型运载火箭，属于抛弃式火箭，1964 年首次发射，共发射 368 次，有 3A、3B 等多种型，主要用于发射各种军用有效载荷。宇宙神号运载火箭系列(图 8-5(b))于 1958 年 12 月 18 日首次发射，曾经发射过世界上第一颗通信卫星、美国第一艘载人飞船等。目前正在使用的主要有宇宙神-2A、宇宙神-2AS、宇宙神-3A、宇宙神-3B，并且已成功地使用新型的宇宙神-5 运载火箭进行了发射活动。德尔塔号运载火箭系列(图 8-5(c))于 1960 年 5 月 13 日首次发射，迄今为止已发展了 19 种型号，目前正在使用的是德尔塔-2 和德尔塔-3 两种型号。美国空军的全部全球定位系统(GPS)卫星都是由德尔塔-2 发射的。土星-5 运载火箭系列(图 8-5(d))是美国专为阿波罗登月计划而研制的、迄今为止最大的巨型运载火箭。其起飞重量为 3000t，直径 10m，高 110m，

近地轨道运载能力达 97t，它能把重达 47t 的阿波罗飞船送入登月轨道。土星-5 曾先后将 12 名宇航员送上月球。

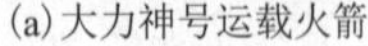
(a) 大力神号运载火箭

(b) 宇宙神号运载火箭

(c) 德尔塔号运载火箭

(d) 土星-5 运载火箭

图 8-5　美国典型型号运载火箭

(二)俄罗斯典型型号运载火箭

东方号运载火箭系列(图 8-6(a))是世界上第一种载人航天运载工具，它创造了多个世界第一：发射了第一颗人造卫星，第一颗月球探测器，第一颗金星探测器，第一颗火星探测器，第一艘载人飞船，第一艘无人载货飞船等。它也是世界上发射次数最多的运载火箭系列。质子号运载火箭系列(图 8-6(b))分为二级型、三级型和四级型 3 种型号，目前正在使用的有质子号三级型和四级型两种，它是世界上第一种用于发射空间站的运载火箭。能源号运载火箭(图 8-6(c))是目前世界上起飞重量和推力最大的火箭，其近地轨道运载能力为 105t，既可发射大型无人载荷，也可发射载人航天飞机。能源号运载火箭于 1987 年首次发射成功，曾将苏联的暴风雪号航天飞机成功地送上天，目前由于俄罗斯经济状态不佳就再也没有发射过。

(a) 东方号运载火箭

(b) 质子号运载火箭

(c) 能源号运载火箭

图 8-6　俄罗斯典型型号运载火箭

(三)欧洲典型型号运载火箭

阿里安号运载火箭系列(图 8-7)是由欧洲 11 个国家组成的欧洲空间局研制的系列运载火箭，该系列已有阿里安-1～阿里安-5 共 5 个子系列，目前正在使用的是阿里安-4 和阿里安-5。阿里安-4 于 1988 年 6 月 15 日进行了首次发射，其近地轨道运载能力为 9.4t，地球同步转移轨道运载能力为 4.2t。阿里安-5 于 1997 年进行了首次发射，近地轨道运载能力为 25t，地球同步转移轨道运载能力为 7.5t。截至 2018 年 1 月 26 日，阿里安-5 系列运载火箭共进行了 97 次发射，成功 92 次，部分成功 3 次，失败 2 次。

图 8-7　阿里安号运载火箭

六、我国运载火箭技术的发展

到目前为止我国共研制了四代 17 种不同类型的长征系列运载火箭(图 8-8)，能发射近地轨道、地球静止轨道和太阳同步轨道的卫星，近地轨道最大运载能力为 12000kg，地球同步转移轨道最大运载能力为 5500kg，太阳同步轨道运载能力可达 6100kg。运载火箭的可靠性、经济性、入轨精度和适应能力达到国际一流水平。目前，长征系列运载火箭发射的成功率达到 95%以上。

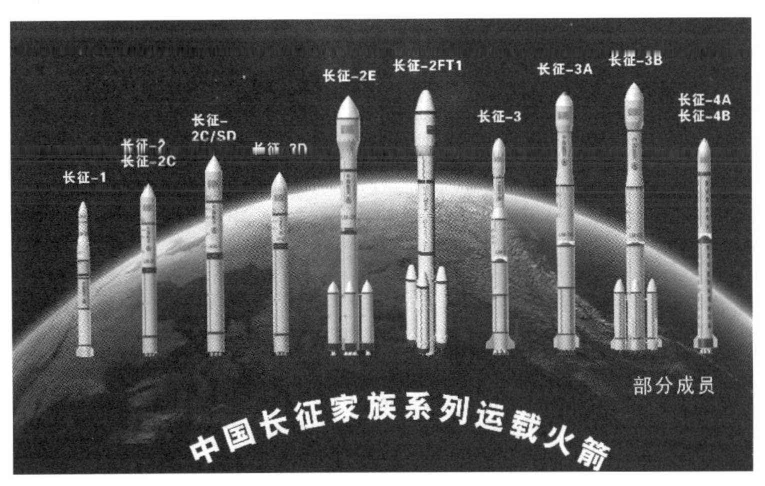

图 8-8　长征系列运载火箭部分成员

中国航天的商业发射已经打开了局面，并在国际市场上占有一席之地。长征火箭的商业发射已经成为我国和平利用航天技术的一个重要方面，也是 20 世纪我国高科技产业走向国际市场的重要事件，并将继续成为 21 世纪中国参与世界高科技领域竞争的重要组成部分。

(1) 长征一号 (CZ-1) 系列运载火箭。长征一号运载火箭于 1965 年开始研制，包括长征一号运载火箭和长征一号丁运载火箭两个型号，是一种三级火箭，主要用于发射近地轨道小型有效载荷。火箭全长 29.86m，最大直径 2.25m，起飞重量 81.6t，起飞推力 112t，能把 300kg 重的卫星送入 440km 高的近地轨道。1970 年 4 月 24 日，长征一号运载火箭成功地将东方红一号卫星送入预定轨道，奠定了长征系列火箭发展的基础，发射成功率为 100%。

(2) 长征二号 (CZ-2) 系列运载火箭。长征二号运载火箭是从洲际导弹的基础上发展而来的，是中国的航天运载器的基础型号。在长征一号的技术基础上，发展了长征二号、长征三号和长征四号系列运载火箭。长征二号目前是中国最大的运载火箭家族，拥有长征二号、长征二号丙、长征二号丁、长征二号捆 (E)、长征二号 F 等型号，承担近地轨道发射任务。长征二号 F 运载火箭专门用来发射神舟号载人飞船。神舟五号发射成功使中国成为继苏联、美国之后第三个拥有载人航天技术的国家。

(3) 长征三号 (CZ-3) 系列运载火箭。长征三号运载火箭是在长征二号二级火箭上面加了一个以液氢、液氧为推进剂的第三级，所用的液氢液氧发动机可以二次启动，在技术上是当时国际先进水平，是我国火箭技术发展的一个重要里程碑。长征三号系列不断增加新成员，如长征三号甲、长征三号乙，主要用于发射地球静止轨道卫星。长征三号系列运载火箭是我国承担高轨道发射任务的运载火箭。

(4) 长征四号 (CZ-4) 系列运载火箭。长征四号运载火箭最早可追溯到上海航天局的风暴一号火箭，长征四号系列运载火箭承担太阳同步轨道和极地轨道的发射任务，有长征四号甲、长征四号乙、长征四号丙等型号。目前投入使用的长征四号乙运载火箭是长征火箭家族中发射各种太阳同步轨道和极地轨道应用卫星的主要运载工具。

(5) 长征五号 (CZ-5) 运载火箭。长征五号运载火箭，又称大火箭、冰箭，是我国为了满足进一步航天发展需要，并弥补中外差距而在 2006 年立项研制的一次性大型低温液体运载火箭，也是中国新一代运载火箭中芯级直径为 5m 的火箭系列 (图 8-9)。

长征五号运载火箭于 2016 年 11 月 3 日首飞成功，中国已具备将 1.2～25t 的有效载荷送入近地轨道、将 1.8～14t 的有效载荷送入地球同步转移轨道的能力。这意味着中国可以发射质量更大、功能更全的卫星，如 20t 级长期有人照料的空间站、大型空间望远镜、返回式月球探测器、深空探测器、超重型应用卫星等，并可以进行一箭多星的发射，提高卫星的发射效率和组网的速度。我国火箭的低轨道运载能力将由原来的 8t 提高到 25t。在一段时间内，我国运送航天器入轨的能力很可能是世界最高水平，这不仅体现了我国几十年航天科技发展的积淀，也符合我国航天事业的长远发展的需求。

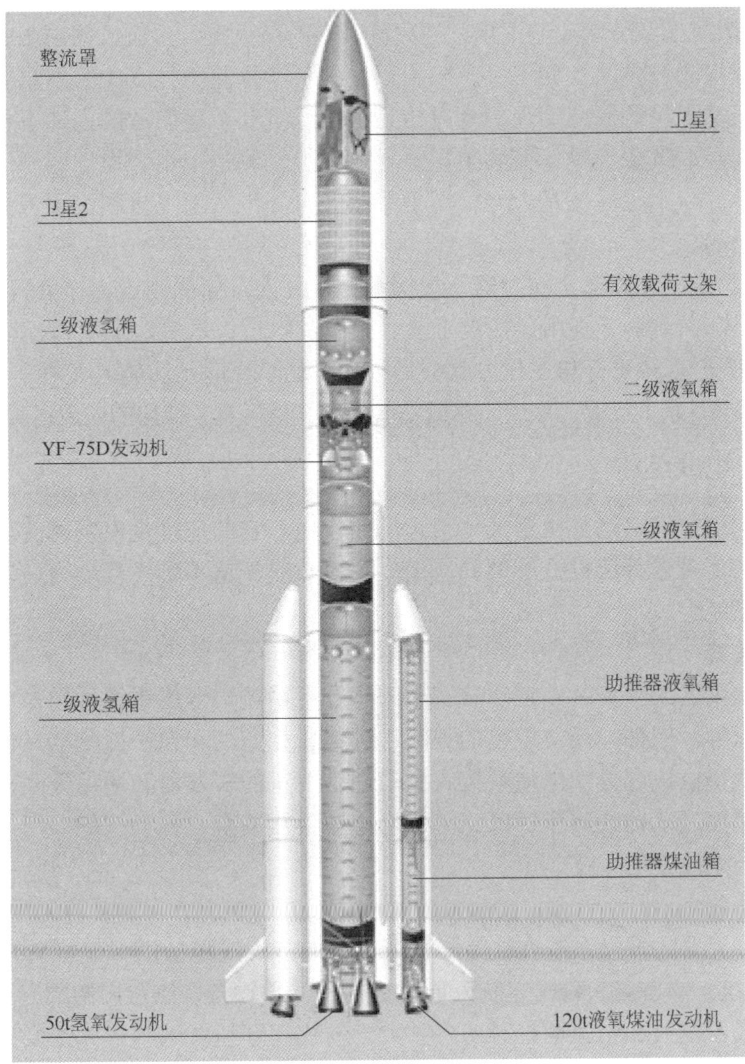

图 8-9　长征五号运载火箭

第三节　航　天　器

航天器是指在地球大气层以外按天体力学规律运行的各种飞行器，包括各种人造地球卫星、载人飞船、空间站、行星探测器等。

一、航天器的分类

航天器的分类按是否载人可分为无人航天器和载人航天器。无人航天器包括人造地球卫星和空间探测器；载人航天器包括载人飞船、空间站和航天飞机。按应用领域分可分为军用航天器、民用航天器和军民两用航天器。按工作原理分可分为近地轨道航天器和行星际航天器。近地轨道航天器是在地球引力作用范围内，围绕地球做轨道运动，如人造地球卫星；行星际航天器是指飞出地球引力作用范围，进入太阳、其他行星或其天然卫星的引力范围，如行星际探测器等。

(1) 人造地球卫星：简称人造卫星，是数量最多的航天器，占航天器总数的90%以上。它按用途分为科学探测与技术实验卫星、应用卫星。科学探测与技术实验卫星主要包括空间物理探测卫星和天文卫星等。应用卫星是直接为国民经济和军事服务的人造卫星。应用卫星按用途分为通信卫星、气象卫星、侦察卫星、导航卫星、测地卫星、地球资源卫星、截击卫星和多用途卫星等。应用卫星按是否专门用于军事又可分为军用卫星和民用卫星，有许多应用卫星是军民兼用的。

(2) 空间探测器：又称深空探测器，按探测目标分为月球探测器、行星和行星际探测器。各种行星和行星际探测器分别用于探测金星、火星、水星、木星、土星和行星际空间。

(3) 载人航天器：按飞行与工作方式分为载人飞船、空间站和航天飞机。载人飞船包括卫星式载人飞船和登月载人飞船。航天飞机既是航天器又是可重复使用的航天运载器。

二、航天器的组成结构

航天器在宇宙空间运动是由于天体引力场的作用，它的速度是由发射的运载器提供的，根据不同的任务，可选择和设计不同的轨道。大多数航天器不带飞行动力装置，它一般由专用系统和保障系统组成。

(一) 专用系统

不同用途航天器的主要区别在于装有不同的专用系统。专用系统种类很多，随航天器执行的任务不同而异。例如，天文卫星的天文望远镜、光谱仪和粒子探测器，侦察卫星的可见光照相机、电视摄像机或无线电侦察接收机，通信卫星的转发器和通信天线，导航卫星的双频发射机、高精度振荡器或原子钟等。单一用途航天器装有一种类型的专用系统，多用途航天器装有几种类型的专用系统。

(二) 保障系统

各种类型航天器的保障系统往往是相同或类似的，一般包括以下一些系统。

(1) 结构系统：用于支承和固定航天器上的各种仪器设备，使它们构成一个整体，以承受地面运输、运载器发射和空间运行时的各种力学与空间环境。结构形式主要有整体结构、密封舱结构、公用舱结构、载荷舱结构和展开结构等。航天器的结构大多采用铝、镁、钛等轻合金和增强纤维复合材料。

(2) 热控制系统：又称温度控制系统，用来保障各种仪器设备在复杂的环境中处于允许的温度范围内。航天器热控制的措施主要有表面处理(抛光、镀金或喷刷涂料)，包覆多层隔热材料，使用热控百叶窗、热管和电加热器等。

(3) 电源系统：用来为航天器所有仪器设备提供所需的电能。人造地球卫星大多采用蓄电池电源和太阳电池阵电源系统，空间探测器采用太阳电池阵电源系统或空间核电源，载人航天器大多采用氢氧燃料电池或太阳电池阵电源系统。

(4) 姿态控制系统：用来保持或改变航天器的运行姿态。常用的姿态控制方式有三轴姿态控制、自旋稳定、重力梯度稳定和磁力矩控制等。

(5) 轨道控制系统：用来保持或改变航天器的运行轨道。航天器轨道控制以轨道机动发动机提供动力，由程序控制装置控制或地面航天测控站遥控。轨道控制往往与姿态控制配合，它们构成航天器控制系统。

(6) 无线电测控系统：包括无线电跟踪、遥测和遥控3个部分。跟踪部分主要有信标机和应答机。它们不断发出信号，以便地面测控站跟踪航天器并测量其轨道。遥测部分主要由传感器、调制器和发射机组成，用于测量并向地面发送航天器的各种仪器设备的工程参数和其他参数。遥控部分一般由接收机和译码器组成，用于接收地面测控站发来的遥控指令，传送给有关系统执行。

(7) 返回着陆系统：用于保障返回型航天器安全、准确地返回地面。它一般由制动火箭、降落伞、着陆装置、标位装置和控制装置等组成。在月球或其他行星上着陆的航天器配有着陆系统，其功用和组成与返回型航天器着陆系统类似。

(8) 生命保障系统：载人航天器生命保障系统用于维持航天员正常生活所必需的设备和条件，一般包括温/湿度调节、供水供氧、空气净化和成分检测、废物排除和封存、食品保管和制作、水的再生等设备。

(9) 应急救生系统：当航天员在任意一飞行阶段发生意外时，用以保证航天员安全返回地面。它一般包括救生塔、弹射座椅、分离座舱等救生设备。它们都有独立的控制、生命保障、防热和返回着陆等系统。

(10) 计算机系统：用于存储各种程序、进行信息处理和协调管理航天器各系统工作。例如，对地面遥控指令进行存储、译码和分配，对遥测数据作预处理和数据压缩，对航天器姿态和轨道测量参数进行坐标转换、轨道参数计算和数字滤波等。

三、航天器的运行原理

航天器在天体引力场作用下，基本上按天体力学的规律在空间运动。它的运动方式主要有两种：环绕地球运行和飞离地球在行星际空间航行。环绕地球运行轨道是以地球为焦点之一的椭圆轨道或以地心为圆心的圆轨道。行星际空间航行轨道大多是以太阳为焦点之一的椭圆轨道的一部分。

航天器大多不携带飞行动力装置，在极高真空的宇宙空间靠惯性自由飞行。航天器的运动速度为八到十几千米每秒，这个速度是由运载器提供的。航天器的轨道是事先按照航天任务来选择和设计的。有些航天器带有动力装置用以变轨或轨道保持。

四、我国典型航天器介绍

(一) 人造地球卫星

人造地球卫星是数量最多的航天器，表 8-1 列出了我国系列卫星，现对大家比较熟悉的几种类型的卫星做简单的介绍。

表 8-1 我国系列卫星

科学探测与技术试验卫星	实践系列	实践一号、实践二号群、实践四号、实践五号、实践六号、实践七号、实践八号、实践九号、实践十一号、实践十二号、实践十五号、实践十六号、实践十号、实践十七号、实践十三号	
	空间探索	双星计划探测一号、探测二号	
	返回式	返回式卫星 FSW-0、返回式卫星 FSW-1、返回式卫星 FSW-2、返回式卫星 FSW-3	
应用卫星	气象卫星	风云一号、风云二号、风云三号、风云四号	
	通信广播卫星	东方红	东方红一号、东方红二号、东方红三号、东方红四号
		鑫诺	鑫诺一号～鑫诺六号
		中星	中星 5A、中星 6B、中星 8 号～中星 11 号
		亚太	亚太 2R、亚太五号、亚太六号、亚太五七

续表

应用卫星	对地观测卫星	资源卫星	中巴地球资源卫星、“资源”地球资源卫星系列
		海洋卫星	海洋一号、海洋二号
		环境卫星	环境一号 A、环境一号 B、环境一号 C
		遥感卫星	遥感卫星一号～遥感卫星三十号
	定位卫星	北斗一号、北斗二号、北斗三号	
	中继卫星	天链一号 01 星、天链一号 02 星、天链一号 03 星	

1. 科学探测与技术试验卫星

为了对航天任务急需的新技术进行先期试验，同时开展空间环境探测与空间科学研究，中国在刚开始研制卫星时，就开始发展了科学探测与技术试验卫星系列。从 20 世纪 70 年代至今，中国先后研制和发射了实践一号、实践二号群、实践四号等卫星，初步形成了实践系列科学探测与技术试验卫星。现有型号有实践一号、实践二号群、实践四号、实践五号、实践六号、实践七号、实践八号、实践九号、实践十一号、实践十二号、实践十五号、实践十六号、实践十号、实践十七号、实践十三号卫星。2016 年 4 月 6 日，实践十号返回式科学实验卫星，在酒泉卫星发射中心由长征二号丁运载火箭发射升空，进入预定轨道，是我国首颗微重力科学实验卫星(图 8-10)。2016 年 11 月 3 日，实践十七号卫星在海南文昌发射场由新一代运载火箭长征五号托举成功进入预定轨道。2017 年 4 月 12 日 19 时 04 分，中国实践十三号卫星在西昌卫星发射中心由长征三号乙运载火箭成功发射。

2. 应用卫星

(1)气象卫星是从太空对地球及其大气层进行气象观测的人造地球卫星。现有型号有风云一号、风云二号、风云三号、风云四号气象卫星。1988 年 9 月 7 日，我国发射了第一颗气象卫星——风云一号太阳同步轨道气象卫星。2016 年 12 月 11 日，风云四号卫星在西昌卫星发射中心用长征三号乙运载火箭成功发射(图 8-11)。它是我国地球静止轨道气象卫星从第一代(风云二号)向第二代跨越的首发星。我国是世界上少数几个同时拥有极轨和静止气象卫星的国家之一，是世界气象组织对地观测卫星业务监测网的重要成员。

图 8-10　实践十号卫星

图 8-11　风云四号气象卫星

(2)通信卫星作为无线电通信中继站。通信卫星像一个国际信使，收集来自地面的各种“信件”，再“投递”到另一个地方的用户手里。由于它是“站”在 36000km 的高空，所以它的“投递”覆盖面特别大，一颗卫星就可以负责 1/3 地球表面的通信。如果在地球静止轨道上均匀地放置三颗通信卫星，便可以实现除南北极之外的全球通信，通信卫星一般采用地球静止轨道。通信卫星按其业务涉及的范围可以分三类：国际通信卫星、区域通信卫星和国内通信卫星。目前我国的通信卫星有鑫诺系列、中星系列和东方红系列，法国研制的亚太系列也在日常生活中广泛应用(图 8-12)。

(3)定位卫星。中国北斗卫星导航系统(beidou navigation satellite system，BDS)是中国自行研制的全球卫星导航系统(图 8-13)，是继美国全球定位系统(GPS)、俄罗斯格洛纳斯卫星导航系统(GLONASS)之后第三个成熟的卫星导航系统。北斗卫星导航系统和美国 GPS、俄罗斯 GLONASS、欧盟 GALILEO，是联合国卫星导航委员会已认定的供应商。北斗卫星导航系统由空间段、地面段和用户段三部分组成，可在全球范围内全天候、全天时为各类用户提供高精度、高可靠定位、导航、授时服务，并具短报文通信能力，已经初步具备区域导航、定位和授时能力。2014 年 11 月，中国的北斗卫星导航系统已获得国际海事组织的认可。中国北斗卫星导航系统 2018 年率先覆盖“一带一路”国家，预计 2020 年覆盖全球。目前在轨运行卫星有北斗一号系列、北斗二号系列和北斗三号系列卫星。

图 8-12　通信卫星

图 8-13　北斗导航卫星

(二)空间探测器

对月球及月球以外的天体和空间进行探测的无人航天器称为深空探测器，又称空间探测器，包括月球探测器、行星和行星际探测器、太阳探测器等。探测的主要目的是了解太阳系的起源、演变和现状，通过对太阳系内的各主要行星的比较研究，进一步认识地球环境的形成和演变，了解太阳系的变化历史，探索生命的起源和演变。

1. 嫦娥系列探测器

嫦娥系列探测器是中国自主研制并发射的月球探测器，以中国古代神话人物嫦娥命名。目前成功发射的有嫦娥一号、嫦娥二号和嫦娥三号探测器。嫦娥一号主要用于获取月球表面三维影像、分析月球表面有关物质元素的分布特点、探测月壤厚度、探测地月空间环境等；嫦娥二号获得了分辨率优于 10m 月球表面三维影像、月球物质成分分布图等资料；嫦娥三号是中国第一个月球软着陆的无人登月探测器，由月球软着陆探测器和月面巡视探测器(又称玉兔号月球车)组成。嫦娥三号探测器于 2013 年 12 月 2 日在中国西昌卫星发射中心由长征三号乙运载火箭送入太空，当月 14 日成功软着陆于月球雨海西北部，15 日完成着陆器巡视器分离，并陆续开展了观天、看地、测月的科学探测和其他预定任务，取得一定成果(图 8-14 和图 8-15)。

图 8-14　嫦娥三号探测器

图 8-15　玉兔号月球车

2. 火星探测器

火星是位于地球轨道外侧最近的一颗行星，距离地球 3.5 亿 km，由于它发出特殊的红光而令人注目。西方把它称为战神，中国古代则称为荧惑。荧惑谐音“萤火”，故中国第一颗火星探测器取名萤火一号。2011 年 11 月 8 日，萤火一号与俄罗斯的采样返回探测器一起发射升空，开始对火星的探测研究。11 月 9 日，俄方宣布福布斯-土壤号火星探测器变轨失败。2018 年左右我国将进行第一次火星探测，探测器包括轨道器和巡视器。目前成功发射火星探测器的有美国、俄罗斯、欧洲和印度。

(三) 载人飞船

载人飞船又称载人航天飞船，它借助于运载火箭发射进入太空，绕地球轨道运行或进行轨道机动飞行，飞船内有适合人工作和生活的人造环境，完成任务后，飞船的一部分返回大气层，用降落伞和缓冲装置实现软着陆。

中国载人航天工程正式起步于 1992 年，经过 7 年的努力，于 1999 年 11 月 20 日 6 时 30 分在酒泉卫星发射中心新建成的载人飞船发射场，中国第一艘试验飞船神舟一号由新研制的长征二号 F 运载火箭发射升空，并准确进入轨道。到目前为止中国已成功发射神舟一号到神舟十一号飞船，其中，神舟一号到神舟四号为非载人试验飞船；神舟五号为第一艘载人飞船；神舟八号非载人飞船与天宫一号完成自动对接试验；神舟十一号与天宫二号手动对接，并完成太空中期驻留实验(图 8-16)。表 8-2 列出了我国神舟飞船家族。

表 8-2　我国神舟飞船家族

飞船	发射日期	飞行目的
神舟一号	1999 年 11 月 20 日	第一次测试飞行，成功实现天地往返
神舟二号	2001 年 1 月 9 日	第一艘正样无人飞船。飞行试验的主要目的是对工程各系统从发射到运行、返回、留轨的全过程进行考核，检验各技术方案的正确性与匹配性，取得与载人飞行有关的科学数据和实验数据
神舟三号	2002 年 3 月 25 日	飞行试验的主要目的是考核火箭逃逸功能、控制系统冗余、飞船应急救生、自主应急返回、人工控制等功能，这次任务载有模拟宇航员
神舟四号	2002 年 12 月 29 日	无人状态下全面考核的一次飞行试验，主要目的是确保宇航员绝对安全，进一步完善和考核火箭、飞船、测控系统的可靠性
神舟五号	2003 年 10 月 15 日	首次载人飞行，承载的宇航员是杨利伟，成功围绕地球 14 圈

续表

飞船	发射日期	飞行目的
神舟六号	2005年10月12日	首次进行多人多天的航天飞行，承载的宇航员是费俊龙和聂海胜
神舟七号	2008年9月25日	首次承载三名宇航员进入太空，承载的宇航员是翟志刚、刘伯明和景海鹏，成功进行出舱活动（又称太空行走）
神舟八号	2011年11月1日	由改进型长征二号F遥八火箭顺利发射升空。2011年11月3日凌晨，与组合天宫一号成功实施首次交会对接任务，成为中国空间实验室的一部分
神舟九号	2012年6月16号	2012年6月18日与天宫一号首次载人交会对接，承载的宇航员是景海鹏、刘旺、刘洋
神舟十号	2013年6月11号	与天宫一号对接，载人短期管理空间站，承载的宇航员是聂海胜、张晓光、王亚平
神舟十一号	2016年10月17日	与天宫二号对接，进行宇航员在太空中期驻留试验，搭乘宇航员是景海鹏、陈冬

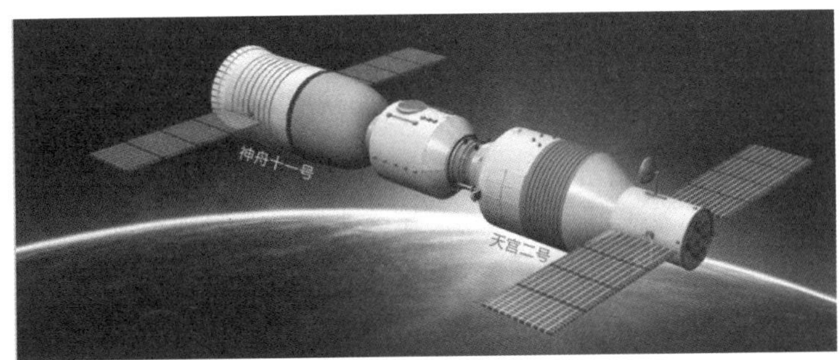

图8-16　神舟十一号与天宫二号对接成功

（四）空间站

空间站又称航天站、太空站、轨道站，是一种在近地轨道长时间运行，可供多名航天员巡访、长期工作和生活的载人航天器。空间站分为单一式和组合式两种。单一式空间站可由航天运载器一次发射入轨，组合式空间站则由航天运载器分批将组件送入轨道，在太空组装而成。在空间站中要有人能够生活的一切设施，不再返回地球。

到目前为止，全世界已发射了12座空间站，其中俄罗斯共发射8座、美国发射1座、国际空间站1座、中国2座。中国在2011年9月29日发射了首个小型试验性空间站天宫一号，2016年3月16日，天宫一号目标飞行器正式终止数据服务，超期服役两年半，全面完成了历史使命，进入轨道衰减期。2018年4月2日，天宫一号目标飞行器再入大气层，再入落区位于南太平洋中部区域，绝大部分器件在再入大气层过程中烧蚀销毁。2016年9月15日，天宫二号空间实验室在酒泉卫星发射中心发射。2016年10月19日凌晨，神舟十一号飞船与天宫二号自动交会对接成功。航天员景海鹏和陈冬入驻天宫二号空间实验室，开始了为期30天的太空驻留生活。

（五）航天飞机

航天飞机又称为太空梭或太空穿梭机，是可重复使用的、往返于太空和地面之间的航天器，结合了飞机与航天器的性质。它既能代表运载火箭把人造卫星等航天器送入太空，也能像载人飞船那样在轨道上运行，还能像飞机那样在大气层中滑翔着陆（图8-17）。

图8-17　航天飞机

1981 年 4 月 12 日，美国第一架航天飞机哥伦比亚号航天飞机发射，揭开了航天史上新的一页。2011 年 7 月 21 日美国亚特兰蒂斯号航天飞机在佛罗里达州肯尼迪航天中心安全着陆，结束其“谢幕之旅”，这意味着美国 30 年航天飞机时代宣告终结。

由于和载人飞船相比，航天飞机不管性价比还是安全性都不太理想，经过多次论证，我国目前不计划研制航天飞机。

第四节　世界空间技术发展趋势

未来世界航天技术将持续快速发展，航天大国的投资主要将集中在下列方面，投资的重点是具有明显经济效益的航天运输系统和各种应用卫星。

一、航天运输系统

降低航天器发射价格是主要努力方向。现有的低轨道运输价格为 1 万～2 万美元/kg，距离 1000 美元/kg 的奋斗目标相差甚远。因此，航天大国都在研究发展新的天地运输系统。近年来提出了多种新的航天运输方案。其主要的一点是研制可多次重复使用的运输工具。按其起降方式，大致分为三类。

(1) 垂直起飞、垂直降落。美国麦道公司研究的三角快帆是一种典型的代表。

(2) 垂直起飞、水平降落。典型的代表是美国现有的航天飞机。但航天飞机由于维修等费用高昂，所以运载费用仍然大于 1 万美元/kg，比设计的 350 美元/kg 超出很多。

(3) 水平起飞、水平降落。典型代表是国外正在研究的航天飞机。采用吸气式发动机，利用大气层中的氧气与自带的液氢作为推进剂。分单级(美国 NASP 计划)和两级(德国 Sanger 计划)入轨两种。航天飞机可以多次使用，把卫星送入空间后，像飞机一样返回地面，以备再用。由于技术难度大，要求投资多，目前尚处于研究阶段。

虽然多种可重复使用的运输系统都在开展研究，但相当长一段时间内航天发射仍然离不开一次性的运载火箭，因此无污染、大推力、低成本的新型运载火箭的研制仍是航天大国努力的方向。我国对先进的天地运输系统和新一代大型运载火箭，均安排了跟踪研究、概念研究和部分关键技术先期预研。

二、人造卫星

应用卫星由于具有很高的经济效益，将更多地进入商业化。今后 10 年，全球预计发射 1700 颗卫星，价值 1200 亿美元，其中 70%是商用卫星，效益大。因此开发航天技术的国家和公司，首先把资金集中于研制各种人造卫星。各种应用卫星将继续提高水平，降低造价，扩大应用范围。在遥感方面，除发展陆地、海洋资源卫星外，将加强地球环境监测、减灾活动等内容。美国地球使命计划以及日本、欧洲设想的地球环境监测计划，旨在对全球或区域环境变化进行监视，并对可能出现的多种灾害做出预报。在卫星通信方面，除继续发展大容量、多谱段、大功率、长寿命的静止轨道通信卫星外，研制和发射中、低轨道由小卫星组网的个人移动通信系统是当今的重要方向。

值得注意的一个趋势是，为了能在全球范围任意地点实时获取多种遥感信息和导航定位，并实现高速传输，航天大国正在研究建立天基综合信息网。它的出现必将为经济建设和军事应用产生重大的影响。天基综合信息网将成为信息高速公路的重要组成部分。人造卫星中的各项技术将持续革新，除了发展综合性的大型应用卫星，微小卫星的研制是未来的一个重要发展趋势。它具有的质量小、成本低、研制快等特点已引起有关单位的重视。

在未来几年内中国的应用卫星将跨上一个新的台阶。大型通信卫星不仅容量大、寿命长，而且将有多种频段以适应不同用途。不同遥感卫星具有资源、气象、海洋、环境与灾害多种用途，它不仅提供国内服务，还将为全世界作出贡献。关于利用卫星进行微重力科学研究，中国已在世界先进行列之中，充分利用地面及太空有利条件，在有关方面共同支持下，发展前景极好，有可能在微生物、植物育种、半导体材料等方面取得重大进展。

三、大型空间站

载人航天是人类开发宇宙太空的必然发展。当今世界载人航天计划的核心，是在靠近地球的轨道上建立长寿命大型空间站。空间站主要有如下功能：

(1) 遥感及微重力等科学研究；

(2) 停靠、维修并为人造卫星补充燃料；

(3) 在空间站进行部件或整机组装工作；

(4) 物资、宇航员及航天器转运基地。

20 世纪 80 年代，美国决定研制重约 200t 的自由号永久性空间站。该空间站承载 6～8 名宇航员。欧洲、加拿大和日本等参加了这个计划。苏联于 80 年代后期建成和平一号空间站，并决定 90 年代建造和平二号空间站，重 115t，有 6 名宇航员。但是，美国、苏联两国都由于投资太大，进展缓慢，并一再修改和缩小原来规模。苏联解体后，冷战结束。两国探讨合作联建大型空间站的计划(国际空间站)，以节约经费，包括欧洲国家、日本、加拿大等共有 16 个国家参加。国际空间站的重量为 423t，电功率为 110kW，框架式结构，长×宽为 108m×88m，实验舱 6 个，密封舱容积 1202m^3；宇航员 6 名；运行轨道高度约 400km，轨道倾角 51.6°；在轨寿命 10～15 年。

在空间失重环境及其他空间环境作用下，制造半导体材料、特种合金、药品、光学材料和植物育种等，其产品性能要比地面生产的质量好得多，价值很高，它将是未来空间应用的新领域，现在有关国家正积极开展研究工作。

应当提及的是，为使空间站更有效地应用，各国正研究发展空间机器人及虚拟现实技术。这样，科学家、工程师就可以在地面工作以完成一部分人在天上进行的各种动作，这是一个极为重要的领域，世界不少国家都在开展研究。

四、深空探测

过去 50 年各国在深空探测方面虽已做出了比较大的成绩，但还只是初步的。未来美国、俄罗斯、欧洲、日本都将继续对深空进行深入探测，主要是两大方面：一是太阳系内探测；二是天文观察。太阳系内探测包括太阳和日地空间环境，以及对金星、木星、火星、水星等及其周围环境的探测。21 世纪初探测重点是月球与火星。除发射环绕飞行器对星球表面进行拍照外，还将有着陆器、行走机器人，以及建造月球和火星的载人活动基地计划。美国已多次发射火星全球勘测器。至于天文观察，预计今后将有数座轨道天文台在太空工作。美国、欧洲的哈勃号望远镜未来有希望解开银河系奥秘，将使天文观察进入一个新纪元。

未来的 30 年世界上将形成比较复杂的国际航天关系，空间由超级大国垄断的时代将变为多极集团竞争开发。继美国和苏联之后，欧洲将逐步形成一个比较大的空间体系；日本已加快成为世界空间大国的步伐，其空间投资年增幅很大；还有不少发展中国家也将积极参与空间活动。未来国际航天关系可概括为六个字：合作、竞争、对抗。应提倡世界各国联合开发空间，但现实世界中，合作是有限的，在某几个方面如深空探测、地球环境监视、建造国际空间站等有共同利益的项目可能促成合作。但空间领域不会有全面的合作。对运载火箭的发射服务，多种应用卫星具有商业利益的项目，将存在相当激烈的竞争，竞争也不可能有公平的商业竞争，必然出现政治干预。而由于空间军事需求的存在，大国竞相开发空间军事系统，所以国与国之间潜伏着对抗。

由于发展空间技术在经济、军事、科技等方面具有重要意义，政治上空间技术又极大地提高国家综合国力及其在国际活动中的地位，所以世界上发达国家都把航天列上本国发展战略的重要位置。因为航天技术的发展涉及全球利益，所以国际上讨论的许多重大问题都与它有关，并成立官方与民间的各种组织，联合国还设立外层空间委员会，以协调各国之间的航天活动，制定各类涉及空间活动的国际条约、法律和规定。

我国的航天事业将持续不断地向前发展。我国是一个发展中国家，财力有限，比起世界航天大国，中国属于航天低投入国家。因此，我国目前只能在部分航天领域作出贡献。为了使我国在世界航天领域有相称的地位，应加大投资力度。同时，中国提倡各国联合和平开发利用宇宙空间，平等互利，共同为全人类的利益作出贡献。

思 考 题

1. 简述空间技术的特点。
2. 简述研究空间技术的意义。
3. 航天系统由几部分组成？分别是什么？
4. 简述长征五号运载火箭的功能与作用。
5. 航天器的保障系统由哪些系统组成？

参 考 文 献

张立红，尹显明，2012．现代科学技术概论．成都：西南交通大学出版社.

赵锡奎，2015．现代科学技术概论．北京：科学出版社.

http://baike.so.com/doc/5894000-6106887.html#5894000-6106887-12．360 百科．空间技术. 2017.2.

http://baike.so.com/doc/5894950-6107839.html．360 百科．空间科学. 2017.2.

http://baike.so.com/doc/5718912-5931639.html．360 百科．航天器. 2017.2.

http://baike.so.com/doc/4717538-4932119.html．360 百科．运载火箭. 2017.2.

http://baike.so.com/doc/5610100-5822709.html．360 百科．长征系列运载火箭. 2017.2.

第九章　激 光 技 术

激光是新光源，具有方向性好、亮度高、单色性好和能量密度高等特点。随着科技的发展、时代的进步，激光已经从一个遥不可及的高科技产品慢慢步入人们的生活中。激光加工技术是一种高度柔性和智能化的先进加工技术，被誉为“21 世纪的万能加工工具”。以激光器为基础的激光工业在全球发展迅猛，现在已广泛应用于工业生产、通信、信息处理、医疗卫生、军事、文化教育以及科研等方面。

第一节　概　　述

一、激光的概念

激光是 20 世纪以来，继原子能、计算机、半导体之后，人类的又一重大发明，被称为“最快的刀”、“最准的尺”、“最亮的光”和“奇异的激光”。激光是 20 世纪 60 年代出现的一门高新技术，它与原子能、半导体、电子计算机一起被誉为当代科技四大发明。它是现代物理学的一项重大成果，是量子理论、无线电电子学、微波波谱学以及固体物理学的综合产物，也是科学与技术、理论与实践紧密结合的产物。激光科学从它的孕育到初创和发展，凝聚了众多科学家的智慧。以红宝石激光器为代表的固体激光器和以氦-氖激光器为代表的气体激光器相继问世，引起了全世界科技界研究激光的热潮。

激光的英语名称为 laser，取自 light amplification by stimulated emission of radiation 的主要单词首字母，意思为“受激辐射的光放大”。以前我国对 laser 的音译不统一，常称为莱塞、镭射等，对学术交流和推广应用很不方便。1964 年 12 月在上海召开的第三次受激光辐射讲座上，钱学森提出的“激光”译法得到了认可，在此以后，我国学术界开始统一使用“激光”这一名词。

二、激光的历史起源

激光的理论基础起源于物理学家爱因斯坦，1916 年爱因斯坦提出了一套全新的技术理论——光与物质相互作用。这一理论是说在组成物质的原子中，有不同数量的粒子(电子)分布在不同的能级上，在高能级上的粒子受到某种光子的激发，会从高能级跳(跃迁)到低能级上，这时将会辐射出与激发它的光相同性质的光，而且在某种状态下，能出现一个弱光激发出一个强光的现象。这就称为“受激辐射的光放大”，简称激光。

1958 年，美国科学家肖洛和汤斯发现了一种神奇的现象：当他们将氖光灯泡所发射的光照在一种稀土晶体上时，晶体的分子会发出鲜艳的、始终会聚在一起的强光。根据这一现象，他们提出了激光原理，即物质在受到与其分子固有振荡频率相同的能量激发时，都会产生这种不发散的强光——激光。他们为此发表了重要论文，并获得 1964 年的诺贝尔物理学奖。

1960 年 5 月 15 日，美国加利福尼亚州休斯实验室的科学家梅曼宣布获得了波长为 0.6943μm 的激光，这是人类有史以来获得的第一束激光，梅曼因而成为世界上第一个将激光引入实用领域的科学家。

1960 年 7 月 7 日，梅曼宣布世界上第一台激光器诞生，梅曼的方案是，利用一个高强闪光灯管来激发红宝石。由于红宝石其实在物理上只是一种掺有铬原子的刚玉，所以当红宝石受到刺激时，就会发出一种红光。在一块表面镀上反光镜的红宝石的表面钻一个孔，使红光可以从这个孔溢出，从而产生一条相当集中的纤细红色光柱，当它射向某一点时，可使其达到比太阳表面还高的温度。

三、激光 50 年发展历程

1917 年，爱因斯坦提出受激发射理论，一个光子使得受激原子发出一个相同的光子。

1953 年，美国物理学家汤斯用微波实现了激光器的前身，微波受激发射放大(英文首字母缩写 maser)。

1957 年，汤斯的博士生肖洛创造了“laser”这个单词，从理论上指出可以用光激发原子，产生一束相干光束，之后人们为其申请了专利。

1960 年，美国加利福尼亚州休斯实验室的梅曼实现了第一束激光。

1961 年，激光首次在外科手术中用于杀灭视网膜肿瘤。

1962 年，发明半导体二极管激光器，这是今天小型商用激光器的支柱。

1969 年，激光用于遥感勘测，激光射向阿波罗 11 号放在月球表面的反射器，测得的地球到月球的距离误差在几米。

1971 年，激光进入艺术世界，用于舞台光影效果，以及激光全息摄像。英国籍匈牙利裔物理学家丹尼斯・伽柏凭借对全息摄像的研究获得诺贝尔奖。

1974 年，第一个超市条形码扫描器出现。

1975 年，IBM 公司投放第一台商用激光打印机。

1978 年，飞利浦公司制造出第一台激光盘(LD)播放机，不过价格很高。

1982 年，第一台紧凑碟片(CD)播放机出现，第一部 CD 盘是美国歌手 Billy Joel 在 1978 年的专辑 52nd Street。

1983 年，里根总统发表了“星球大战”的演讲，描绘了基于太空的激光武器。

1988 年，北美和欧洲间架设了第一根光纤，用光脉冲来传输数据。

1990 年，激光用于制造业，包括集成电路和汽车制造。

1991 年，第一次用激光治疗近视，海湾战争中第一次用激光制导导弹。

1996 年，东芝公司推出数字多用途光盘(DVD)播放器。

2008 年，法国神经外科专家使用光导纤维激光和微创手术技术治疗了脑瘤。

2010 年，美国国家核安全管理局(NNSA)表示，通过使用 192 束激光来束缚核聚变的反应原料、氢的同位素氘(质量数 2)和氚(质量数 3)，解决了核聚变的一个关键困难。

在现代社会中，信息的作用越来越重要，谁掌握的信息越迅速、越准确、越丰富，谁就掌握了主动权，也就有更多成功的机会。激光的出现引发了一场信息革命，从影音光碟(VCD)、DVD 到激光照排，激光的使用明显提高了效率，以方便人们保存和提取信息，“激光革命”意义非凡。激光的空间控制性和时间控制性很好，对加工对象的材质、形状、尺寸和加工环境的自由度都很大，特别适用于自动化加工，激光加工系统与计算机数控技术相结合可构成高效自动化加工设备，已成为企业实行适时生产的关键技术，为优质、高效和低成本的加工生产开辟了广阔的前景。目前，激光技术已经融入人们的日常生活中，在未来的岁月中，激光会带给人们更多的奇迹。

第二节 激光产生的原理

激光怎样从科学幻想变成现实？这还要从科学巨匠爱因斯坦说起。1916年，爱因斯坦在研究黑体辐射时，提出了光的发射和吸收可具有自发辐射、受激吸收和受激辐射三种情况。但是，关于后两种情况的研究一直到20世纪60年代初才取得成功。

一、原子的能级

日光灯、激光器……它们是怎样发光的呢？这些发光现象都与光源内部的原子的运动状态有关。原子的运动状态改变了，其内能将会有相应的变化，许多物质的发光现象往往与粒子(原子、离子或分子)的内能变化联系在一起。因此，了解原子的能级结构，是了解发光现象的基础。

原子是由原子核和电子组成的。每个原子里有一个原子核，它带有正电荷，核外有一些电子，每个电子带有一个负电荷，电子绕核转动。电子一方面由于转动有离开核的趋向，另一方面受核的正电荷吸引，有趋近核的趋向，两者对立且统一，就使电子与核之间有一定距离。若没有外界的作用，这个距离是不会改变的。结构最简单的氢原子如图 9-1 所示，它的原子核带有一个正电荷，核外只有一个电子在转动。电子绕核转动就有一定的动能，电子被原子核吸引就有一定势能，两者之和就是原子的内能。核与电子间的距离保持不变，原子的内能也不会变化。如果由于外界的作用，电子与核的距离变化，原子的内能就不同，从而使原子出现不同的能态。离原子核近的状态能级低即能量较小，离原子核远的状态能级高即能量较大。能级最低的状态称为基态，比基态高的状态称为激发态。通常粒子都处于基态，即其中的电子都往尽量低的能级填充，因为只有这样它才能最稳定。

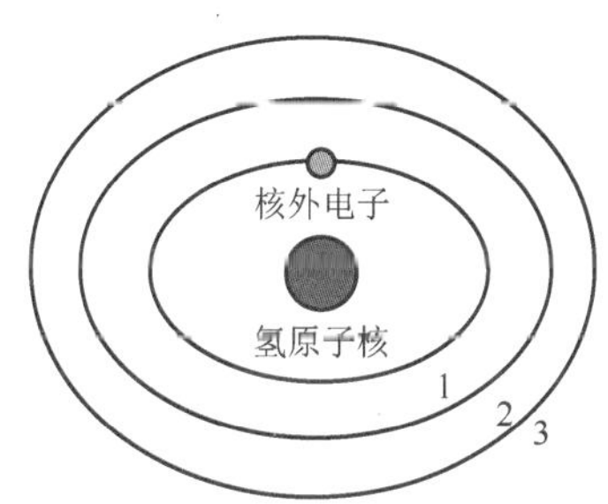

图 9-1 氢原子模型

一般粒子都具有特定的能级，任何时刻粒子只能处在某一个能级上。与光子相互作用时，粒子从一个能级跃迁到另一个能级，并相应地吸收或辐射光子，光子的能量值为此两能级的能量差 ΔE。当处于较低能级的粒子受到外界的作用(如电磁波或加热)时，它吸收了外来的能量，状态就要发生变化，其中一些电子将从低能级跃迁到高能级，使原子处于激发态，这种跃迁称为受激吸收，如图 9-2 所示。激发态并不稳定，粒子受到激发而进入的激发态不是粒子的稳定状态，它总要回到较低的能态或基态上，同时以电磁辐射的形式释放出一定的能量。电子这种无论从低到高还是从高到低的跨越能级的跳跃称为能级跃迁，电子由高到低的能级跃迁能引发两种辐射，即自发辐射和受激辐射，如图 9-3 和图 9-4 所示。

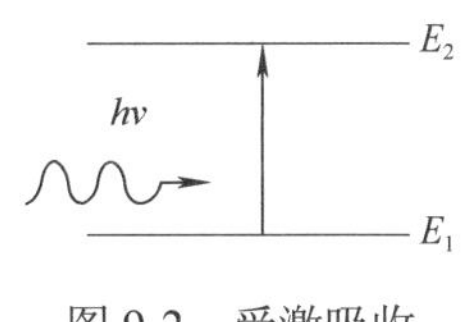

图 9-2 受激吸收

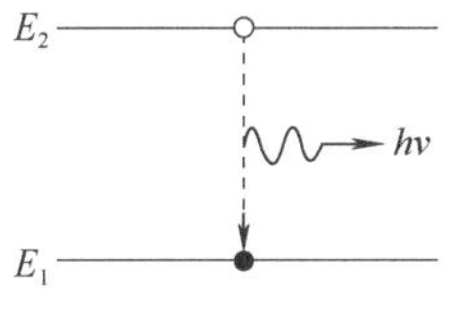

图 9-3 自发辐射

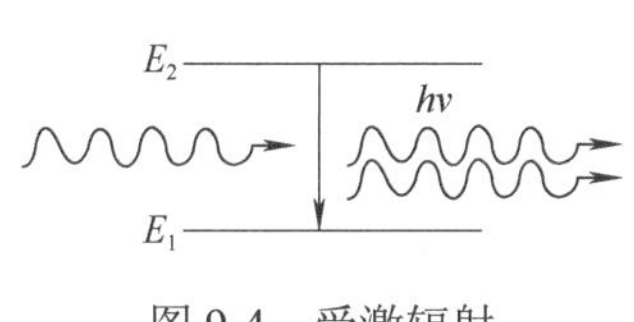

图 9-4 受激辐射

二、普通光的产生

在自然界中，任何东西都有从高处向低处下落的趋势。受到激发而进入高能态的原子，即使没有外界的作用，它也能从高能态跃迁到低能态或基态，同时放出一个光子，这种现象在物理学上称为自发辐射。

普通光源的发光就是这种自发辐射的结果。当给白炽灯通电后，输入的电能很快转化为钨丝的热能，于是部分钨原子在获得能量后，纷纷从低能级跃迁到高能级。但这种高能级是不稳定的，一旦这些原子从高能量状态掉下来，回到低能量状态时，就会释放出一份能量，这份能量以光子的形式释放出来，于是灯就亮了。普通光的发光原子自发地由不稳定的高能级向低能级跃迁时，都是独立进行的，彼此之间没有任何联系。因此，普通光发出的光子，状态是各不相同的，不仅波长不一样，发射的方向也都不一样。自发辐射产生的光，它的波长和方向是杂乱无章的。

三、激光的产生

发光形式除自发辐射以外还有一种就是受激辐射。什么是受激辐射？1917 年爱因斯坦从理论上指出：除自发辐射外，处于高能级 E_2 上的粒子还可以另一方式跃迁到较低能级。他指出当频率为 $v=(E_2-E_1)/h$ 的光子入射时，也会引发粒子以一定的概率、迅速地从能级 E_2 跃迁到能级 E_1，同时辐射一个与外来光子频率、相位、偏振态以及传播方向都相同的光子，这个过程称为受激辐射。可以设想，如果大量原子处在高能级 E_2 上，有一个频率 $v=(E_2-E_1)/h$ 的光子入射，从而激励 E_2 上的原子产生受激辐射，得到两个特征完全相同的光子，这两个光子再激励 E_2 能级上原子，又使其产生受激辐射，可得到四个特征相同的光子，这意味着原来的光信号被放大了。这种在受激辐射过程中产生并放大的光就是激光。

爱因斯坦 1917 年提出受激辐射，激光器却在 1960 年问世，相隔 43 年，主要原因是普通光源中粒子产生受激辐射的概率极小。当频率一定的光射入工作物质时，受激辐射和受激吸收两过程同时存在，受激辐射使光子数增加，受激吸收却使光子数减小。物质处于热平衡态时，粒子在各能级上的分布遵循平衡态下粒子的统计分布规律。按统计分布规律，处在较低能级 E_1 的粒子数必大于处在较高能级 E_2 的粒子数。这样光穿过工作物质时，能量只会减弱不会加强。要想使受激辐射占优势，必须使处在高能级 E_2 的粒子数大于处在低能级 E_1 的粒子数。这种分布正好与平衡态时的粒子分布相反，称为粒子数反转分布，简称粒子数反转，如图 9-5 所示。从技术上实现粒子数反转是产生激光的必要条件。

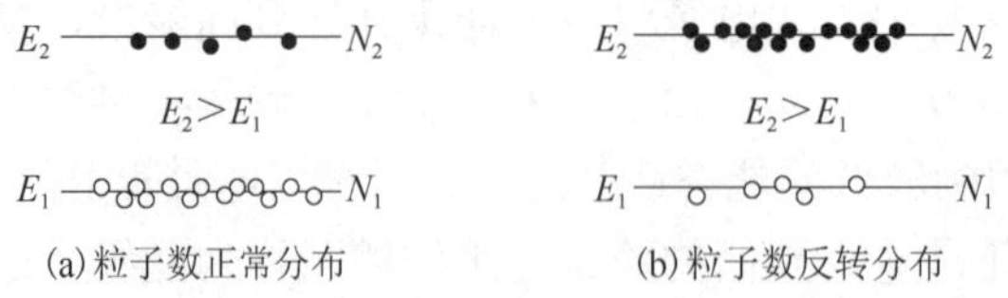

图 9-5　粒子数分布

理论研究表明，任何工作物质，在适当的激励条件下，可在粒子体系的特定高低能级间实现粒子数反转。若原子或分子等微观粒子具有高能级 E_2 和低能级 E_1，E_2 和 E_1 能级上分布的粒子数密度为 N_2 和 N_1，在两能级间存在着自发辐射跃迁、受激辐射跃迁和受激吸收跃迁等三种过程。受激辐射跃迁所产生的受激辐射光，与入射光具有相同的频率、相位、传播方向和偏振方向。因此，大量粒子在同一相干辐射场激发下产生的受激辐射光是相干的。受激辐射跃迁概率和受激吸收跃迁概率均正比于入射辐射场的单色能量密度。当两个能级的统计权重相等时，两种过程的概率相等。在热平衡情况下 $N_2<N_1$，所以受激吸收跃迁占优势，光通过物质时通常因受激吸收而衰减。外界能量的激励可以破坏热平衡而使 $N_2>N_1$，这种状态称为粒子数反转状态。在这种情况下，受激辐射跃迁占优势。光通过一段处于粒子数反转状态的激光工作物质(激活物质)后，光强增大，一段激活物质就是一个激光放大器。如果把一段激活物质放在两个互相平行的反射镜(其中至少有一个是部分透射的)构成的光学谐振腔中，处于高能级的粒子会产生各种方向的自发辐射。其中，非轴向传播的光波很快逸出谐振腔外，轴向传播的光波却能在腔内往返传播，当它在激光物质中传播时，光强不断增长。如果谐振腔内单程信号增大大于单程信号损耗，则可产生自激振荡。存在一种条件，如采用适当的媒质、共振腔、足够的外部电场，受激辐射得到放大比受激吸收要多，那么总体而言，就会有光子射出，从而产生激光。受激辐射所产生的光子与外来光子具有完全相同的状态，即频率一样、波长一样、方向一样。只要一次受激辐射，在极短的瞬间内激发出无数的光子，从而将光放大。在这种情况下，只要辅以必要的设备，就可以形成具有完全相同频率和方向的光子流，这就是激光，如图 9-6 所示，而放大光的设备就是激光器。

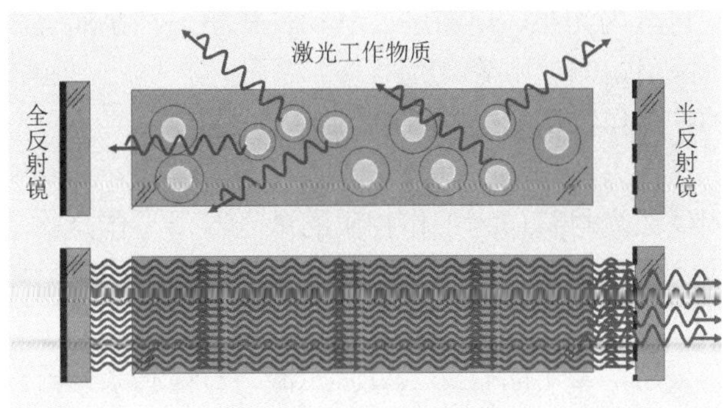

图 9-6 激光的产生

四、激光器的结构

激光器基本上由工作物质、泵浦源和谐振腔三部分组成。

(1)工作物质。激光器工作物质的功能和普通光源的发光材料(气体电光源中的气体、白炽灯中的钨丝)相同。从原则上说，任何光学透明的固体、气体、液体都可以作为激光器的工作物质。不过所用材料的能级结构若能满足一定要求，会使激光器获得更好的性能。比如，能量的转换效率高，输出的激光功率高；可以脉冲泵浦输出激光，也可以连续泵浦输出激光；输出激光的波长可以连续变化等。

(2)泵浦源。泵浦源是向工作物质输入能量，把原子从基态迁到高能态的动力。常用的泵浦源有普通光源(如氙灯、氪灯)、气体放电(利用气体放电中产生的电子碰撞气体原子，把它泵浦到高能级)、化学反应能(利用化学反应的能量泵浦产物的原子)等。

各种激励方式又有脉冲和连续之分。前者指激励和激光的输出均以脉冲的方式工作，后者是指激励和激光的输出是连续的。

(3)谐振腔。谐振腔是由放在工作物质两端的反射镜组成的光学系统，其中一块反射镜的反射率接近 100%，另一块有适量的透射率，激光从这块反射镜输出。谐振腔的作用主要有两个方面：一是让工作物质产生的受激辐射来回多次通过工作物质，增强受激辐射，最后达到激光振荡；二是有选择地只让沿工作物质光轴附近传播的以及波长在原子谱线中心附近的受激辐射不断地受到工作物质放大，达到激光振荡。显然，这有助于改善激光器的方向性和单色性。

激光器的结构示意图如图 9-7 所示。

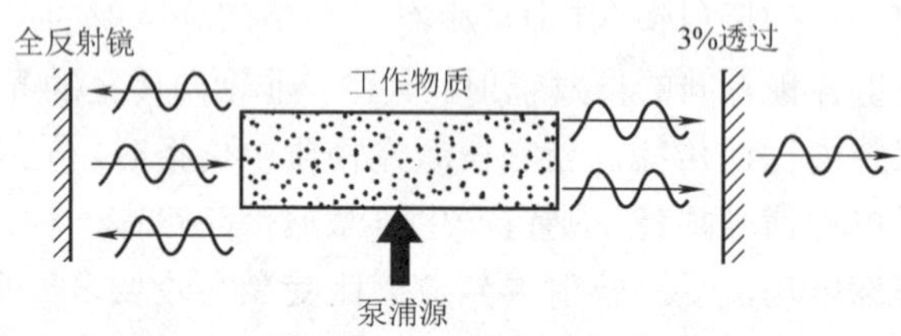

图 9-7　激光器的结构

五、激光器的种类

激光器的种类很多，分类尚无统一标准。按工作物质可分为固体、气体、液体、半导体等激光器；按激励方式可分为光泵、电激励、气动、化学、核泵浦等激光器；按用途可分为工业加工用、通信用、医用、测量用等激光器。

下面简单介绍几种按工作物质分类的激光器。

1. 固体激光器

固体激光器是用固体激光材料作为工作物质的激光器。工作介质是在作为基质材料的晶体或玻璃中均匀掺入少量激活离子，固体激光器是由精心筛选的材料棒为工作物质构成的，如图 9-8 所示。梅曼研制的世界上第一台激光器所用的材料棒是红宝石，是一种人工晶体。后来许多固体物质得到采用，常用的有红宝石激光器、石榴石激光器，以及在激光核聚变研究中首屈一指的钕玻璃激光器，它们是固体激光器的代表。

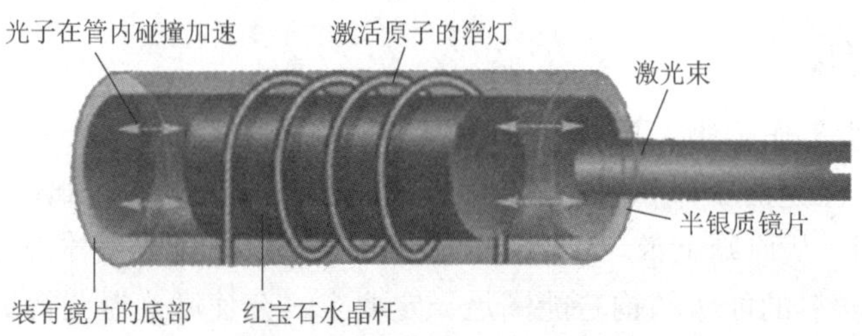

图 9-8　固体激光器工作原理图

固体激光器具有体积小、使用方便、输出功率大的特点。固体激光器一般连续功率在 100W 以上，脉冲峰值功率可高达 10^9W。但由于工作介质的制备较复杂，所以价格较高。

固体激光器在军事、加工、医疗和科学研究领域有广泛的用途，它常用于测距、跟踪、制导、打孔、切割和焊接、半导体材料退火、电子器件微加工、大气检测、光谱研究、外科和眼科手术、等离子体诊断、脉冲全息照相以及激光核聚变等方面。固体激光器还用作可调谐染料激光器的激励源。

2. 液体激光器

液体激光器大部分为染料激光器，这是因为这类激光器的激活物质是某些有机染料溶解在乙醇、甲醇或水等液体中形成的溶液。为了激发它们发射出激光，一般采用高速闪光灯作为激光源，或者由其他激光器发出很短的光脉冲。液体激光器的工作物质分为两类：一类为有机化合物液体(染料)；另一类为无机化合物液体。其中染料激光器是液体激光器的典型代表。染料激光器多采用光泵浦，主要有激光泵浦和闪光灯泵浦两种形式。

染料激光器最主要的特点之一是其工作波长可以调谐，其调谐范围为 0.3～1.2μm，是应用最多的一种可调谐激光器。目前发现可利用的染料已达 200 种以上，更换染料可以得到由近紫外到近红外的可调谐激光输出。染料激光器既可以以脉冲方式工作，也可以以连续和锁模方式工作。染料激光器主要应用于同位素分离光谱学、半导体及其他固体材料激发态动力学特性的研究等，在医学领域，则通过选择吸收用来治疗恶性肿瘤。另外，液态氟也用于激光工作物质，虽然其激活态只能维持几分之一秒，而且射出的光束也不狭窄，但却具有较宽频带的特点，因此经常用于激光演示中。

3. 气体激光器

气体激光器是利用气体作为工作物质产生激光的器件。它由放电管内的激活气体、一对反射镜构成的谐振腔和激励源三个主要部分组成。主要激励方式有电激励、气动激励、光激励和化学激励等，其中电激励方式最常用。气体激光器结构简单、造价低、操作方便、工作介质均匀、光束质量好以及能长时间较稳定地连续工作，是目前品种最多、应用最广泛的一类激光器。它们大多数可以在室温下连续运转，具有丰富的激光波长，分布在真空紫外到远红外的广阔波段内。

气体激光器又可分为原子气体激光器和分子气体激光器两大类。

原子气体激光器包括所有惰性气体(氦、氖、氩、氪、氙)以及许多金属蒸气激光器。氦-氖激光器是一种应用很广的原子气体激光器，可以输出 50 多种波长，具有很好的单色性、方向性和稳定性，寿命超过 10 万小时。氦-氖激光器广泛地应用于准直、全息照相、计量工作及学校里的示教实验。

分子气体激光器与原子气体激光器不同，分子气体激光器原则上是能够实现高效率和高功率输出的。二氧化碳(CO_2)激光器是分子气体激光器的杰出代表，它有多种结构和工作方式，在材料加工、测距、雷达等应用和激光核聚变、光通信、同位素分离、激光武器的重大课题研究中，CO_2 激光器都大显身手。

4. 半导体激光器

图 9-9　半导体激光器

半导体激光器又称激光二极管，是用半导体材料作为工作物质的激光器。由于物质结构上的差异，不同种类半导体产生激光的具体过程比较特殊。常用的工作物质有砷化镓、硫化镉、磷化铟、硫化锌等。激励方式有电注入、电子束激励和光泵浦三种形式。

半导体激光器是最实用、最重要的一类激光器，如图 9-9 所示。它体积小、寿命长，并可采用简单的注入电流的方式来泵浦；其工作电压和电流与集成电路兼容，因而可与之单片集成；可以用高达 GHz 的频率直接进行电流调制以获得高速调制的激光输出。由于这些优点，半导体激光器在激光通信、光存储、光陀螺、激光打印、测距以及雷达等方面获得了广泛的应用。半导体激光器又将是光计算机的重要器件。由于半导体激光器体积只有火柴盒大小，只要加适当强度的电流就有激光射出，再加上输出波长在红外区，所以保密性特别强，适合用在飞机、军舰、坦克上。

六、激光的特性

普通光的发光机理是自发辐射，就发光的空间分布特性而言，自发辐射在空间所有方向上是随机分布的，这意味着普通光源发光的定向性很差；就发光的频谱特性而言，普通光源发光是大能量级之间同时产生自发辐射跃迁的过程，因此发光的单色性很差，均匀地分布在较宽的频谱范围内。激光的发光机理是受激辐射，因此与普通光相比具有方向性强、亮度极高、单色性好和相干性好等特性。

(1) 方向性强。普通光源发出的光是射向四面八方的，而激光的方向性很强，是一种强聚光。它的发散角极小，可以小到 10^{-4} 弧度量级，得到几乎接近于理想程度的平行光。1962 年，人类第一次使用激光照射月球，地球与月球的距离约 38 万 km，但激光在月球表面的光斑直径不到 2km。若以聚光效果很好、看似平行的探照灯光柱射向月球，按照其光斑直径将覆盖整个月球。发散角小这一特征，使激光在通信领域大显身手。

(2) 亮度极高。在激光发明前，人工光源中高压脉冲氙灯的亮度最高，与太阳的亮度不相上下，而红宝石激光器的激光亮度超过氙灯的几百亿倍。因为激光的亮度极高，所以能够照亮远距离的物体。红宝石激光器发射的光束在月球上产生的照度约为 0.02lx（光照度的单位），颜色鲜红，激光光斑肉眼可见。若用功率最强的探照灯照射月球，产生的照度只有约 10^{-12}lx，人眼根本无法察觉。激光亮度极高的主要原因是定向发光。大量光子集中在一个极小的空间范围内射出，能量密度自然极高。

(3) 单色性好。普通光源发出的光，颜色都比较复杂，不但有可见光，还有不可见的红外线和紫外线。而无论生活上、生产上还是科学研究中常常需要单种颜色的光。光辐射所含的波长的范围越小，它的颜色就越纯，单色性越好。在普通的光源中单色性最好的是氪灯，它发出的红光波范围只有 9.5×10^{-14}m，被誉为单色性之冠。而激光的单色性远超过它许多倍，如氦-氖激光器输出的红光波长范围可以窄到 2×10^{-18}m，是氪灯发射红光波长的 1/50000。

(4) 相干性好。普通光源发出的光波在频率、相位和传播方向上差异很大，称为非相干光。而激光器发出的光具有同方向、同频率、同位相或位相差恒定的特点，因此具有很好的相干性。在激光问世前，单色性最好的是氪灯，相干长度 38.5cm，而激光的相干长度可以达到几千米。因此，如将激光用于精密测量，它的最大可测长度比普通光源大 10 万倍以上。

第三节　激光技术的应用

激光是 20 世纪 60 年代的新光源，具有方向性好、亮度高、单色性好和能量密度高等特点。以激光器为基础的激光工业在全球发展迅猛，现在已广泛应用于工业生产、通信、信息处理、医疗卫生、军事、文化教育以及科研等方面。据统计，从高端的光纤到常见的条形码扫描仪，每年和激光相关产品与服务的市场价值高达上万亿美元，激光明显推动传统产业和新兴产业的发展。

一、激光与人类生活

1. 激光在农业生产方面的应用

生物组织吸收激光能量后，将引起生物体发生光-生物热效应、生物光压效应、生物光化学效应、生物电磁效应和生物刺激效应，由此会引起生物遗传异变。基于这个原理，现在激光在农业生产上已取得了相当好的效果。

(1) 育种。利用激光照射，可以诱发农作物的突变和遗传变异，改变农作物品种。现在已经发现或应用的激光育种包括小麦、大豆、水稻、油菜等，共有几十个种类，几百个品种。水稻、小麦等种子在播种前用激光照射，会使之提早发芽、秧苗粗壮且生长加快，种植后分蘖增多、抗病害能力增强、提早成熟、稻穗粒数增多，即收成增加。

(2) 改良水果。用激光照射蔬菜、果树等，可提高产量和改善品质，满足市场需求。沙田柚是在我国广西壮族自治区沙田村生产的名果，它的果肉味甜柔嫩，国内外消费者都喜爱吃。美中不足的是它的果肉籽粒数太多，每个果内平均有140～150粒。现在用激光技术对它进行改造, 果内的籽粒数明显减少，还有约 10%的果内没有籽，同时果肉比以前更甜了，产量也获得提高。

(3) 其他方面。激光还可以用在诱虫灭虫、除草和食物储藏等方面。实验证明，用适当波长和强度的激光对害虫进行辐射处理，实现遗传防治，其效果要比化学防治效果高 4 倍，成本低 85%，而且不会留下残毒造成公害，也不会对生物群体产生有害的影响。人们发现，经激光照射，昆虫的卵会产生永久性遗传变异。激光还能改变细胞中的染色体结构，改变遗传基因。

2. 激光在医学方面的应用

利用高亮度激光束产生的热效应，以及单色性好的激光束产生的生物效应可以治疗疾病。现在，激光技术已成为医学中的新技术，并且开始形成一个新医学分支——激光医学。它可以医治包括美容、眼科、妇科、皮肤科、内科、肿瘤科在内 200 多种疾病。治疗的方法主要有以下方面。

(1) 激光刀。用光学系统聚焦的激光束作用于生物体组织，可在短时间内使之烧灼和气化。当光束以一定速度移动时能把组织切开，起手术刀的作用。激光刀在切开组织的同时，激光的能量还把组织中的血管烧结封闭起来，起到止血的作用。因此，用激光刀动手术时的出血量比较少。例如，用激光刀对三度烧伤去焦痂，出血量只有普通手术的 1/4，电刀的 1/2 左右。也正因为这个道理，用激光刀可以对肝、脾等血管丰富的部位动手术。同时，激光刀与手术部位是非接触的，是一种自身消毒手术刀，尤宜处理感染性病变组织。

(2) 光凝治疗。利用激光把生物组织细胞的水分蒸发和组织蛋白凝固, 可以治疗眼科中的视网膜脱落、消化道出血病变、皮肤黏膜血管病变及色素沉着等，如太田痣、鲜红斑痣、雀斑、老年斑、毛细血管扩张等，以及去文身、洗眼线、洗眉、治疗瘢痕等。

(3) 光照射治疗。低功率激光束照射生物体，通过生物效应，能对人体起消炎、消肿、镇痛和促进伤口愈合的作用。直径细小的激光束照射体穴和耳穴，能获得用银针针灸的效果。激光针灸操作方便安全，不出现晕针、滞针、断针和刺伤血管、神经及内脏的情况，又无痛感。对某些目前认为难度较大的疾病，如各种癌症、心血管病、肾结石等，用激光治疗会得到较好的效果。用紫外激光局部消融角膜，改变眼球的曲率半径，是目前矫正部分患者的近视、远视和散光的新方法。对高度近视，用激光矫正后一般都能达到正常视力标准。

3. 激光在艺术方面的应用

1960年以来，随着激光技术的发展，激光开始迈入音乐、歌舞、电影、雕刻、绘画、摄影等文化艺术领域，如图9-10所示，它以独特的艺术效果，紧紧地扣住了艺术家的心弦，从而出现了新颖的“激光艺术”。1970 年以来，激光娱乐显示技术获得较快的发展和应用，并进入一些表演场合，主要用于为音乐演出配备动态激光背景，为歌舞剧伴映，为舞台背景映射激光动画、图片、特技显示。

(a)激光表演

(b)激光雕刻

图9-10　激光在文艺生活上的应用

激光绘图和书写采用功率较小的CO_2激光器，在丙烯板上或画布上进行烧蚀，就能绘出浓淡变化的图画。激光能在钻石和其他宝石上镌刻代码、文字、名字和信息，平均刻写尺寸可小到60μm×5μm，深度仅为4μm，需用显微镜观看。调节激光的能量密度和聚集点的大小，它就能像刻刀一样，在有机玻璃上刻出奇异而迷人的图案。同样，激光还能在海泡石、绿松石、雪花石膏等硬度较低的宝石上进行雕刻。

二、激光的工业应用

激光加工是利用高功率密度的激光束照射工件，使材料熔化、气化而进行穿孔、切割和焊接等的特种加工。早期的激光加工由于功率较小，大多用于打小孔和微型焊接。到20世纪70年代，随着大功率CO_2激光器、高重复频率钇铝石榴石(YAG)激光器的出现，以及对激光加工机理和工艺的深入研究，激光加工技术有了很大进展，使用范围随之扩大。数千瓦的激光加工机已用于各种材料的高速切割、深熔焊接和材料热处理等方面。各种专用的激光加工设备竞相出现，并与光电跟踪、计算机数字控制、工业机器人等技术相结合，明显提高了激光加工机的自动化水平和使用功能。从激光器输出的高强度激光经过透镜聚焦到工件上，温度高达 10000℃以上，任何材料都会瞬时熔化、气化。激光加工就是利用这种光能的热效应对材料进行切割、焊接、打孔等加工的。通常用于加工的激光器主要是固体激光器和气体激光器。

(1)激光切割。激光切割是应用激光聚焦后产生的高功率密度能量来实现的，如图 9-11(a)所示。在计算机的控制下，通过脉冲使激光器放电，从而输出受控的重复高频率的脉冲激光，形成一定频率和脉宽的光束，该脉冲激光束经过光路传导及反射并通过聚焦透镜组聚焦在加工物体的表面上，形成一个个细微的高能量密度光斑，光斑位于待加工面附近，以瞬间高温熔化或气化被加工材料。每一个高能量的激光脉冲瞬间就把物体表面溅射出一个细小的孔，在计算机控制下，激光加工头与被加工材料按预先绘好的图形进行连续相对运动打点，这样就会把物体加工成想要的形状。切割时，一股与光束同轴的气流(氩气、氦气、氮气)由切割头喷出，将熔化或气化的材料由切口的底部吹出(注：如果喷出的气体和被切割材料产生热效反应，则此反应将提供切割所需的附加能源；气流还有冷却已切割面、减少热影响区和保证聚焦镜不受污染的作用)。与传统的板材加工方法相比，激光切割具有高的切割质量(切口宽度窄、热影响区小、切口光洁)、高的切割速度、高的柔性(可切割任意形状)、广泛的材料适应性等优点。目前，激光已成功地应用于切割钢板、钛板、石英、陶瓷以及布匹、纸张等。用 5kW 的 CO_2 激光器，能加工厚度 2mm 的金属板，切割速度达 50～300cm/s。在汽车行业、计算机、电气机壳、木刀模业、各种金属零件和特殊材料的切割方面应用广泛的激光器有 YAG 激光器和 CO_2 激光器。

(2)激光焊接。激光焊接过程属热传导型，即激光辐射加热工件表面，表面热量通过热传导向内部扩散，通过控制激光脉冲的宽度、能量、峰功率和重复频率等参数，工件熔化，形

(a)激光切割

(b)激光焊接

(c)激光热处理

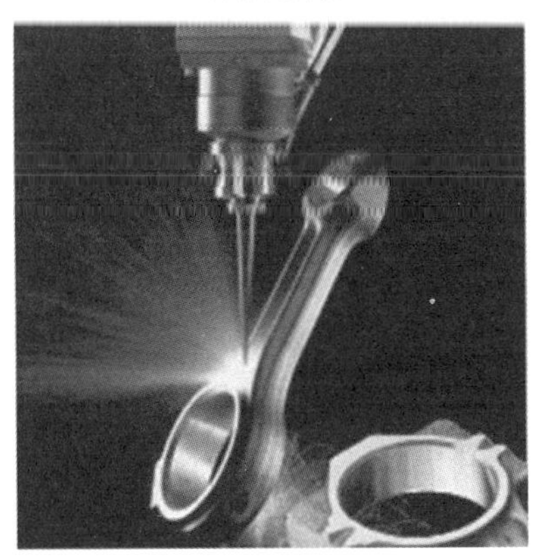

(d)激光打孔

图 9-11　激光在工业上的应用

成特定的熔池，如图 9-11(b)所示。由于其独特的优点，激光焊接已成功地应用于微、小型零件焊接中。高功率 CO_2 激光器及高功率 YAG 激光器的出现，开辟了激光焊接的新领域。获得了以小孔效应为理论基础的深熔接，在机械、汽车、钢铁等工业部门获得了日益广泛的应用。与其他焊接技术比较，激光焊接的主要优点是：①速度快、深度大、变形小。②能在室温或特殊的条件下进行焊接，焊接设备装置简单。例如，激光通过电磁场，光束不会偏移；激光在空气及某种气体环境中均能施焊，并能通过玻璃或对光束透明的材料进行焊接。③激光聚焦后，功率密度高，在高功率器件焊接时，深宽比可达 5∶1，最高可达 10∶1。④可焊接难熔材料如钛、石英等，并能对异性材料施焊，效果良好。例如，将铜和钽两种性质截然不同的材料焊接在一起，合格率几乎达 100%。⑤可进行微型焊接。激光束经聚焦后可获得很小的光斑，且能精密定位，可应用于大批量自动化生产的微、小型元件的组焊中。例如，集成电路引线、钟表游丝、显像管电子枪组装等由于采用激光焊接，不仅生产效率高，且热影响区小，焊点无污染，明显提高了焊接的质量。

(3)激光热处理。激光热处理是利用高功率密度的激光束对金属进行表面处理的方法，如图 9-11(c)所示，它可以对金属实现相变硬化(或称为表面淬火、表面非晶化、表面重熔淬火)、表面合金化等表面改性处理，产生用其他表面淬火达不到的表面成分、组织、性能的改变。经激光处理后，铸铁表面硬度可以达到 HRC60 以上，中碳及高碳的碳钢表面硬度可达 HRC70 以上，从而提高其抗磨性、耐腐蚀、抗氧化等性能，延长其使用寿命。激光热处理在汽车工业中应用广泛，如缸套、曲轴、活塞环、换向器、齿轮等零部件的热处理，同时在航空航天、机床行业和其他机械行业也应用广泛。我国的激光热处理应用远比国外广泛得多。目前使用的激光器以 YAG 激光器、CO_2 激光器为主。

(4)激光精细加工。在电子工业中，在 1cm^2 面积的硅片上可制作数十个集成电路或上百个晶体管管芯，工艺上要求把它们无损伤地分割开来，以便下一步的焊接和封装。传统的分割方法是操作者在显微镜下在基片正面反复划，然后一一分开。这种划片方法刻痕宽，浪费材料，辅助工艺多，效率低，外力大，影响管芯质量。而采用激光划片，由于激光聚焦后光板极小，作用时间短，因此划片的速度快，操作方便，克服了传统划片的缺点。激光蚀刻技术比传统的化学蚀刻技术工艺简单，可大幅度降低生产成本，可加工 0.125～0.001mm 宽的线，非常适合于超大规模集成电路的制造。

(5)激光打孔。几乎所有的材料都可以用激光打孔，如图 9-11(d)所示，无论金属还是非金属(如陶瓷、玻璃、石英、钻石等)都能用激光很准确地打出直径仅 10μm 的小孔，孔径与孔深比达 1∶50。激光除能垂直打孔外，也能与材料表面成 30° 角进行锐角打孔。激光打孔的速度极快，在薄壁上打孔只要一瞬间，厚壁结构的部件也只要几秒加工时间。激光打孔主要应用在航空航天、汽车制造、电子仪表、化工等行业。目前使用的激光器以 YAG 激光器、CO_2 激光器为主。

(6)激光打标。这是利用高能量密度的激光对工件进行局部照射，使表层材料汽化或发生颜色变化的化学反应，从而留下永久性标记的一种打标方法。激光打标可以打出各种文字、符号和图案等，字符大小可以从毫米量级到微米量级，这对产品的防伪有特殊的意义。准分子激光打标是近年发展起来的一项新技术，特别适用于金属打标，可实现亚微米打标，已广泛用于微电子工业和生物工程。

三、激光的军事应用

激光武器是一种利用定向发射的激光束直接毁伤目标或使之失效的定向能武器。根据作战的用途不同，激光武器可以分为战术激光武器和战略激光武器两大类。武器系统主要由激光器和跟踪、瞄准、发射装置等部分组成，目前常采用的激光器有化学激光器、固体激光器和 CO_2 激光器等。激光武器已有 30 多年的发展历史，其关键技术也已取得突破，美国、俄罗斯、法国、以色列等国家都成功进行了各种激光打靶试验。目前低能激光武器已经投入使用，主要用于干扰和致盲较近距离的光电传感器，以及攻击人眼和一些增强型观测设备；高能激光武器主要采用化学激光器，按照现有的水平，今后 5～10 年可望在地面和空中平台上部署使用，用于战术防空、战区反导和反卫星作战等。

(一)激光武器的特点

1. 优点

(1)速度快、射束直、精确度高。光以 3×10^8m/s 的速度传播，射击时不需要提前估量。同时光沿直线传播, 因此瞄准精度高，对高速运动的目标，这个优点尤为突出。

(2)无惯性。光子的静质量为零，射击时无后坐力，便于迅速变换射击方向而不影响射击精度。可连续攻击多个目标而不影响高速载体(如飞机)的运动。

(3)摧毁能力强。由于激光能量高度集中，作用面积小，所以可摧毁任何坚固材料制作的目标。太阳是非常亮的，但一台巨脉冲红宝石激光器发出的激光比太阳还亮 200 亿倍。当然，激光比太阳还亮，并不是因为它的总能量比太阳大，而是由于它的能量非常集中。

(4)不污染环境。不存在常规武器的硝烟、尘埃和核武器的放射性污染。

(5)抗电磁干扰能力强。

2. 缺点

(1)在大气中使用时，会因大气对激光的衰减作用而减小威力。如果天气不好(如有云、雾等)，其攻击效果受影响更大。

(2)光线直线传播，不能绕过障碍物，所以攻击目标时要求“通视”。

(3)高射激光武器系统设备庞大，消耗能量多，用于远程战略武器还显得功率不够。

(二)激光武器击毁目标原理

激光怎样击毁目标呢？科学家认为有两个方面：一是穿孔，二是层裂，如图 9-12 所示。穿孔就是高功率密度的激光束使靶材表面急剧熔化，进而汽化蒸发，汽化物质向外喷射，反冲力形成冲击波，在靶材上穿一个孔。层裂就是靶材表面吸收激光能量后，原子被电离，形成等离子体云。“云”向外膨胀喷射形成应力波向深处传播。应力波的反射造成靶材拉断，形成层裂破坏。除此以外，等离子体云还能辐射紫外线或 X 射线，破坏目标结构和电子元件。激光武器作用的面积很小，但破坏在目标的关键部位上，可造成目标的毁灭性破坏。这和惊天动地的核武器相比，完全是两种风格。

(三)激光武器的分类

不同功率密度、输出波形、波长的激光，在与不同目标材料相互作用时，会产生不同的杀伤破坏效应。用激光作为“死光”武器，不能像在激光加工中那样借助于透镜聚焦，而必须明显提高激光器的输出功率，作战时可根据不同的需要选择适当的激光器。目前，激光器的种类繁多，名称各异，有体积整整占据一幢大楼、功率为上万亿瓦、用于引发核聚变的激光器，也有比人的指甲还小、输出功率仅有几毫瓦、用于光电通信的半导体激光器。按工作介质区分，目前有固体激光器、液体激光器和分子型、离子型、准分子型的气体激光器等。按其发射位置可分为天基、陆基、舰载、车载和机载等类型，按其用途还可分为战术型和战略型两类。

(a)穿孔

(b)层裂

图 9-12　激光击毁

1. 战术激光武器

战术激光武器是利用激光作为能量，像常规武器那样直接杀伤敌方人员、击毁坦克、飞机等，打击距离一般可达 20km。这种武器的主要代表有激光枪和激光炮，它们能够发出很强的激光束来打击敌人。1978 年 3 月，世界上的第一支激光枪在美国诞生。激光枪的样式与普通步枪没有太大区别，主要由四大部分组成：激光器、激励器、击发器和枪托。目前，国外已有一种红宝石袖珍式激光枪，外形和大小与美国的派克钢笔相当。但它能在距人几米之外烧毁衣服、烧穿皮肉，且无声响，在不知不觉中致人死命，并可在一定的距离内，使火药爆炸，使夜视仪、红外或激光测距仪等光电设备失效。还有 7 种稍大、重量与机枪相仿的小巧激光枪，能击穿铜盔，在 1500m 的距离上烧伤皮肉、致瞎等。战术激光武器的“挖眼术”不但能造成飞机失控、机毁人亡、使炮手丧失战斗能力，而且由于参战士兵不知对方激光武器会在何时何地出现，常常受到沉重的心理压力。因此，激光武器又具有常规武器所不具备的威慑作用。1982 年马尔维纳斯群岛战争中，英国在航空母舰和各类护卫舰上就安装有激光致盲武器，曾使阿根廷的多架飞机失控、坠毁或误入英军的射击火网。激光制导的导弹头部有四个排成十字形的激光接收器(四象限探测仪)。如果四个接收器收到的激光一样多，就按原来方向飞行，如果有一个接收器接收的激光少了，它就自动调整方向。激光武器还可用激光束照射要打击的目标，经过目标反射的激光被导弹上的接收器收到，引导导弹击中目标。

2. 战略激光武器

战略激光武器可攻击数千千米之外的洲际导弹，可攻击太空中的侦察卫星和通信卫星等(图 9-13)。例如，1975 年 11 月，美国的两颗监视导弹发射井的侦察卫星在飞抵西伯利亚上空时，被苏联的反卫星陆基激光武器击中，并变成“瞎子”。因此，高基高能激光武器是夺取宇宙空间优势的理想武器之一，也是军事大国不惜耗费巨资进行激烈争夺的根本原因。据外刊透露，自 20 世纪 70 年代以来，美国和俄罗斯两国都分别以多种名义进行了数十次反卫星激光武器的试验。目前，反战略导弹激光武器的研制种类有化学激光器、准分子激光器、自由电子激光器和调射线激光器。其中，自由电子激光器具有输出功率大、光束质量好、转换效率高、可调范围宽等优点。但是自由电子激光器体积庞大，只适宜安装在地面上，供陆基激光武器使用。作战时，强激光束首先射到处于空间高轨道上的中断反射镜。中断反射镜将激光束反射到处于低轨道的作战反射镜，作战反射镜再使激光束瞄准目标，实施攻击。通过这样的两次反射，设置在地面的自由电子激光器，就可攻击从世界上任何地方发射的战略导弹。高基高能激光武器是高能激光武器与航天器相结合的产物。当这种激光器沿着空间轨道游弋时，一旦发现对方目标，即可投入战斗。由于它部署在宇宙空间，居高临下，视野广阔，更是如虎添翼。在实际战斗中，可用它对对方的空中目标实施闪电般的攻击，以摧毁对方的侦察卫星、预警卫星、通信卫星、气象卫星，甚至能将对方的洲际导弹摧毁在助推的上升阶段。

图 9-13 战略激光武器

思 考 题

1. 什么是激光？激光的特性有哪些？
2. 激光器由几部分组成？各有什么作用？
3. 简述激光在医学方面的应用。
4. 简述激光在工业方面的应用。
5. 激光武器有哪些特点？

参 考 文 献

刘其斌，2007．激光加工技术及其应用．北京：冶金工业出版社．

张立红，尹显明，2012．现代科学技术概论．成都：西南交通大学出版社．

赵锡奎，2015．现代科学技术概论．北京：科学出版社．

http://baike.so.com/doc/5380729-5617009.html．360 百科．激光．2017.2．

http://baike.so.com/doc/5798470-6011265.html．360 百科．激光加工技术．2017.2．

第十章　新能源技术

能源是人类得以生存和发展的物质基础，在某种意义上讲，人类社会得以发展离不开优质能源的出现和先进能源技术的使用。每一次产业技术革命的发生，都与所使用的能源材料和能源技术密切相关。如今，能源已成为当代高技术系统得以运转的能量基础，成为评价一个国家或地区经济与社会发展的重要标志；能源的开发利用与环境保护是全世界共同关心的话题，也是我国可持续发展战略中所面临的主要问题之一。

第一节　概　　述

能源(energy sources)即能量资源。关于能源的定义，目前还没有统一的说法。例如，《科学技术百科全书》说“能源是可从其获得热、光和动力之类能量的资源”；《大英百科全书》说“能源是一个包括所有燃料、流水、阳光和风的术语，人类用适当的转换手段便可让它为自己提供所需的能量”；《日本大百科全书》说“在各种生产活动中，我们利用热能、机械能、光能、电能等来做功，可用来作为这些能量源泉的自然界中的各种载体，称为能源”；我国的《能源百科全书》说“能源是可以直接或经转换提供人类所需的光、热、动力等任一形式能量的载能体资源”。由此可见，能源是一种形式多样、可以相互转换的能量资源，即自然界中能为人类提供某种形式能量(如热量、电能、光能和机械能等)的物质(如煤炭、石油、天然气、核能、氢能、风能、水力能、太阳能、地热能、生物能等)资源的统称。能源科学技术是研究各种能源的开发、生产、转换、传输、分配、储存、节能以及综合利用等方面的理论和技术。

目前，自然界可供人类使用的能源各种各样。

按照能源的生成方式分类，有一次能源和二次能源；按能源的形成与再生性分类，有可再生能源和不可再生能源；按照能源的性质分类，有燃料型能源和非燃料型能源；按照能源的使用类型分类，有常规能源和新型能源；按能源消耗后对环境的影响分类，有污染型能源和清洁型能源等。人们熟知的、耳闻眼见的是按能源的形态特征分类，有煤炭、石油、天然气、可燃冰、水力能、电能、太阳能、生物质能、风能、核能、海洋能和地热能等。其中，煤炭、石油、天然气等又称为化石燃料或化石能源。

一次能源是指自然界中以天然形式存在，并没有经过加工或转换的能量资源；二次能源是指由一次能源直接或间接转换成其他种类和形式的能量资源。例如，电力、煤气、汽油、柴油、焦炭、洁净煤、激光和沼气等能源都属于二次能源。污染型能源主要有煤炭、石油、柴草等，这些能源能造成局域空气污染；清洁型能源主要有水力、电力、风力、太阳能、氢能以及核能等。

新能源是相对于常规能源(如煤炭、石油、天然气等)而言，在新技术基础上新近利用或正在着手开发的可再生能源，如太阳能、风能、地热能、海洋能、生物质能、氢能、核能等。这些新能源的开发、转换、利用技术称为新能源技术，如太阳能的光热转换、光电转换技术，风力发电技术，潮汐、海浪发电技术，氢的制取、存储与利用技术，核能发电技术等。新能源技术所涉及的学科很广，有热物理学、核物理学、光学、化学、微生物学、电子学、气象学、空气动力学、材料科学、地质学、海洋学等。新能源的开发利用，可以使人类面临的不可再生能源日益枯竭的问题得到缓解，可以避免化石能源燃烧时对生态环境产生的污染。有朝一日，新能源将成为人类生存与发展的主要能源。

新能源有以下两大优点。

一是资源浩瀚。常规能源储量有限，新能源的储量则极其丰富，且多可再生，若与人类未来的需求相比，甚至可认为是无限的。

辐射到地球大气层的光和热只占太阳总辐射能的二十二亿分之一，大约有 1.7×10^{14}kW；除去被大气反射和吸引的部分，到达地面的仍有 8.0×10^{13}kW 之巨，相当于目前全世界总能耗的一万多倍。核聚变的燃料氘比裂变的燃料铀多得多。海水中含有大量氘，氘氢比达 1∶6500，1m^3 海水中的氘如果聚变，可以放出 1.2×10^{13}J 的能量，相当于 2000 桶石油；1km^3 的海水含有的能量就相当于全世界的石油储藏量；若把海水中的 4.4×10^{13}t 氘全部利用起来，就相当于 5.3×10^{11}t 标准煤，人类即可使用十亿年之久。

风能也是数量巨大的能量资源。有人估计，有 2%的太阳能变成了风能。假如能取其中的 1%，也就相当于世界的能源消费量。世界的潮汐能有 3.9×10^{9}kW 左右。每年从地球内部传到地球表面的热量则相当于一百多亿吨石油所具有的能量。

上述各种新能源的数量都相当可观，而且它们都是从太阳、地球等天体的内部直接派生而来，所以说永远不会枯竭。

二是清洁无污染。石化能源燃烧时会产生二氧化硫、二氧化碳和粉尘，大型水库可能有损于生态环境，核裂变反应有放射性问题，等等。新能源则不存在这类问题。太阳能转变为其他能时无副作用自不必说，核聚变的产物 $_2He^4$ 是非放射性惰性气体，风能、海洋能的利用则只不过是将空气、水的机械能加以变换，附在别的载体上，同样没有生态学的副作用。

第二节　核能的开发与利用

核能(指原子核能，又称原子能)是原子核结构发生变化时放出的能量；在实用上指重元素的原子核发生分裂反应(又称裂变)时和轻元素的原子核发生聚合反应(又称聚变)时所放出的巨大能量，它们分别称为裂变能和聚变能。20 世纪初发现原子核里蕴藏着的核能，为人类开辟了一种极重要的新能源，是人类历史上划时代的重大成就。这一成就首先应用于军事目的，其后实现了核能的和平利用，标志着人类改造自然进入了一个新阶段。

一、核能的发现与军事利用

从实验中发现并从理论上论证原子能资源的存在到实际应用，即把这种巨大的能量释放出来加以利用，经历了半个世纪。

1. 核能的发现

从德谟克利特到道尔顿，无论古代的还是近代的原子论者，都认为原子不可分。然而，19 世纪末物理学的三大发现却给了这种传统观念以巨大的冲击，对阴极射线性质的争论，促使伦琴因研究阴极射线而发现 X 射线，也促使汤姆孙因研究阴极射线的电偏转而发现电子。而为了研究能发荧光的铀矿石是否也发射 X 射线，贝克勒耳发现了放射性。接着居里夫妇发现了放射性并非铀所特有，镭、钍等也有放射性。卢瑟福等发现了放射性的三种射线——α射线、β射线、γ射线，通过对铀的放射性研究，提出了原子自然蜕变理论。

1905 年 9 月，爱因斯坦根据相对论的理论研究，提出了著名的质能关系式 $E=mc^2$。这个原理告诉人们，极小的一块物质，由于它的质量，它蕴藏着巨大的能量：电子和放射性的发现使化学与物理的研究走向深入原子内部的新阶段。1911 年，卢瑟福通过对 α 粒子在金属箔上散射的试验结果的分析，提出原子的有核模型：原子有一个极小的核，这个核几乎集中了原子的全部质量并带有 Z 个单位正电荷，Z 个电子围绕着核旋转就像星星绕太阳转一样。1919 年卢瑟福用 α 粒子轰击氮，却打出了氢核(质子)，表明质子是原子核的组成部分：这是第一次成功的人工核反应，它实现了古代炼金术士的梦想，把一种元素变成了另一种元素，1919—1932 年，很多科学家围绕着人工核反应做了不少工作，但只实现了十几种人工核反应，原子序数大于钾的元素，都未能实现人工核反应。为了使质子和粒子得到较高的速度，设计了高压发生器和回旋加速器等各种类型的加速器，这些设备越造越大，价格越来越高，消耗的能量也越来越多，但是产生人工核反应的概率却非常小，例如，若要使 1mg 的硼变成等量的氦，加速质子的几百万伏的高压发生器需不停地工作 20 多年。

2. 寻找释放核能的钥匙

是不是我们只能依赖大自然赐予的天然放射性物质呢？1934 年，约里奥 · 居里夫妇用钋的 α 粒子轰击铝靶，得到了自然界中不存在的人工放射性同位素。它是第一次利用外部影响引起某些原子核的放射性——人工放射性。这是人类改造微观世界的一个突破，为同位素和原子能的利用开辟了广阔的前景。1932 年，卢瑟福的学生查德威克发现了中子。费米很快就想到，这可能是一把打开原子核大门的好钥匙，因为中子不带电，所以不需要很高的速度就可以钻进带电的原子核。1934 年人工放射性发现后，费米等用中子系统地轰击各种元素，从氟开始，后面几乎所有元素都发生核反应，且生成的元素大多具有放射性，经过蜕变后变成原子序数更高的元素。但诺达克却不以为然，他认为用中子轰击重核时可能使它分裂成几个大碎块，这些碎块必然是已知元素的同位素，而不是被轰击元素的相邻元素。1938 年，哈恩和斯特拉斯曼也进行了这一试验，他们发现，当把钡加到被轰击过的铀中去时，它能带出一些放射性。他们断定，这些放射性应属于镭，因为镭在周期表中列在钡的下面。但他们想尽办法也没能把这种奇特的“镭”从钡中分离出来。当时有关原子核结构的看法都认为，要使铀核分裂成两半，至少需要几百兆电子伏的能量，而中子轰击只提供了 6MeV。迈特纳仔细思考了铀蜕变时却出现了钡这个怪事，大胆提出了一种假设，就是“铀的稳定性很小”，铀核在俘获 1 个中子后会立即分裂成大致相等的 2 个原子核，根据 $E=mc^2$，她还预言每次裂变将放出 200MeV 的能量。她的侄儿弗里什很快就用电离室观测到分裂后核的电离脉冲远大于粒子的脉冲，初步证实了迈特纳的裂变假设。1939 年 1 月，这个消息通过玻尔带到美国华盛顿国际理论物理学术会议，立刻引起轰动。许多国家的物理学家立即动手做试验，结果 1 个月内 6 次宣布试验成功。

然而，尽管一次裂变放出的能量从微观上说巨大，但从宏观效应来看却仍相当微弱，甚至连最微弱的火星和升温现象都观测不到，这个发现能有什么实际用处呢？如果铀核不但吃掉 1 个中子，而且裂变时还能产生新的中子，那就可以使反应持续下去，如果产生的新中子不止一个，就有可能造成一种规模越来越大的链式反应，出现雪崩式的核爆炸。从 1t 铀的裂变放出的能量与燃烧 50 万加仑[1 加仑(美)=3.785 412L]汽油释放的能量一样多。整个爆发时间将只有百分之几秒。它会产生几百万摄氏度高温，几十万个大气压的压力：这就是费米在华盛顿国际理论物理学术会议上首先提出有可能造成快速链式反应后，物理学家讨论得出的结论。

在不到两个月时间内，约里奥·居里、费米和西拉德就证实了每次铀核裂变可放出2～3个新的中子，表明链式反应是可能的。但是，过去用中子轰击铀时为什么没有产生链式反应呢？研究发现，原来铀有三种同位素，主要是铀238和铀235，容易吸收中子产生裂变的是铀235，其余99%以上都是铀238，它不容易裂变，却吸收中子变成钚239。因此，要造成链式反应以获得巨大的能量，首先必须从天然铀中加工提炼出含铀235较多的浓缩铀，而这是一件非常困难并且很费钱的工程，如果不是战争的需要，在和平时期要想在短期内由实验室发展到工业规模的试验和应用，是很难想象的。

3. 战争成了催产婆

核裂变能的利用，本来可以有两个方向：一个是控制它，让它按一定要求均匀地放出，这就可以成为一种建设性的新能源；另一个是让它急剧地无控制地释放，这就是原子弹。由于上述成果公布后不久，第二次世界大战就爆发了，了解这种最新的空前强大的能源的巨大潜力的科学家，特别是受希特勒迫害而侨居美国的科学家很担心纳粹抢先造出原子弹，便鼓动爱因斯坦出面上书罗斯福总统。罗斯福总统在1939年10月中旬接到了爱因斯坦的信件，立即成立了铀顾问委员会，作为政府和科学家之间的桥梁。尽管各实验室因此获得了一些供研究用的铀，但得到的经费却很少。因为美国当时还没有参战，并希望保持中立，罗斯福个人能尽的力量很小，而官僚机构的行动非常迟缓。与此同时，在德国，物理化学家哈特克等于1939年4月致信德国国防部，告以通过铀裂变不仅可以获得巨大能量，而且可以制造爆炸力极大的炸药，由此引起了军界局的重视。9月1日希特勒发动战争后，为保证留在德国的为数不多的核物理学家能参加这项工作，对他们发出了征召入伍令，并在9月和10月召开了两次重要的专家讨论会，会议断定，原则上有两条可以通往原子能利用的道路。然而，由于德国当时在军事上开始失利，国内物资供应又紧张，只有短期内肯定能得到应用的计划才能得到军部的全力支持。于是，恰恰在铀计划最需要军方大力支持，全面投入大量人力物力的时候，这一计划的领导被军械局转移到学术性的德国研究咨询委员会，该计划作为一项纯研究工作继续下去。这对德国的原子能工作是一个致命的打击。而这个变动的开端，就是1941年12月5日德国最高司令部科研处领导向一系列大学教授和科研所所长所发出的重新审议这项计划的通知。几乎同时，在美国，在国防研究委员会负责人布什的积极主张下，1941年12月6日对科学研究发展局的铀组进行大力改组，并做出了全面努力，加快原子弹研制的工作计划。这一计划经过由副总统、国防部长等参加的最高级政策小组认可后，便成为美国最大规模的一项计划。12月7日，日本偷袭珍珠港，美国正式参战。1942年夏，在美国、英国和加拿大的合作下，一个代号为曼哈顿工程的大规模的原子能计划全面展开了。1942年6月，奥本海默被指派负责主持原子弹的研究设计工作。1942年12月2日，在费米领导下，在美国芝加哥大学建成了第一座原子反应堆，首次实现了人工控制的链式核裂变反应，宣告了原子能时代的开始。

1943—1945年7月，美国为曼哈顿工程调集了15万名科技人员(包括英国、加拿大的科学家)，动员了50多万人，动用了全国1/3的电力，前后花费约22亿美元，在德国已经投降、日本的覆灭就在眼前之际，美国政府出于战后称霸世界的政治需要，不顾许多善良的参加研制的科学家的强烈反对，在 1945 年 8 月 6 日和 9 日先后将一个铀弹和一颗钚弹分别投到广岛和长崎，这两颗原子弹共有 35000t 当量 TNT 的爆炸力。伤亡总数约 20 万人，死亡约 110 万人。广岛和长崎的惨剧使许多人直到今天仍然一提起核能就联想到毁灭与伤亡。

二、核电站的发展

核电站是利用原子核裂变反应放出的核能来发电的装置。其核心是核反应堆，它是一个能维持和控制核裂变反应的装置，在这里实现核能与热能转换。释放出的热能由一回路系统的冷却剂带出，用以产生蒸汽。因此，整个一回路系统称为核蒸汽供应系统，也称核岛，它相当于常规火电厂的锅炉系统。由蒸汽驱动汽轮发电机组进行发电的二回路系统，与常规火电厂的汽轮机发电机系统基本相同，也称常规岛。

核反应堆的种类有多种，按引起裂变的中子能量分为热中子反应堆和快中子反应堆。

热中子的能量在 0.1eV 左右，快中子指裂变反应释放的中子，其平均能量为 2MeV 左右。热中子更容易引起铀 235 的裂变，因此热中子反应堆比较容易实现和控制。目前大量运行的是热中子反应堆。其中需要慢化剂，通过它的原子核与快中子弹性碰撞，将快中子慢化成热中子。慢化剂目前用的是水、重水或石墨。堆内还有载出热量的冷却剂，目前冷却剂有水、重水、氦等。热中子反应堆的燃料有天然铀(铀 235 含量 0.07%)和稍加浓铀(铀 235 含量 3%左右)。因此，根据慢化剂、冷却剂和燃料不同，热中子反应堆有多种类型：轻水堆(用轻水作为慢化剂和冷却剂，稍加浓铀作为燃料，它包括压水堆和沸水堆)、重水堆(用重水作为慢化剂和冷却剂，稍加浓铀作为燃料)、石墨水冷堆(石墨慢化、轻水冷却，稍加浓铀作为燃料)。目前已经运行的核电站以轻水堆居多，我国已选定压水堆作为第一代核电站。核反应堆的运动、停堆和功率控制依靠控制棒。它由有强吸收中子能力的材料(如硼、镉等)做成。用来保持核反应堆安全停堆常用的安全棒也是由这些强吸收中子材料做成的。

目前，核裂变能主要用于发电。从 1954 年苏联建成世界上第一座核电站至今，全球已有 31 个国家的 445 座核电站投入运行，发电总功率达到 387GW，全球核电发电量总计超过 2800 亿 kW · h，占世界发电总量的 17%。核能已成为全球能源不可缺少的组成部分。

三、受控热核聚变能

核聚变是指在高温下(几百万摄氏度以上)，两个或多个较轻原子核聚合成一个较重的新原子核并释放出大量能量的过程，由于这种反应必须在极高的温度(1.5×10^{8}℃)下进行，所以称为热核反应，也称热核聚变。据计算，1t 热核聚变燃料放出的能量为核裂变的 4 倍。核聚变是取得核能的重要途径之一，是新型清洁能源。

聚变原料主要是氢、氘和氚，氚也称重氢，1t 海水含有 0.034g 氘，故地球上汪洋大海里有 2.34×10^{13}t 的氘，足够人类使用几十亿年，是一项无穷无尽的持久能源。

核聚变反应所需要的技术条件为：一是燃料需要加热到几亿摄氏度的高温，使氘、氚原子中的电子与原子核脱离，形成由原子核正离子和电子负离子组成的等离子体；二是要有足够高的等离子体密度，且这种等离子体要在反应器中约束足够长的时间。

为了实现聚变反应的条件，以获得有意义的聚变能量，目前在两个主要领域内开展大量的研究工作：磁约束和惯性约束。

磁约束就是用一定强度和几何形状的磁场将带电粒子约束在一定的空间范围之内，并保持一段时间。著名的托卡马克装置就是能产生环形磁场的磁约束装置。高温的等离子体在环形磁场约束下不与器壁接触，做螺旋状运动，被加热、压缩。

惯性约束是利用聚变等离子体的惯性进行约束的。由于惯性，等离子体扩散到一定距离需要一定的时间，如果在这种扩散还来不及进行得太充分时瞬间注入很大的能量将它引爆，就能达到释放能量的目的。氢弹的爆炸过程就是一种惯性约束过程。它利用原子弹作为引线，一瞬间产生高温高压，使附近的聚合反应物在还没有来得及扩展时即被引爆。

1991 年 11 月 8—9 日，欧洲联合托卡马克实验室进行了 3 次放电，得到兆瓦级受控热核聚变功率，是人类实现受控核聚变进程中的一次巨大飞跃。2006 年，欧盟、中国、美国、日本、韩国、俄罗斯和印度正式签署了国际热核聚变实验反应堆计划的联合实验协定，全面启动人类开发新能源的宏伟计划。

可控制的核聚变反应目前尚处在研究阶段。离实用还有相当差距，但基于其取之不尽的资源和优越的性能，且没有像裂变堆那样产生大量放射废物，故其远景是很好的；人们预计到 21 世纪中叶可望实现商用。另外，正在研究中的还有冷核聚变。目前也有人考虑在其商用以前开展聚变-裂变混合堆的研究，其原理是用聚变反应产生的中子来增殖裂变燃料，充分利用裂变铀、钍核资源。

据预测，到 2030 年左右，核聚变将投入商业性运行。

第三节　太　阳　能

太阳能是由太阳内部持续不断进行的热核反应所产生的热量。太阳表面温度达 6000℃以上，以光辐射的方式向周围空间散发出功率约为 3.75×10^{26}kW·h 的巨大能量。地球表面每年从太阳获得的能量约为 6×10^{17}kW·h，是太阳总辐射能量的二十二亿分之一，相当于目前世界已有能源所提供能量的 2 万倍。太阳能是一种清洁的、可持久供应的自然能源，开发利用太阳能是人类摆脱能源危机的重要途径。

太阳能的利用有间接利用和直接利用两种。间接利用是指利用草木燃料、化石燃料、风力、水力、海洋热能等各种被固定的太阳辐射能。直接利用是直接利用太阳辐射的能量，主要是光-热转换、光-电转换和光-化学转换。

在光-热转换中，主要是太阳辐射能量通过各种集热部件转变成热能后被直接利用，它可分低温(100～300℃)，用于工业用热、制冷、空调、烹调等；高温(300℃以上)，用于热发电、材料高温处理等。太阳能集热器以空气或液体(水或防冻液)为传热介质，其吸热方式可以是直接吸收太阳辐射，也可以是太阳辐射经会聚后集中照射，减少集热器的热损失可以采用抽真空或其他透光隔热材料。太阳能节能建筑分主动式和被动式两种。前者与常规能源采暖系统基本相同，仅以太阳能集热器作为热源代替传统锅炉；后者是利用建筑本身的结构，吸收和储存太阳能，达到取暖的目的。太阳能热发电技术是利用太阳能产生热能，热能转换成机械能再转化为电能的发电技术。发电系统主要由集热系统、热传输系统、蓄热器、热交换器以及汽轮发电机系统等组成。

在光-电转换中，主要是通过太阳能电池将太阳辐射能直接转变成电能；太阳能电池类型很多，如单晶硅电池、多晶硅电池、非晶硅电池、硫化镉电池、砷化锌电池等。1969 年，克蒂克等首先采用辉光放电法分解硅烷，制得非晶硅薄膜。1975 年，斯皮尔等采用同样方法实现了非晶硅的掺杂，加快了非晶硅太阳能电池的研制步伐。1979 年，用非晶硅薄膜制得的太阳能电池首先应用于电子计算机，开创了太阳能电池发展的新时代。非晶硅薄膜是目前大幅度降低太阳能电池成本的十分有前途的材料，很可能成为太阳能电池材料的主体。非晶硅太阳能电池存在的主要问题是光电转换效率低，工艺技术不成熟，薄膜生产速度慢，难以大批量生产。估计未来数年内，光电转换效率为 15%的大面积非晶硅太阳能电池将达到实用化水平，为人类大规模利用太阳能展示了一幅诱人的前景。

在光-化学转换中，主要是利用光照射半导体和电解液界面，发生化学反应，在电解液内形成电流，并使水电离直接产生氢的电池，即光化学电池。

目前世界上太阳能的直接利用已很广泛，如在以色列和约旦，屋顶太阳能蓄热器已可提供 25%～65%的家用热水：美国已兴建 100 多万个主动式太阳能采暖系统和 25 万个依靠冷热空气自然流动的被动式太阳能住宅。

第四节　风　能

风能是太阳辐射造成地球各地受热不均匀而引起空气运动产生的能量，是一种无处不在、永不枯竭的能源。地球上近地层风能总储量约 1.3×10^{12}kW · h，要比人类迄今所能控制的能量高得多。据估计，全世界每年燃烧所获得的能量不及风能的 1/100。

风能是人类最早加以利用的一种能量形式。开发风能，主要是利用风力发电。一般是先把风能转换成机械能，再将机械能转换成电能。风力发电装置主要由风轮、发电机和铁塔组成。

风力机的研制正朝着两个方向发展：一是大型化，大到数兆瓦，风轮直径长达 100m；二是小型化，小到风轮直径仅有 0.8m。

风能是一种无污染、可再生的自然资源，应用潜力很大。风力发电的优点是简单易行、投资小、清洁无污染、资源丰富。风能已成为当今世界发展极为迅速的一种新能源。

第五节　地　热　能

地热能是地球内部原子反应时产生的热能。地球本身是一个大热库，蕴藏着巨大的热能。据估计，地面以下 4～6km 所储存的热能就相当于 9.95×10^{15}t 标准煤燃烧时放出的热量。按世界年耗 10^{10}t 标准煤计，可供人类使用几万年。人类利用地热也有很长历史，但大规模开发地热是 20 世纪开始的事情。

在现代技术条件下，除了有可能利用某些“温和的”火山发电，能被人们利用的地热能主要是地下水、地球蒸汽和热岩层。地热开发有采暖和发电两种。地热根据其水、汽不同温度，在农业、工业和人们生活中有多种应用。冰岛是利用地热的典型国家，已有 40%的居民利用地热取暖。

高温的地下水汽可用来发电。地热发电是利用地下喷出的高温高压蒸汽，推动汽轮机发电。意大利是世界上利用地热发电最早的国家。美国地热发电规模较大，发展速度很快，到 20 世纪 70 年代末，美国地热发电量达 6.63×10^{6}kW，占世界第一位，其中最大机组容量为 1.1×10^{4}kW，是目前世界上最大的机组。

为了减少化石能源的消耗，各国正在全力推进地热发电工作。目前世界上有 20 多个国家建有地热电站，全世界总装机容量已达 1100 万 kW · h，约占全球发电量的 0.6%。

第六节　氢　　能

氢能也称氢燃料，它在常温常压下呈气体状态。氢能的热值高，为34000kcal/kg，是汽油发热值的3倍，而且便于储存和运输；同时，氢无色、无味、无毒，是清洁能源。

氢由于质量轻、热值高、无污染、资源丰富，从20世纪70年代初开始已用作发电以及各种机动车和飞行器的燃料、家用燃料等。氢不仅可以作为火箭、航天飞机和军用飞机等对质量敏感的航空航天燃料。同时，由于氢的燃烧效率高、废气清洁，亦可作为未来汽车的预选燃料，甚至可用氢代替焦炭改造现行的炼铁技术。当然，普遍地使用氢能除技术本身仍需完善外，最主要的问题是其成本过高。

目前制氢常用的是水煤气法和电解法，前者用水蒸气通过炽热的碳层使水分解而得到氢；后者通过电使水分解成氢气和氧气，然后从阴极析出氢气。科学家认为，高效率制氢的基本途径是利用太阳能。

目前利用太阳能分解水制氢的方法主要有四种：太阳能热分解水制氢、太阳能发电电解水制氢、阳光催化光解制氢和太阳能生物制氢。作为人类长远的战略能源，氢可与其他一次能源结合发展各种综合能源系统。特别是太阳能-氢能综合能源系统有着十分美好的前景。随着技术上的突破，利用太阳能获取的氢将成为人类普遍使用的一种优质、干净的新能源。

第七节　生物质能

生物能也称生物质能，是植物通过光合作用固定的太阳能。每年陆地及海洋植物固定的太阳能分别为1.917×10^{21}J及9.21×10^{20}J。生物能主要是通过直接燃烧生物质（纤维素）或通过一系列生化反应使生物质发酵产生气态燃料（如沼气）而获得的。每千克绿色植物的发热量为1.67×10^{7}J。全世界陆地和海洋每年可产生1.7×10^{11}t植物，因而生物能每年产生的热能是极其可观的。

第八节　海　洋　能

海洋能是海洋中蕴藏或发出的能量。海洋能源于太阳能，一般包括海水热能、海流和波浪的动能以及潮水的位能。海洋能主要转变成电能再加以利用，主要方式有潮汐发电、海流发电、海浪发电、温差发电。海洋能的优点是可以再生，且取之不尽，用之不竭，不会造成环境污染，还可通过综合利用（如潮汐发电可利用水库发展养殖业）来降低成本。

在海洋能利用方面，以潮汐发电最为成功。潮汐现象是指海水在月亮和太阳引力作用下产生的周期性运动，是沿海地区的一种自然现象。世界著名的大潮区是英吉利海峡，那里最高潮差为14.6m，大西洋沿岸的潮差也达4～7.4m。我国的杭州湾的钱塘江潮的潮差达9m。据初步估计，全世界潮汐能约有10亿kW，每年可发电2万亿～3万亿kW·h。2007年，全世界潮汐发电总装机容量约为30万kW。

目前，世界上最大的潮汐电站是法国于1966年建成的朗斯潮汐电站。电站位于法国西北部英吉利海峡圣马洛湾的朗斯河口。此地的平均潮差约8.5m，最大潮差13.5m，最小潮差约5.4m。河口水库大坝全长750m，蓄水量达1.84亿m^3。电站装机容量为24万kW，安装有24

台单机容量 1 万 kW 的可逆贯流式水轮发电机组，机组可作双向发电、双向泄水和双向抽水 6 种工况运行，每年发电量为 5.44 亿 kW · h。

我国 20 世纪 50—60 年代就已在沿海建立一些小型潮汐电站。70 年代我国出现了建潮汐电站的第二次高潮。其中最大的两座是浙江乐清湾的江厦潮汐试验电站和山东乳山县的白沙口潮汐电站。到目前为止，我国正在运行发电的潮汐电站总装机容量为 6000kW，年发电量约 1000 万 kW · h，仅次于法国、加拿大，居世界第三位。

除利用潮汐能发电外，海浪能也可以用来发电。1964 年，日本首次研制成了世界上第一个海浪发电供电的航标灯，尽管电能只有 60W，但是开创了人类利用海浪电能的新纪元。此后，大型海浪能发电船、海浪能电站相继出现。英国、挪威、芬兰、加拿大、丹麦和美国等国家也开始研究海浪发电，并取得了积极的成果。我国海浪发电技术研究始于 20 世纪 70 年代，80 年代以来获得较快发展，航标灯用海浪发电装置已渐趋商品化，在沿海海域航标和大型灯船上推广应用。我国的小型岸边固定式海浪发电站、小型摆式海浪试验电站均已获得成功。

海洋能中的海流能、温差能和盐度差能的利用目前仍处于研究试验阶段。可以相信，人类完全能够凭借其聪明才智，在不远的将来逐步使海洋能造福于人类。

思 考 题

1. 什么是能源？什么是新能源？
2. 简述新能源的特点。
3. 核能第一次用于何处？它对社会产生了什么影响？
4. 为什么说核聚变能不是清洁能源？
5. 简述风能的利用方式与发展前景。
6. 简述生物质能的应用。
7. 简述光伏发电的转换与传输过程。

参 考 文 献

胡显章，曾国屏，2006．科学技术概论．北京：高等教育出版社．

韦保仁，2015．能源与环境．北京：中国建材工业出版社．

赵公民，2016．科学技术概论．北京：机械工业出版社．

周靖，2011．科学技术概论．南京：南京大学出版社．

第十一章　现代交通技术

现代交通运输已成为一个国家经济发展必不可少的重要部分。交通在《辞海》中的解释为“相互通达”。实际上今天所说的“交通”与运输常常联系在一起，是指人或物从一个地方移到另一个地方的方式和手段。从行经的地域可以划分为陆路交通、水路交通和空中交通；从交通本身的特点可以划分为公路交通、铁路交通、水路运输、航空运输等。

第一节　公路交通技术

人类的基本栖息地是陆地。在陆地上，人们生产、生活、相互往来、迁移走动，自古如此。因此可以说，陆路交通的发展与人类本身的发展几乎有着一样久远的历史。

一、汽车的发明

汽车自19世纪末诞生以来，已经走过了风风雨雨的一百多年。卡尔·本茨造出了第一辆以18km/h的速度行驶的三轮汽车，现在竟然诞生了从速度为0加速到100km/h只需要3s的超级跑车。汽车同其他现代高级复杂工具(如电子计算机等)一样，并非是靠某一个人的一己之力发明的。汽车的发展经历了蒸汽机发明前、蒸汽汽车问世、大量流水线生产汽车三个阶段。

1705年，纽可门发明了靠机械来做功的实用化蒸汽机。这种蒸汽机用于驱动机械，因而产生了划时代的第一次工业革命。随着以蒸汽驱动汽车的诞生，人类社会便拉开了汽车发展永无休止的序幕。

1769年，法国人工程师居纽制造了世界上第一辆蒸汽驱动三轮汽车(图11-1)。到1804年，脱威迪克又设计并制造了一辆蒸汽汽车，这辆汽车还拉着10t重的货物在铁路上行驶了15.7km。

1831年，美国的史沃奇·古勒将一台蒸汽汽车投入运输，在相距15km的格斯特和切罗腾哈姆之间便出现了有规律的运输服务，这台运输车走完全程约需45min。此后的三年内，伦敦街头也出现了蒸汽驱动公共汽车。1800年艾提力·雷诺制造了一种与燃料在外部燃烧的蒸汽机(即外燃机)所不同的发动机，让燃料在发动机内部燃烧，人们后来称这类发动机为内燃机。

1876年，康特·尼古扎·奥托对进入气缸的空气和汽油混合物先进行压缩，然后点火，从而提高了发动机效率。这种发动机具有进气、压缩、做功、排气四个行程，为了纪念奥托的发明，人们把这种四冲程循环改称为奥托循环。奥托以内燃机奠基人载入史册，其发明为汽车的发明奠定了基础。

1879年，德国工程师卡尔·本茨首次试验成功一台二冲程试验性发动机。1883年10月，他创立了本茨公司和莱茵煤气发动机厂，1885年，在曼海姆制成了第一辆本茨专利机动车，该车为三轮汽车，采用一台两冲程单缸汽油机，此车具备了现代汽车的一些基本特点，如火花点火、水冷循环、钢管车架、钢板弹簧悬架、后轮驱动、前轮转向和制动手把等。与此同时，1893 年，与威廉·迈巴赫合作制成了第一台高速汽油试验性发动机的德国的戴姆勒(Daimler)又在威廉·迈巴赫的协助下，于 1886 年在巴特坎施塔特制成了世界上第一辆“无马之车”。该车在一辆四轮“美国马车”(图 11-2)上装用他们制造的发动机而成，该车以 18km/h 的速度从斯图加特驶向康斯塔特，宣告世界上第一辆汽油发动机驱动的四轮汽车诞生了。

图 11-1　世界上第一辆蒸汽驱动三轮汽车

图 11-2　世界上第一辆汽油驱动的四轮汽车

由于上述原因，人们一般都把 1886 年作为汽车元年，也有些学者把 1885 年卡尔·本茨制成第一辆三轮汽车视为汽车诞生年。本茨和戴姆勒则被尊为汽车工业的鼻祖。

二、汽车技术发展的六个里程碑

20 世纪是人类进入工业化社会的世纪。制造业是工业化的龙头，它影响着整个工业化的发展进程。其中，汽车工业又是 20 世纪对人类生活影响最大的产业。汽车技术已有 100 年以上的历史，有一些独具一格的设计在汽车发展史上占有突出的地位，它们曾经影响甚至决定了汽车演变的方向。

1. 第一个里程碑：梅塞德斯开创了汽车时代

19 世纪末，法国的帕纳尔·勒瓦索公司将发动机装在车前部，通过离合器、变速装置和齿轮传动装置把驱动力传到后轮，这种方案后来称为帕纳尔系统。人们常常称这种方案为常规方案，目前还有一些汽车生产制造厂采用这种方案，其中大多数是生产大型汽车的厂家，如载货汽车。

帕纳尔系统的地位是 1901 年由当时的戴姆勒发动机公司真正确立起来的，它被安装在威廉·迈巴赫设计的一辆汽车上，这种汽车成为全世界汽车制造的样板。当年，戴姆勒发动机公司有一位杰出的汽车推销商埃米尔·那利内克，他很喜欢赛车，汽车赛在当时就是一种有效的汽车广告，那利内克看到了这一点，并用他的那辆奔驰车参加过许多次比赛。但是，他那辆 20kW(28 马力)的汽车很难胜过法国的赛车，于是他说服设计师迈巴赫设计出了一种全新型号的汽车，在机械性能及外形上都做了较大的改进。那利内克于 1901 年 3 月用新的赛车参加了“尼扎赛车周”，并用他女儿的名字梅塞德斯作为汽车的牌号登记参赛，这种新赛车战胜了所有的对手，一鸣惊人。法国汽车俱乐部的秘书长保罗·梅昂说：“我们进入了梅塞德斯时代。”从此，德国就将戴姆勒-奔驰的汽车称为梅塞德斯。

2. 第二个里程碑：福特汽车公司开始大批量生产汽车

1908 年 10 月 1 日，汽车技术史上树起了第二个里程碑，底特律(美国的汽车城)开始生产一种以“福特”命名的汽车，型号为 T 型。这种少见的汽车推动了一个新的工业时代的到来，在这个时代，工人首次用大批量生产的部件在流水线上组装汽车。亨利·福特的 T 型车是一种没有先例的技术典型。

构造简单的四缸发动机只有 14.7kW(20 马力)，工作容积为 2884ml，转速 1600r/min。工作负荷低，转速慢，使得这种发动机非常坚固耐用，它可以用最低劣的汽油，甚至可以用煤油比例很大的混合油。亨利·福特的目标是生产“全球车”。自 1908 年 10 月 1 日第一辆 T 型车交货以来，直至 1927 年夏天 T 型车成为历史，共售出 1500 多万辆。T 型车在全世界备受青睐，它成了便宜和可靠交通的象征。福特汽车公司创造了一个巨大的永久性汽车市场，带动了全球汽车产业的发展。1913 年底，美国售出的汽车近 1/2 是福特汽车公司生产的。到 20 世纪 20 年代，全世界 1/2 以上的注册汽车都是福特牌。T 型车的许多创新永远地改变了汽车制造业。流水组装线是亨利·福特于 1913 年在福特海兰公园工厂首创的。这为汽车制造业，乃至整个工业界带来了伟大的变革。由 T 型车推广开来的创新还有许多，如方向盘左置使乘客出入方便。T 型车第一个将发动机气缸体和曲轴箱做成单一铸件，第一个使用可拿掉的气缸盖以利检修，第一个大量使用由福特汽车公司自己生产的轻质耐用的钒钢合金。

3. 第三个里程碑：前轮驱动汽车的创造者雪铁龙

继威廉·迈巴赫和亨利·福特之后，安德烈·雪铁龙于 1934 年在法国树起了汽车史上的第三个里程碑。1919 年这位法国企业家第一个在欧洲实行汽车的流水线生产。不久，雪铁龙汽车公司就成为欧洲大型成功的厂家之一。

20 世纪 20 年代中期，汽车生产者讨论了把驱动作用从后轮移到前轮是否更好些的问题。1934 年 3 月 24 日，一种新型的汽车结构出现了：一款名叫 7A 的前驱动汽车问世。前轮驱动、无底盘的车身结构、通过扭杆实现单轮减振以及液压制动等，这些都曾有人采用过，但从未有人把这些集中在一辆汽车上，并且是成批生产的。

受雪铁龙委托的安德烈·勒费弗尔及其助手莫里斯·圣蒂拉创造的这种汽车，其设计方案即使今天也没有过时。在许多警匪电影中，这种车由于性能可靠而用作逃跑的车辆，称为成功的“强盗车”。这种车除了个别地方作了一些小修改，连续生产了 25 年，最后被安德烈·勒费弗尔设计的第二种汽车，即雪铁龙 ID/DS 型汽车所取代。前轮驱动汽车至少在行车安全方面证明了它优于常规构造方式。

4. 第四个里程碑：甲壳虫汽车的神话

在汽车史上有一个特别的例子，一种汽车式样的存在和它的生产设备都取决于国家领导部门的一条指令，“大众汽车”项目一开始就有一种不透明的背景，很难说清楚当时是什么样的考虑起了决定性的作用，有人猜测，确定这种汽车设计方案很可能有军事上的考虑。

沃尔夫堡的这家汽车厂是在全世界汽车发生紧缺的时候开始生产民用汽车的，所以市场状况对它十分有利。还有两点：一是它的结实耐用在战争中得到了证明；二是它的售后服务和配件供应要好于其他厂家。甲壳虫汽车的成功是众所周知的。它打破了福特 T 型车的产量纪录，并超过了数百万辆。

它同美国的大批量汽车有一个共同点：都是“行驶的机器”，不讲究豪华，两者的基本结构在它们的“一生”中都没有改动。甲壳虫汽车的发动机是后置的，它的成功被诸多竞争对手作了错误的引用，菲亚特、雷诺、西姆卡、斯科达、雪佛兰等一些厂家纷纷效仿甲壳虫汽车，制造具有更大功率的后置发动机的轿车。

现在后置发动机的轿车早已淡出市场，最多只有赛车才装后置发动机，而且大多装在后轴之前。目前，甲壳虫汽车已经卷土重来，大众汽车公司再度推出甲壳虫汽车，并取名新甲壳虫(New Beetle)，引起了人们的极大兴趣。大众甲壳虫汽车的优点同样是结实耐用，不讲究豪华，而且价格大众化。

5. 第五个里程碑：难以超越的“迷你”(Mini)汽车

以前的轿车从来没有见过这么迷你的，以致它在1959年面世时被许多人认为是开玩笑的东西，但它却触发了汽车技术的一场革命。亚力刻·艾西贡尼斯的父亲是英裔希腊籍造船工程师，母亲是德国巴伐利亚人，他在画第一张梦想中的汽车草图时就想到要为4个人留下足够宽敞的座位，所以把机械都集中到人不需要用的地方——两个前轮之间以及后座地板下面。

这种车长3.05m，宽1.4m，它的重量仅630kg，简直是个侏儒，所以25kW(34马力)横置的发动机可以使它开得飞快。这个“侏儒”不久后就有了更大的功率。曾经在一段时间里，“迷你”汽车成了一种不分等级的、受崇拜的汽车，许多名流把它当作玩具在市区里开来开去。

这种小型车在取得观念上的突破的同时，还在汽车赛中取得成就，其中在蒙特卡洛汽车赛中三次夺魁，在无数次环形路车赛中获胜。“迷你”汽车车轮直径只有25.4cm，铁质发动机的功率又比别的汽车小得多，正是它“巧妙的重心分布及适当的轴距和轮距”的技术优势，使得它在比赛中把保时捷、富豪、福特等汽车甩在后面。

今天仍然流行微型车，但曾经有许多人试图使这种小车有一种“现代化的式样”而改进它原来的设计，结果都没有成功。这是因为从一开始艾西贡尼斯就将“迷你”汽车的设计考虑得十分周密，无懈可击。同时，人们根据微型车的方案生产出各式各样新型的与之竞争的汽车，除少数生产传统名牌汽车和豪华型汽车的公司外，几乎所有公司都模仿了“迷你”汽车的设计。

6. 第六个里程碑：风靡20世纪90年代的多用途厢式车

多用途厢式车，英文全称为multi-purpose vehicle(MPV)。20世纪80年代法国雷诺汽车公司创造的Espace牌MPV，以其新颖的车厢布局设计引起了车坛的轰动。MPV内每个座椅都可独立调节，可以做成多种形式的组合，即可是乘车形式，又可组合成有小桌的小型会议室。从车厢座椅位置的固定到可调，从固定空间布置到可变空间布置，标志着汽车使用概念上的变革。受MPV设计概念的启发，现代汽车上又出现了运动型多用途车(sport & utility vehicle，SUV)，它具有轿车和轻型卡车的特点，在MPV与SUV的基础上，又出现了近年风靡全球的休闲车热浪。

休闲车(recreation vehicle，RV)在外形上突破了传统轿车三厢式的布局，车厢空间具有多用途、富于变化和适应性广的特点。它在设计思想上，承袭了MPV的基本设计概念——可变的车厢空间组合。正因为MPV的出现，汽车设计者突破了旧的框架，设计出从专用性到多样性的各种各样的家庭汽车。

三、新能源汽车技术

新能源汽车是指采用非常规的车用燃料作为动力来源(或使用常规的车用燃料、采用新型车载动力装置)，综合车辆的动力控制和驱动方面的先进技术，形成的技术原理先进、具有新技术与新结构的汽车。新能源汽车包括混合动力汽车、纯电动汽车、燃料电池汽车、氢动力汽车以及燃气汽车、醇醚汽车等。

(1)纯电动汽车。纯电动汽车(blade electric vehicle，BEV)是完全由可充电电池(如铅酸电池、镍镉电池、镍氢电池或锂离子电池)提供动力源的汽车。早在1873年，英国的罗伯特·

戴维森制作了世界上最初的可供实用的电动汽车。这比德国的戴姆勒和本茨发明汽油发动机汽车早了10年以上。虽然它已有100多年的悠久历史，但一直仅限于某些特定范围内应用，市场较小。主要原因是各种类别的蓄电池普遍存在价格高、寿命短、外形尺寸和重量大、充电时间长等严重缺点。

(2)混合动力汽车。混合动力汽车(hybrid vehicle)是指车辆驱动系统由两个或多个能同时运转的单个驱动系统联合组成的车辆，车辆的行驶功率依据实际的车辆行驶状态由单个驱动系统单独或共同提供。通常所说的混合动力汽车，一般是指油电混合动力汽车(hybrid electric vehicle, HEV)，即采用传统的内燃机(柴油机或汽油机)和电动机作为动力源，也有的发动机经过改造使用其他替代燃料，如压缩天然气、丙烷和乙醇燃料等。随着世界各国环境保护的措施越来越严格，混合动力汽车由于其节能、低排放等特点成为汽车研究与开发的一个重点，并已经开始商业化。

(3)燃料电池汽车。燃料电池汽车(fuel cell vehicle)是指以氢气、甲醇等为燃料，通过化学反应产生电流，依靠电机驱动的汽车。其电池的能量是通过氢气和氧气的化学作用，而不是经过燃烧，直接变成电能获得。燃料电池的化学反应过程不会产生有害产物，因此燃料电池汽车是无污染汽车，燃料电池的能量转换效率比内燃机要高2～3倍，因此从能源的利用和环境保护方面，燃料电池汽车是一种理想的车辆。与传统汽车相比，燃料电池汽车与传统的内燃机驱动汽车在构造及动力传输等方面的不同，为汽车的整体设计提出了新的要求。燃料电池汽车的工作原理是，作为燃料的氢在汽车搭载的燃料电池中，与大气中的氧气发生氧化还原反应，产生电能来带动电动机工作，由电动机带动汽车中的机械传动结构，进而带动汽车的前桥(或后桥)等行走机械结构工作，从而驱动电动汽车前进。

(4)氢动力汽车。氢动力汽车是一种真正实现零排放的交通工具，排放出的是纯净水，其具有无污染、零排放、储量丰富等优势，因此，氢动力汽车是传统汽车最理想的替代方案。与传统动力汽车相比，氢动力汽车成本至少高出20%。中国长安汽车在2007年完成了中国首次高效零排放氢内燃机点火，并在2008年北京车展上展出了自主研发的中国首款氢动力概念跑车“氢程”。其优点是排放物是纯水，行驶时不产生任何污染物。其缺点是氢燃料电池成本过高，而且氢燃料的存储和运输按照目前的技术条件来说非常困难，因为氢分子非常小，极易透过储藏装置的外壳逃逸。另外最致命的问题是，氢气的提取需要通过电解水或者利用天然气，如此一来同样需要消耗大量能源，除非使用核电来提取，否则无法从根本上降低二氧化碳排放。

(5)燃气汽车。燃气汽车是指用压缩天然气(CNG)、液化石油气(LPG)和液化天然气(LNG)作为燃料的汽车。近年来，为解决世界汽车工业可持续发展所面临的环境污染、石油匮乏两大难题，各国政府开始纷纷调整汽车燃料结构。燃气汽车由于其排放性能好，可调整汽车燃料结构，运行成本低、技术成熟、安全可靠，所以被世界各国公认为当前最理想的替代燃料汽车。

(6)乙醇汽车。乙醇俗称酒精，通俗些说，使用乙醇为燃料的汽车也可称酒精汽车。用乙醇代替石油燃料的活动历史已经很长，从生产上和应用上的技术都已经很成熟，近来由于石油资源紧张，汽车能源多元化趋向加剧，乙醇汽车又提到议事日程。

目前世界上已有40多个国家不同程度地应用乙醇汽车，有的已达到较大规模的推广，乙醇汽车的地位日益提升。在汽车上使用乙醇，可以提高燃料的辛烷值，增加氧含量，使汽车缸内燃烧更完全，可以降低尾气有害物的排放。

四、无人驾驶技术

近年来，在人工智能、物联网等前沿技术掀起的科技潮流下，“无人驾驶”概念越发火热，成为了一个吸引全球广泛关注的热词，同时是世界各国争相布局的新兴产业。无人驾驶的发展依托无人驾驶技术的持续突破，而无人驾驶技术囊括通信、网络、制造、新能源等一系列现代技术，可谓技术综合体。

根据美国的专利顾问公司 LexInnova 的报告，无人驾驶汽车发展所需基本技术有 9 项，即车对车通信(V2V communication)、巡航控制(cruise control)、自动刹车(automatic brakes)、车道维持(lane keeping)、雷达(radar)、循迹或稳定控制(traction or stability control)、视频摄影机(video camera)、位置估计器(position estimator)、全球定位系统(global positioning system，GPS)。无人驾驶的主要原理在于通过车载传感系统感知道路环境，自动规划行车路线并控制车辆到达预定目标；同时通过车载传感系统感知周围环境，并根据感知所获得的道路、车辆位置和障碍物信息，控制车辆的转向和速度，从而使车辆能够安全、可靠地在道路上行驶。

谷歌是最早布局无人驾驶的企业之一。从 2009 年开始测试，到 2015 年 55 辆谷歌自动驾驶汽车的道路测试总里程达到 130 万 mi(约合 209 万 km)。谷歌的工程师创造了一种新的测试车辆：没有方向盘、刹车踏板和加速器，且只能以 25mi/h①的速度行驶。

此外，他们还在车的外部增加了厚厚的泡沫保护，将挡风玻璃的材质改为塑料，这些措施可以在交通事故发生时最大限度地保护行人。这样的设计并不适合高速的城际交通，但却有可能在未来成为机器人出租车队，应对城市里走走停停的道路状况。

无人驾驶技术作为 21 世纪交通智能化的标志，将从根本上改变人类的驾驶方式。根据预测，无人驾驶汽车将在 2021—2022 年实现商用，此外据波士顿咨询公司预计，到 2035 年，全球无人驾驶汽车的销量将达 1200 万辆，到 2050 年，市场规模将超过 40 万亿元。百度、谷歌、腾讯、特斯拉、英特尔、英伟达等国内外巨头企业纷纷投入重金研发相关技术。

五、公路交通新技术

21 世纪作为交通运输低污染、快速度、高效率、智能化的崭新阶段，其交通运输的管理模式必须适应社会的发展。

1. 全球定位系统

全球定位系统(global positioning system，GPS)是以人造卫星为基础的无线电导航定位系统，利用天空中均匀分布的 24 颗 GPS 卫星轨道参数及其载波相位信号，通过地面接收设备接收其发射信息，实时测定地面接收载体的三维位置。GPS 具有全球性、全天候、连续性精密三维导航定位能力，并具有良好的抗干扰性和保密性。GPS 具有连续精确的三维导航定位能力，这一特性与道路管理监控系统紧密配合，能广泛应用于车辆定位和导航服务中，结合电子地图为车辆驾驶员提供导航服务，同时可应用于重要货物跟踪，使货主实时了解货物的准确位置。

2. 智能交通系统

智能交通系统(intelligent traffic system，ITS)是将先进的信息技术、通信技术、传感技术、

① 1 英里(mi)=1.609344km。

控制技术以及计算机技术等有效地集成运用于整个交通运输管理体系，而建立起的一种在大范围内、全方位发挥作用的，实时、准确、高效、综合的智能化运输和管理系统。ITS 形成“车-路-人”的密切结合，它通过人、车、路的和谐、密切配合提高道路交通的安全性、运输效率、行车的舒适性，而且有利于环境保护。车辆更是集各种高新技术于一体，从辅助驾驶到自动驾驶，从被动安全技术到主动安全技术，智能化水平不断提高。ITS 的总体目标是使交通管理智能化，使道路用户出行更便捷、安全，使道路设施最大限度地发挥功能，使多种运输方式衔接更加紧密。ITS 包括出行信息服务，实现紧急救助服务，车辆发生事故时提供自动报警，为救援车辆提供路线引导等；车辆安全服务，为驾驶员提供行车环境信息，提供辅助驾驶和自动驾驶，提出危险警告等；收费服务，实行自动收费；交通管理自动化，提供交通管制信息，控制最合理的交通量；运输车辆效率化等。

3. 地理信息系统

地理信息系统(geographic information system，GIS)是收集、管理、操作、分析和显示空间数据的计算机软硬件系统，其集成了计算机数据库技术和计算机图形处理技术，在对象处理上比上述两类软件更加全面，即地理信息系统所处理的事务对象既具有空间地理特征，也具有统计信息特征。在公路的新建、改建、养护、运营管理等各方面都需要大量及时准确的数据信息，作为科学管理和决策的依据。基于公路数据库的交通地理信息系统(GIS-T)，不仅能够适应各种层次管理部门随时了解已有公路现状的需要，还能够通过强大的空间分析功能和丰富的图表显示，实现公路养护电子化管理。

4. 电子不停车收费系统

对过往车辆征收一定的费用，是公路建设与维护资金的重要来源和保证。因此，收费管理在公路交通管理中具有重要意义。传统的收费管理一般是在路上设立站卡，直接收取现金，开具票据。电子不停车收费系统的应用彻底改变了传统收费方式。

电子不停车收费系统(electronic toll collection，ETC)是目前世界上最先进的路桥收费方式。通过安装在车辆挡风玻璃上的车载电子标签与在收费站 ETC 车道上的微波天线之间的微波专用短程通信，利用计算机联网技术与银行进行后台结算处理，从而达到车辆通过路桥收费站不需停车而能交纳路桥费的目的。实施不停车收费，可以允许车辆高速通过(时速几十公里至 100 多公里)，故可明显提高公路的通行能力；公路收费走向电子化，可降低收费管理的成本，有利于提高车辆的营运效益；同时可以明显降低收费口的噪声水平和废气排放。由于通行能力得到大幅度的提高，所以可以缩小收费站的规模，节约基建费用和管理费用。另外，电子不停车收费系统对于城市来说不仅是一项先进的收费技术，还是一种通过经济杠杆进行交通流调节的切实有效的交通管理手段。对于交通繁忙的大桥、隧道，电子不停车收费系统可以避免月票制度和人工收费的众多弱点，有效提高这些市政设施的资金回收能力。

5. 公路建设新材料

(1)夜光公路。芬兰为加强交通安全，修建了夜光公路。这条夜光公路是用发光水泥划分车道、铺设各种路面标志的，可直接储藏日光能量，待到黑夜便闪闪发光，给夜行车辆带来方便，也给城市夜色增添了美景。

(2)移动公路。英国制成一种可移动的公路，它用铝板连接而成，能够伸缩。哪里的公路坏了，移动公路就被装在专用的平板卡车上运到哪里，作为临时公路。

(3)玻璃公路。瑞士有一条晶莹光滑的玻璃公路。它是用碎石、玻璃和细砂等混合物铺成的公路。它不仅光亮醒目，而且增大了摩擦力，便于高速行驶的汽车安全拐弯，避免出现事故。

(4) 地毯公路。捷克成功地用聚丙乙烯等材料混合制成 1cm 厚的宽带状“地毯”，用来覆盖路基。这种“地毯”熔化后，很快与路基紧密地贴在一起，具有寿命长、造价低、耐腐蚀等特点，还可以减轻车轮磨损。

(5) 橡胶公路。加拿大有一条橡胶公路，用旧轮胎和橡胶废料加工成橡胶颗粒，拌洒沥青铺在石子路上筑成。路面有弹性、耐用，夏天不会被太阳晒软，冬天不易结冰，行车十分安全。

(6) 塑料公路。挪威奥斯陆附近铺设了一条塑料公路，它是用 5cm 厚的塑料泡沫铺成的。塑料公路使用期限长，能消除和减轻路基下部建筑不稳而导致的路基损坏。

(7) 消声公路。英国开发出一种新的筑路材料——消声水泥。用这种新材料筑路，可以最大限度地降低接触点的噪声，水泥路面比热铺沥青公路噪声低 2～3dB，并同样具有很好的防滑性能，而且轮胎与水泥路面产生的噪声声调能被人类听觉所接受。一般水泥路设计使用寿命为 40 年，但只要铺上薄薄的一层消声水泥，其使用寿命就会延长 1 倍。

(8) 除污公路。除污公路即能清除汽车废气中一氧化碳的环保公路，这种公路上面有一层氧化铁的水泥块，氧化铁一经阳光照射便产生催化作用，将空气中 80%的一氧化碳吸收到水泥块表面转化成硝酸冲走，反复吸收，反复冲走，并不影响氧化铁水泥块的永久效用。

第二节　铁路交通技术

蒸汽机的发明为人类创造出强大的发动机，为第一次工业革命揭开了序幕，也为铁路动力的发展奠定了基础。

一、火车的发明

火车是铁路列车的俗称，其在独立的轨道上行驶，是人类历史上最重要的交通工具之一。火车主要由铁路机车与铁路车辆组成。其中，铁路机车俗称为火车头，是火车行驶的牵引动力；铁路车辆是运送旅客和货物的工具，它一般没有动力装置。将铁路车辆连挂成一列，由铁路机车牵引在线路上运行，从而达到火车运送旅客和货物的目的。

1769 年，法国工程师库纳研究成功第一辆蒸汽机车，这辆车有三个车轮，前面一个，后面两个，车速为 4.5km/h。1801 年，英国的特里维西克(Trevithick，1771—1833 年)研制成功第一辆能在铁轨上行驶的单缸蒸汽机车。1825 年，英国的乔治・斯蒂芬逊(George Stephenson，1781—1848 年)试制成功世界上第一台客货运蒸汽机车，并于同年 9 月 27 日举行的试车典礼上，拖着 12 节货车、7 节客车，载着 90t 货物和 450 名旅客，车速达到 21km/h，从此世界上有了能用于交通、运输的机动车——火车，开辟了世界车辆史与交通史的新纪元。

1879 年，德国西门子电气公司研制了第一台电力机车，重约 954kg，并在柏林贸易展览会上做了一次表演。1903 年 10 月 27 日，西门子电气公司与通用电气公司研制的第一台实用电力机车投入使用，其速度达到 200km/h。1894 年，德国研制成功第一台汽油内燃机车，并将它应用于铁路运输，开创了内燃机的新纪元。1924 年，德国、美国、法国等国成功研制了柴油内燃机车，并在世界上得到了广泛使用。1941 年，瑞士成功研制新型的燃油汽轮机车，以柴油为燃料，且结构简单、振动小、运行性能好，因此在工业国家普遍采用。

20 世纪 60 年代以来，各国都大力发展高速列车，例如，法国巴黎至里昂的高速列车速度达到 260km/h，日本东京至大阪的高速列车速度也达到 200km/h 以上。人们对这样的高速列车仍不满足，法国、日本等国率先开发了磁悬浮列车。我国已经在上海修建了世界第一条商用磁悬浮列车车线。磁悬浮列车悬浮于轨道之上，速度可达 400～500km/h。

中国高速铁路的建设始于 2004 年的《中长期铁路网规划》，第一条高速铁路是 2008 年 8 月 1 日开通营运的 350km/h 的京津城际高速铁路。经过高速铁路建设和对既有铁路的高速化改造，中国已经拥有全世界最大规模以及最高营运速度的高速铁路网，截至 2014 年底，中国高速铁路营运总里程超过 1600km，四纵四横干线基本成型，中国高速铁路营运里程占世界高速铁路营运里程的 50%，稳居世界高速铁路里程榜首。根据中国《中长期铁路网规划》，到 2020 年中国的四纵四横客运专线网络全长将达到 16000km。

二、高速列车

高速铁路是世界铁路发展的亮点，是铁路现代高新技术的综合集成。而高速列车是高速铁路的技术核心，是机车车辆现代化的具体载体，是机械、电子、材料、计算机、控制等现代技术综合集成的集中体现。

高速列车又称高速火车，是指能以高速度持续运行的列车，最高行驶速度一般要达到 200km/h 之上。因大部分高速列车的车头都采用流线造型设计，所以又称为子弹头列车或火箭头列车。高速列车是当代多种尖端科技在交通领域上的充分运用，是第三次工业革命下诞生的新型高科技陆地运输工具，具有速度快、运量大、安全舒适和清洁环保等诸多优点。世界上最早的高速列车为日本的新干线列车。

(一) 国外高速列车

如今，世界上的高速列车车型众多，特点各异，形成了百花争艳的局面。在世界高速列车的百花园里，国外最引人注目的当属日本、法国、德国三国的高速列车。日本、法国、德国是当今高速铁路技术发达的国家，陆续开发出各具特色的代表性高速列车，日本的新干线、法国的 TGV、德国的 ICE 系列高速列车都举世闻名，成为它们吸引世界目光的一道风景线，除此之外，意大利、西班牙、瑞典等国也研发了各具特色的高速列车。

1. 日本的新干线

新干线(Shinkansen)是贯通日本全国的高速铁路系统，其首条线路于 1964 年开通运行，不仅是当今世界上先进的高速铁路系统，还是世界上最早进行旅客运输的高速铁路系统。可以说，诞生于 20 世纪下半叶的日本新干线，是世界高速铁路的先驱，和法国 TGV、德国 ICE 一起，并列为世界高速铁路三巨头，为包括中国在内的其他尚未或正在发展高速铁路的国家积累了丰富的经验。

新干线以子弹列车闻名，轨距属于标准轨(1435mm)。除了迷你新干线的路段外，列车载客运行车速可达到 250～350km/h，空车试验速度已高达 603km/h。新干线采用动力分散的运行方式，而不是用机车(火车头)牵引。动力分散就是每节车厢的车轮都安装了驱动装置——电动机，以每节车厢的车轴作为驱动，不需要沉重的机车，由此车厢的轴重便可明显减轻，不仅易于加减和在大坡度线路上的平稳行驶，也降低了噪声和振动，降低了对轨面的压力。

新干线的稳定运行全靠日本成熟的高速铁路调度控制技术，列车发车间隔可以缩短至 5 分钟，是世界上屈指可数的适合大量运输的高速铁路系统之一。除此之外，由于全部列车采用动力分散式设计，新干线也是世界上行驶过程较为平稳的列车之一。

2. 法国的 TGV 和 AGV

法国高速列车也称 TGV（法语：train à grande vitesse），是日本新干线之后的世界第二条商业运行高速铁路系统。TGV 由阿尔斯通公司和法国国家铁路公司设计建造，并由后者负责运营。1981 年，TGV 在巴黎与里昂之间开通，如今已形成以巴黎为中心、辐射法国各城市及周边国家的铁路网络。

TGV 计划开始于 20 世纪 60 年代。2007 年 4 月 3 日，TGV 以 574.8km 的时速创造了轮轨列车的最快世界纪录。同时，TGV 是当时世界上定期轮轨客运列车中平均速度最快的。TGV 的成功促进了铁路网络的扩张，多条新线路在法国南部、西部和东北部建成。法国的铁路网络逐渐与邻国相连，欧洲之星应运而生。欧洲之星（Euro Star）是欧洲首列国际列车，1994 年投入运营。它的设计针对一项著名的工程：英吉利海底隧道。它穿越英吉利海底隧道并把伦敦、巴黎和布鲁塞尔三个首都连接起来。欧洲之星的最高速度可达到 300km/h，乘客从伦敦的滑铁卢（Waterloo）火车站搭乘欧洲之星到达巴黎只需要 2 小时 35 分钟。欧洲人首次可以从英国搭乘火车快速地到达欧洲大陆，而且旅途舒适、便捷。

AGV（法语：automotrice à grande vitesse），译为高速动车组，是法国最新研制的实验性高速铁路车辆，为动力集中式的 TGV 的后续产品。其目标营运速度为 360km/h。AGV 最大的特点是改变了 TGV 集中牵引方式而采用了动力分散式，变原来的前后两点推动为多点推动，并在动力分散车型中采纳了牵引电机的最新技术成果——永磁电机，明显增加了电机功率重量比。AGV 以三节或四节车厢为单元，每单元只有两个动转向架，在完全不影响列车走行性能的条件下，明显减少了列车动转向架的数量。在环保和能源利用方面，其 98%的机体使用了可回收材料，其功率重量比达到了 22.6kW/t，温室气体排放量也较其他交通工具明显降低。对运营商而言，AGV 最大的优势是配置灵活。运营商可按需配置 7、8、11 或 14 节车厢来搭载 250～650 名的乘客。

3. 德国的 ICE

德国从 1986 年正式开始研发高速铁路 ICE（inter city experimental），并于 1989 年投入服务。为了适应在整个欧洲的推广，ICE 发展到第三代车型 ICE3 时取消了动力车头。动力输出分散在列车各车轮上，各车厢推进力量相同，在同等耗能下明显提升列车的稳定性、动力效率与爬坡能力。以 ICE3 的技术为基础，德国高速铁路也发展出了 ICE-T（电力驱动）和 ICE-TD（柴油驱动）两种摆式列车，ICE-T/TD 不以直线上的最高速度作为主要发展的目的，而是保持车辆在弯道上的平均车速，可以很好地适应多弯的山路，独有的车体倾斜技术令列车能够应付更多、更急的弯道并以更高的车速过弯。

作为一向注重节能环保的国家，德国的 ICE 也承继了这一理念。德国高速公路和民用航空高度发达，政府还是斥巨资兴建高速铁路。这样做的目的主要是从整个国家的能源战略高度考虑——德国第三代高速列车比汽车和飞机更节能。据德国联邦铁路公司计算，ICE3 系列后的列车在载客率为 50%的情况下，每人每百公里消耗的能源不到 2L。以汉堡到柏林为例，乘火车需要 1.5 小时，比汽车快 1 倍。火车在半满员的情况下，每位乘客整个旅程消耗的能源平均不到 8L 汽油，而汽车平均需要 27L 以上。

（二）中国高速列车

中国高速铁路（China railway high-speed，CRH）目前已知有 CRH1、CRH2、CRH3、CRH5、CRH6。

2007年4月18日，伴随中国铁路第六次大提速的实施，人们看到了时速200km等级的和谐号CRH1A型、CRH2A型和CRH5A型三种高速动车组在环渤海湾、长三角、珠三角城市群和华北、中南、西北、东北地区提速线路上高速运行的矫健身影。其后，深得人心的和谐号CRH动车组发展迅猛，世界首款高速卧铺列车、世界上营运速度最快的时速350km动车组、时速500km以上试验列车等依次登场，使CRH动车组成为世界高速列车中“车”丁兴旺的新兴一族，并受到世界高速铁路界的广泛关注。2012年我国自主研制的CRH6型电力动车组在青岛下线。

CRH1由庞巴迪-四方-鲍尔(BSP)公司在国内生产，原型是庞巴迪为瑞典AB提供的Regina，200km级别(营运速度200km/h，最高速度250km/h)。CRH2由南车四方(联合日本川崎)生产，200km级别(营运速度200km/h，最高速度250km/h)。CRH3由北车唐山机车厂(联合西门子)生产，原型ICE3，300km级别(营运速度330km/h，最高速度380km/h)。

CRH5由北车长春客车厂(联合阿尔斯通)生产，原型是阿尔斯通为芬兰国家铁路提供的SM3型，200km级别(营运速度200km/h，最高速度250km/h)。CRH2和CRH5具备提速至300km/h的条件。

CRH6型电力动车组是由中国中车青岛四方机车车辆股份有限公司和中车南京浦镇车辆有限公司共同研制开发的CRH系列电力动车组，适用于城市间以及市区和郊区间的短途通勤客运，满足载客量大、快速乘降、快启快停的运营要求，构造速度在140～200km/h。

近年来，中国高速铁路已成为中国最新科技大幅进军海外的标杆；中国高速铁路在海外高歌猛进，凭借高性价比和成功的运营经验，在全球市场接连斩获订单。有数据显示，中国中车的业务量在铁路装备行业、轨道交通装备行业已居全球第一名，中国高速铁路约占全球30%的市场份额。2018年3月5日，高速铁路营运里程从9000km增加到25000km，占世界2/3。

第三节　水路运输技术

水路运输是指利用船舶、排筏和其他浮运工具，在江、河、湖泊、人工水道以及海洋运送旅客和货物的一种运输方式。水路运输适宜于运距长、运量大、对送达时间要求不高的大宗货物运输，也适合集装箱运输。

水路运输既是一种古老的运输方式，也是一种现代化的运输方式。在出现铁路、航空以前，水路运输同以人力、畜力为动力的陆上运输工具相比，在运输能力、运输成本和方便程度等各方面都处于优势地位。在历史上，水路运输的发展对工业的布局带来很大的影响。今天大宗物资的运输仍依靠水路，或者说只要有水路，就尽量利用水路，诸如我国海上的北煤南运、南粮北调，以及长江流域各省市的物资调运等。这些畅通的水运路线常被人们誉为“黄金水道”。

一、船舶的发展

人类使用船舶作为水路运输的历史源远流长，几乎和人类的文明史一样悠久。从石器时代的独木舟到现代的运输船舶，大体经历了四个时代：舟筏时代、帆船时代、蒸汽机船时代和柴油机船时代。

1. 舟筏时代

在几千年前，人们就发现过河困难的问题。若河浅和水流慢，人们可以涉水渡河。但遇到河深和水流急的河流，人们就无法过河。一些人发现抱着树枝或粗的树干，可以浮渡过河。于是人们开始有意识地把树干、竹竿、芦苇等捆扎成筏，或用兽皮做成皮筏，或将巨大树干用火烧、石斧加工成中空的独木舟，这样就可以浮渡过河并可运送一些物品，这是最古老的水路运输工具。随着时间的推移，人们发现木筏及独木舟不好控制，容易发生事故。于是人们又将原木加工成木板来造船，木板船可以造得比独木舟大，性能比筏好，而且能装更多的货物，这是一种伟大的进步。舟筏时代的船舶靠人力来推进和操纵，所用的工具为桨、篙和橹。

2. 帆船时代

利用风力作为基本动力在水上行驶的船称为帆船。据记载，远在公元前四千年，古埃及就有了帆船。中国使用帆船的历史也可以追溯到公元前。15—19 世纪中叶是帆船发展的鼎盛时期。早期帆船最大的不足是不能逆风行驶，公元 866 年，出现了可以逆风行驶的三角帆船。帆呈三角形，装在一根长桁上，长桁斜悬在一根短桅上面。它可以在船的横位上做幅度很大的转向，直到它和船本身的长轴形成一线。有人把它称为纵帆船。纵帆船的革命性创新在于它有较大的可调整性以适应风向的变化，这样的装置可使船像一条公路沿着山坡蜿蜒上升那样“之”字形逆风而行。

帆船的出现使得船舶在航行速度和载运量方面大幅度提高，从帆船出现到 19 世纪初的漫长时期内，它一直是主要的水路运输工具。

3. 蒸汽机船时代

进入 18 世纪，世界各大洋上繁忙的贸易往来迫切需要解决船舶动力问题，船舶推进动力方式已到了需要彻底变革的时期。1768 年詹姆斯·瓦特与英国伯明翰轮机厂的老板马修·博尔顿合作，专门研制了一台用于船舶推进的蒸汽机，这就是世界上早期蒸汽机船上普遍使用的博尔顿-瓦特发动机。

海上运行的第一艘蒸汽机船是美国的罗伯特·富尔顿发明建造的凤凰号轮船，它在纽约与费城之间航行。早期的蒸汽机船是靠安装在两舷的巨大明轮推进的，因此机动船在中国通常称为轮船。19 世纪中叶以后，螺旋桨逐渐代替了明轮，造船材料也从用铁发展到用钢，船舶的吨位不断增大。19 世纪的各大洋是蒸汽机船的天下，蒸汽机船的出现最终使帆船驶进了船舶博物馆。

4. 柴油机船时代

19 世纪末，德国发明家鲁道夫·狄塞尔发明了柴油机，又为船舶提供了新的动力。柴油机船问世后，发展很快，逐渐取代了蒸汽机船。第二次世界大战结束后，工业化国家经济的迅速恢复和发展、国际贸易的空前兴旺、中东等地石油的大量开发，促使运输船舶迅速发展。船舶普遍采用柴油机推进。为了提高船舶运输的经济效益，船舶出现了大型化、专业化、高速化、自动化和内燃机化的多种趋势。

二、船舶的种类及划分

船舶分类的方法很多。船舶按航行区域可分为海船(沿海、近海、远洋)、港湾船和内河船；按航行状态可分为排水型船、潜艇、滑行艇、水翼艇、冲翼艇和气垫船；按航行方式可分为自航船和非自航船；按推进动力可分为蒸汽机船、内燃机船、燃气轮机船、电力推进船和核动力船；按推进器可分为螺旋桨船、喷水推进船、空气螺旋桨推进船、平旋推进器船、明轮船和风帆助航船；按船体材料可分为钢船、木船、水泥船、铝合金船和玻璃钢船等。

船舶按用途大致可分为如下几种。

(1)运输船，包括客船、客货船、渡船、杂货船、集装箱船、滚装船、载驳船、驳船、冷藏船、运木船、散货船、油船、化学品船、液化气船等。

(2)工程船，包括挖泥船、起重船、布设船、救捞船、破冰船、打桩船、浮船坞、海洋开发船、钻井船、钻井平台等。

(3)渔业船，包括网渔船、钓渔船、渔业指导船、调查船、渔业加工船、捕鲸船等。

(4)港务船，包括拖船、引航船、消防船、供应船、交通船、助航工作船等。

(5)海洋调查船，包括海洋综合调查船、海洋专业(水文、地质、生物)调查船、深潜器等。

(6)战斗舰艇，包括航空母舰、巡洋舰、驱逐舰、护卫舰、布雷舰、扫雷舰艇、登陆舰艇、潜艇、猎潜艇和各种快艇等。

(7)辅助舰艇，包括补给舰、修理舰、训练舰、消磁船、医院船等。

三、未来船舶发展趋势

虽然目前船舶新能源的利用尚处于研究探索阶段，但未来的应用前景光明。未来的新能源船舶将利用风能、太阳能、氢能等多种能源，组成混合电源与电力推进系统。

日本的 Nippon Yusen KK(NYK)公司正在开发降低 CO_2 排放达 70%的“绿色”集装箱船。NYK Super Eco Ship 号新能源混合动力船构建设想(图 11-3)，主要由燃料电池作为动力。将使用 LNG 制作氢气，供 40MW 的燃料电池使用。在应急状态，太阳能和风能将提供额外能量，新的发电站布置在船的前部。

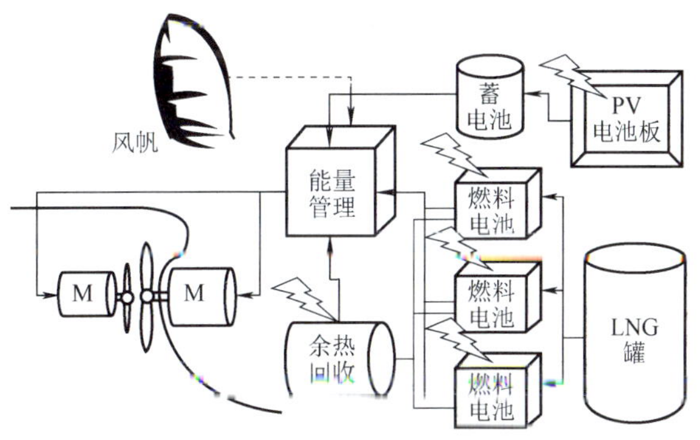

图 11-3　多种新能源混合动力船

推进系统采用 4 台推进电动机，总功率 40MW，包括两台轴隧推进器和两台方位吊舱式推进器以及对转式螺旋桨来降低损耗。吊舱式推进器提供操舵而不需要额外的船舵。两台多功能可伸缩推力器保证了船舶入坞时的完全操纵能力。电动机布置在船舶尾部，通过使用低温超导电动机和电缆而降低功率损耗。

该船将使用新开发的抗阻材料以便增强节能环保，通过空气润滑来降低船体摩擦。

NYK 公司计划在 2030 年完成该未来船的研制。预计其排放的 CO_2 是柴油发电机推进系统的 30%。此外太阳能电池可以增加功率 1～2MW，使用帆，风力能提供 1～3MW 的动力。预计与当今类似船相比，运营该船总的 CO_2 排放将降低 70%。

第四节 航空运输技术

航空运输是使用航空器运送人员、货物、邮件的运输方式。可以用于运输的航空器有气球、飞艇、飞机、直升机等。现代航空运输使用的航空器主要是飞机，其次是直升机。

一、航空运输的发展

航空运输的历史可以追溯到19世纪，经历了如下三个发展阶段。

1. 气球、飞艇阶段

1852年，法国的亨利制造了一条长44m的飞艇，艇上安装有功率为3马力的蒸汽机，带动螺旋桨推进器推动飞艇前进，时速为10km。从飞艇开始，飞行受人的意志控制，这是人类航空的一个大进步。

1871年普法战争中，法国用气球把法国政府官员和物资、邮件等运送出被普鲁士军队围困的巴黎。德国的齐伯林伯爵号飞艇在19世纪20—30年代曾多次载客横渡大西洋，1929年实现载客环球飞行。气球和飞艇体积庞大，不仅行动笨拙，受气候影响大，而且充满氢气的气囊极易发生爆炸。

2. 螺旋桨飞机阶段

1903年12月17日，美国莱特兄弟研制的双翼机飞行者号试飞成功，宣告了一个新时代的到来。第一次世界大战是飞机成长的一个重要时期。战争初期，飞机的速度一般约为60km/h，到战争结束时，战斗机的速度已经达到240km/h。

在速度低于700km/h的情况下，螺旋桨推进效率较高。速度继续增大，推进效率急剧下降。同时，飞机所需的功率随速度的三次方成正比增加，因此螺旋桨飞机不宜以更高的速度飞行。另外，人们在实践中发现，在飞行速度达到声速的9/10，即时速约950km时，局部气流的速度可能达到声速，产生局部激波，从而使气动阻力剧增。

3. 喷气式飞机阶段

世界上第一架喷气式飞机诞生于1939年8月第二次世界大战前夕的德国。1941年，英国的格洛斯特E28/39型喷气式飞机试飞成功。这种飞机的发动机是弗兰克·惠特设计的，他至今被人尊称为“喷气式发动机之父”。喷气式飞机的出现是飞机制造史上的一次重大革新与进步。一方面，喷气式飞机克服了螺旋桨飞机所无法克服的“声障”问题，使飞机的超声速航行成为可能，极大地提高了飞机的飞行速度；另一方面，喷气式飞机轻而有力，由此产生了过去不可想象的巨型飞机，飞机的运输能力明显提高。

20世纪50年代初，大型民用运输机陆续问世。

20世纪60年代，航空运输进入现代化的世界航空运输时代。

目前，世界航空运输业已发展成一个规模庞大的行业。以世界各国主要都市为起点的世界航线网已覆盖各大洲。

二、航空运输体系

航空运输体系包括民用飞机、机场、空中交通管理系统和飞行航线四个基本部分。

1. 民用飞机

飞机是航空运输的主要运载工具。飞机是20世纪初出现的、技术发展最迅速的一种运载工具。

按运输类型的不同，飞机可分为运输机及通用航空飞机两大类。运输机是供航空公司运送旅客、货物的飞机；通用航空飞机是供工农业生产、抢险救灾、教学训练使用的飞机。

按起飞重量及客座数，飞机可以划分为大型、中型、小型飞机。飞机起飞重量在15～30t的为小型飞机，30～60t的为中型飞机，60t以上的为大型飞机；飞机的客座数在100座以下的为小型飞机，100～200座的为中型飞机，200座以上的为大型飞机。

按航程，飞机可以划分为远程、中程、短程飞机。远程飞机的航程为11000km左右，足以完成中途不着陆的洲际飞行；中程飞机的航程在3000km左右；短程飞机的航程一般在1000km以内。

2. 机场

机场是供飞机起飞、着陆、停驻、维护、补充给养及组织飞行保障活动的场所，也是旅客和货物运输的起点、终点或中转站。

机场系统由供飞机使用部分(包括飞机用于起飞降落的飞行区和用于地面服务的航站区)和供旅客、接运货物使用的部分(包括办理手续和上下飞机的航站楼、地面交通设施及各种附属设施)组成。

3. 空中交通管理系统

为了保证航空器的飞行安全，提高空域和机场飞行区的利用效率而设置的各种助航设备和空中交通管制机构及规则统称为空中交通管理系统。助航设备分为仪表助航设备和目视助航设备。仪表助航设备是指用于航路、进近、机场的管制飞行，包括通信、导航、监视(雷达)等装置。目视助航设备是指用于引导飞机起降、滑行的装置，包括灯光、信号、标志等。空中交通管制机构通常按区域、进近、塔台设置。空中交通管制规则包括飞行高度层配备、垂直间隔、水平间隔(侧向、纵向)的控制等，管制方式分程序管制和雷达管制。

4. 飞行航线

飞行航线是航空运输的线路，是由空管部门设定的飞机从一个机场飞抵另一个机场的通道。飞行航线分为航路、固定航线、非固定航线。航路是用于国与国之间、跨省市航空运输的飞行航线，规定其宽度为20km。固定航线是用于省市之间和省内定期航班飞行，以及尚未建立航路的飞行航线。非固定航线是用于临时性的航空运输或通用航空飞行，在航路和固定航线以外的飞行航线。

三、航空运输技术发展趋势

未来航空运输技术的发展主要表现在如下三个方面。

(1)推出新一代航空载运工具。目前，绝大部分民用飞机只是亚声速飞机，最大载客量不超过600人。新一代超声速客机的飞行速度将达2～3倍声速，亚声速客机的最大载客量将达800～1000人，直升机的最大载客量将达100人。

(2)实施新一代通信、导航、监视和空中交通管理系统。现行的空中交通管理系统有三大缺陷，即覆盖范围不足，表现在对大洋和沙漠地区无法有效控制；各国(地区)运行标准不一，跨国飞行安全难以保证；自动化程度不高，管制人员负担过重。

(3)信息技术在航空运输中得到更普遍的应用。现在，计算机信息处理已渗透到商务、机务、航务、财务等各个领域。随着航空运输的发展，信息技术将广泛应用于航空运输的各个方面。整个行业将充分利用互联网的优势削减成本并实现辅助收益，主要应用领域包括乘客管理和服务、飞机管理和操控、乘客安全以及员工安全。

思 考 题

1．简述现代交通技术的发展与人类文明的进步的关系。
2．简述新能源汽车的种类和应用。
3．思考高速列车对交通运输的影响。
4．思考新能源在水路运输技术中的应用前景。

参 考 文 献

蒋红斐，2016．交通动力工程概论．长沙：中南大学出版社.
靖宝庆，2010．现代交通与能源技术．南宁：广西人民出版社.
刘雪梅，2014．船舶识图与制图．北京：北京理工大学出版社.
鲁植雄，2008．载运工具原理及应用．南京：东南大学出版社.
汤天浩，韩朝珍，2015. 船舶电力推进系统．北京：机械工业出版社.
王润琪，2012．交通运输工程概论．北京：中国林业出版社.
杨中平，2013．漫话高速列车．北京：中国铁道出版社.

第四篇　科学技术与社会

当代科学技术不单纯是一种心智上的探索未知和创造发明的活动，也是一种社会性的历史过程。科学技术在不断揭示客观世界和人类自身规律的同时，极大地提高了社会生产力，改变了人类的生产和生活方式，同时发掘了人类的理性力量，带来了认识论和方法论的变革，形成了科学世界观，创造了科学精神、科学道德与科学伦理等丰富的先进文化，不断升华人类的精神境界。

第十二章　科学、技术与社会

科学是社会历史的产物、人类智慧的结晶。在社会历史和人类认识发展的不同阶段上，科学技术都表现出自己时代的特征。现代科学技术与社会发展的关系越来越密切。一方面，科学技术极大地促进了社会的发展，社会的发展在相当程度上依赖于科学技术的进步；另一方面，科学技术依赖于社会诸多方面的支持，社会对科学技术的发展具有重要的影响。

一、现代科学发展的特点

1. 科学体系结构的整体化趋势

现代科学技术一方面高度分化，另一方面高度综合，而且分化反而成为综合的一种表现形式。科学体系的整体化是指门类繁多的各门学科相互影响、相互渗透，日益紧密地联系在一起，形成一个统一的完整的科学体系，这是现代科学技术发展的一个显著的特点和趋势。科学作为一种知识体系，是由各种不同学科形成的一个有机整体。不同时期的科学整体都有其结构形态，反映了人们在一定历史条件下对自然界不同层次和方面的认识水平。古代的科学知识结构体系主要由大量经验性的实用知识、少数几门理论自然知识和自然哲学等具体形态构成。

15 世纪下半叶至 19 世纪末的近代自然科学结构体系是以牛顿力学为核心的经典自然科学体系，各门具体科学相继从自然哲学中分化出来，形成日益庞大的知识体系。自 19 世纪末至 20 世纪初爆发物理学革命以来，尤其是第二次世界大战结束以后，科学的发展突出地表现为分化的步伐明显加快，学科越来越多，专业化程度越来越高。随着自然科学分支学科大量涌现，人们对客观世界的认识也不断深化，逐渐发现自然界是一个统一的整体。在这种情况下，产生了综合研究的必要，推动了边缘科学(如生物化学、天文物理学等)和综合科学(如环境科学、空间科学等)的诞生。

20 世纪 40 年代以来，为了把握自然界各种事物的某些共同属性及其普遍联系，科学家创造性地从横向上对自然界进行研究，从而产生了一系列横断科学(如信息论、系统论、耗散结构理论等)。横断科学从某一特定的视角揭示了客观世界的本质联系和运动规律，不仅为现代科学技术的发展提供了新思路、新方法，还沟通了自然科学和社会科学的联系，使整个科学有了共同的概念、语言和方法。科学社会学、技术经济学、管理学、未来学等一系列新兴学科，就是自然科学与社会科学互相渗透、相互作用的产物。

20 世纪后期，人类社会出现的重大科学技术问题、社会发展问题、经济增长问题和环境问题，都具有高度综合性和全球性。这些问题不仅涉及社会经济增长的目的和方向，也关系科学发展和应用的人文价值取向，必须组织有关自然科学、技术科学和人文社会科学部门进行广泛合作，综合运用多学科的知识和方法去研究解决。自然科学与人文社会科学结合，也是当今科学发展的重要特点。

2. 科学活动的社会化和国际化

科学活动的社会化和国际化是指科学活动的组织形式发展到了国家规模，甚至国际合作，科学技术已成为整个社会的有机构成。

科学研究工作从个人活动发展为集体活动，曾经历了很长时间。在古代和中世纪，人们进行科学研究很大程度上受求知愿望和寻求自然界奥秘的兴趣所驱使。当时科学与技术是分离的，科学研究往往是上层人物的事情，而技术活动则是劳动者、工匠的事情。科学高贵、技术低贱的思想在欧洲影响很深。近代以来，科学家从事科学研究以追求真理为目的。他们总想把自己的发现告诉志同道合的人们。基于这一点，大家愿意定期集会，交流各自的研究成果。16 世纪，这样的交流小组在意大利开始出现并很快发展到 170 个。继而英国于 1662 年正式成立以促进自然知识为宗旨的皇家学会，这是世界上第一个学会。从这以后，科学研究的社会化和制度化发展加快，尤其于 1666 年成立的法国皇家科学院成为国立研究机构的先驱，由国家负担一切费用，根据国家需要确定研究项目，并有部分会员由国家支付工资，成为职业科学家。过去，科学家与发明家、工人之间的接触是偶然发生的，以致一个新原理从发现到实际应用需要很长时间，某些精密仪器和工程取得进展，需要经过几代人的努力。现在，科学研究已成为自觉的有组织的活动，并与生产密切结合。以前科学家个人配几个助手的科研活动形式已为集体组织所取代。19 世纪末至 20 世纪初，一部分企业家或政府官员对科学尤其是应用科学的重要意义逐步有所认识，从而肯投入大量的人力物力。例如，英国政府于 20 世纪初成立科学工业研究局，各行各业建立研究共同体；德国政府和各大企业协作，成立开塞·维尔赫姆协会，进行化学、物理、生物等领域的基础理论研究。

20 世纪 30 年代以后，科学劳动和组织管理已发展到了国家规模甚至跨国形式。从 1937 年德国建立 V-2 火箭基地开始，到 1961 年美国实施阿波罗登月计划达到高潮。第二次世界大战以后，美国和苏联等发达国家之间的竞争极大程度上依靠科学技术的实力。在这种情况下，重大科研项目都由国家政府出面组织，特别是军工部门，各国竞相扩大研究规模，增加研究经费，发展尖端技术。科学技术与国家的政治、经济、军事连成一体。美国科学家从事的重大科研项目，多由美国国防部提供费用。第二次世界大战前的科学研究，各国普遍依靠各大学的研究室和企业实验室，第二次世界大战后普遍建立起国家研究所，由它们与各大学和企业研究室共同协作。有时甚至国家规模也显得力量太弱而开展国际协作，规模空前，投资巨大。科学活动的国际化从早期的跨国公司发展到多个国家的联合。1957 年，为了进行国际原子能研究的合作，成立欧洲原子能共同体。这种形式到 20 世纪 80 年代更加普遍。1985 年开始的中国与美国两国海洋科学家合作对热带太平洋海气相互作用的调查研究，历时 5 年，已完整地掌握厄尔尼诺现象产生—鼎盛—消衰全过程的科学数据和资料，对揭示地震、全球气候的变化规律具有重大意义。2003 年，由我国科学家牵头的“国际人类肝脏蛋白质组计划”在北京成立，这是首次由我国科学家领导的国际重大科研合作项目。参与这项计划的国家有中国、美国、加拿大、法国等 18 个国家和地区的 100 多个实验室的数千名科技工作者。这种在国际进行科研合作的形式标志着人类进入了“大科学”时代。

21 世纪，世界已经进入一个政治、经济和科技发生着深刻变化的时代。科学技术正以它从未有过的力量改变着世界面貌，主导着社会文明的进程。

3. 科学发展的加速化和数学化

科学发展的加速化主要是指科学发展的速度和科学理论转化为技术的速度呈现不断加快的趋势。美国著名科学家普莱斯在他的《巴比伦以来的科学》一书中以学科杂志和科学论文作为知识的重要指标，描述科学发展速度是按指数增长的规律。科学发展的速度可以从三个方面说明。

首先，从科学家的人数发展来看，每 50 年科学家数量增长 10 倍。

其次，科学知识的增长与科学家人数增长的速度相适应。科学家的主要任务是生产知识，因此，科学知识数量的增加和科学家数量的增长关系十分密切。普莱斯的数据统计，知识增长量与科学家增长总数的平方根成正比，即科学家增长 3 倍，科学知识(成果数)增加 1.7 倍。近 30 年来，人类所取得的科技成果，比过去两千年的总和还要多。20 世纪中叶后的一段时期，人类的科技知识每 10 年增加 1 倍。当代，每 3—5 年增加 1 倍。今天的大学生到毕业的时候，他所学的知识有 60%～70%似乎已经过时。

最后，科学理论转化为技术的速度加快，从科学理论的提出到生产过程中加以应用所间隔的时间越来越短。19 世纪以前，蒸汽机从发明到投入生产用了 100 年(1680—1780 年)，蒸汽机车用了 34 年(1790—1824 年)，柴油机用了 19 年(1878—1897 年)，电动机用了 57 年(1829—1886 年)，电话机用了 56 年(1820—1876 年)，无线电用了 35 年(1867—1902 年)，电子管用了 31 年(1884—1915 年)，汽车用了 27 年(1868—1895 年)。但进入 20 世纪以来，物化速度日益加快。雷达只用了 15 年(1925—1940 年)，电视机用了 12 年(1922—1934 年)，晶体管用了 5 年(1948—1953 年)，原子能利用从发现原子核裂变到第一台原子反应堆建立只用了 3 年(1939—1942 年)，而激光器从实验室发明到在工业上应用则仅仅 1 年。另外，据有关资料介绍，1885—1919 年，一种发明到客观存在在工业上应用的“成熟期”平均是 30 年，从生产到投入市场平均是 7 年；1920—1944 年，这些时间相应地变为 16 年和 8 年；而 1945—1964 年，则分别缩短为 9 年和 5 年。

另外，数学和定量化方法的广泛应用是当代科学技术发展的又一个基本特征。它主要包括两个方面：一是数学应用于其他自然科学部门及某些社会科学部门；二是仿照数学的逻辑思维方法，建立一整套科学理论的公理化体系。科学技术的数学化是精确地认识客观世界的必然要求。马克思曾指出：“一种科学只有在成功地运用数学时，才算达到了真正完善的地步。”在科学技术发展的进程中，各门科学是先后运用数学方法的。在自然科学和数学不发达的古代，天文学和力学虽然已与数学相结合，但联系并不紧密，谈不上数学化。只是到了近代，自然科学中的某些学科才开始数学化，伽利略是在力学中运用数学方法的开创者，他将自由落体定律用数学公式精确地表示出来，还有抛体运动规律等。后来，牛顿将微积分运用于力学，还运用数学创立了天体力学。19 世纪 60 年代，英国物理学家麦克斯韦运用麦克斯韦方程组——一组微分方程来描述电磁场的性质。然而，在近代科学中，成功运用数学只限于力学、天文学和电磁学。恩格斯曾对 19 世纪中叶以前的自然科学应用数学的状况作了如下描述："数学的应用在固体力学是绝对的，在气体力学中是近似的，在液体力学中已经比较困难了，在物理学中多半是尝试性的和相对的，在化学中是最简单的一次方程式。在生物学中是零。"当时，数学在自然科学中的应用尚且如此，就更谈不上在社会科学中的应用了。

今天数学不仅在自然科学中得到了广泛的应用，而且日益向社会科学、思维科学和哲学中渗透，出现了整个科学日益数学化的趋势。

在现代科学技术数学化的进程中，生物学应用数学最为突出。在研究生理现象、神经活动、生态系统以及遗传规律方面已大量采用数学公式来表达各种量的关系。正是数学向生物学的渗透，产生了生物数学这门崭新的学科，它已经发展成为四大分支：统计生物学、数学生态学、数学遗传学、数学生物分类学。从 20 世纪 60 年代开始，这四大分支学科几乎每年都举行国际学术会议。有的学者预言，21 世纪将是生物数学的黄金时代。同生物学类似，现代科学技术中所有学科都要运用数学概念和数学方法。天文学、地学、物理学、化学等学科，以及它们的分支学科运用数学越来越多，越来越广泛。尤其是电子计算机和人工智能的出现，它已可以协助和配合人脑从事计算、判断、推理、决策、翻译、情报资料检索等各种活动，加速了现代科学技术数学化的步伐。正如著名数学家华罗庚先生指出："宇宙之大，粒子之微，火箭之速，生物之谜，化工之巧，地球之变，日用之繁，无处不用数学。大哉，数学之为用!"

4. 科学、技术、生产的一体化

在 19 世纪以前，尽管科学技术在物质生产过程中的应用日益广泛，但科学和技术、科学和生产在很大程度上仍然是脱节的。主要表现在：第一，科学的发展常常落后于技术和生产的发展，以致在科学理论上尚未搞清楚的东西，在技术和生产上却可以先行实现。例如，18 世纪发明的蒸汽机，作为其理论基础的热力学，直到 19 世纪中叶才建立起来。第二，有时科学因其自身的矛盾运动而出现新理论，但却迟迟不能转化为生产技术应用于物质生产。例如，1831 年发现的电磁感应定律，直到 1867 年才制成可供生产使用的直流发电机，而电力技术的发展和电力技术革命的真正开始却是 19 世纪 70 年代以后的事了。到了现代，科学技术化、技术科学化，而且科学的出现、技术的发明可以很快转变成现实的生产力。今天，科学上没有搞清的事情，要想在技术上实现是不可能的。

当代科学对于物质生产的这种主导作用和超前作用，不但极大地提高了物质生产力，而且从根本上改变了生产、技术、科学三者相互作用的形式，在以前"生产→技术→科学"的过程基础上，出现"科学→技术→生产"这种逆向过程。比如，先有了量子理论，而后运用量子力学研究固体中电子运动过程，建立了半导体能带模型理论，使半导体技术和电子技术蓬勃发展起来，并促进了电子计算机的发展；运用相对论及原子核裂变原理形成和发展了核技术，促进了原子能在军事、航运、发电等方面的应用；运用光量子理论创造了激光技术，建立了激光产业；运用分子生物学、生物化学、微生物学和遗传学等新成就发展起生物技术，广泛地应用于工业、农业、医药卫生和食品工业等方面。

另外，科学的发现也离不开技术的进步，没有技术上提供精密的实验仪器和实验材料，科学寸步难行。科学是技术的理论力量，而技术给科学以物质力量。科学技术是越来越重要的生产力，现代化的生产也不离开科学技术。科学、技术、生产不仅在时间上日益密切联系在一起，而且是双向相互作用的关系，科学、技术、生产日益靠近，融成一体，出现了现代科学技术的纵向整体化。

二、科学技术的社会功能

科学技术不是一个封闭、孤立的系统，而是整个社会大系统中的有机组成部分。科学技术活动的主体，是构成社会大系统的要素；科学技术发展的社会条件，是由社会大系统创造出来的；科学技术的社会功能，在于为整个社会大系统的运行和发展服务。随着社会生产和科学技术的发展，科学技术和人类活动的关系日益密切，科学技术活动对社会和人类的影响越来越大。

(一)科学技术是社会发展中的一种历史现象

科学与技术起源于人类认识自然和改造自然的需要，它们都有悠久的历史。但是科学与技术成为一种引人注目的社会力量，则是文艺复兴运动以来，随着科学革命与技术革命以及科学技术成为生产力而开始的。

1543 年，哥白尼的《天体运行论》一书的出版，宣告科学“从神学中解放出来”，走上独立发展的道路。然而 16—19 世纪，科学研究大多局限在个体活动范围之内，社会的支持与关注很少。例如，世界著名的格林尼治天文台在 17 世纪建立时，其仪器设备主要是天文学家弗拉姆斯蒂德个人出资购买的。

18 世纪发生在英国的技术革命(瓦特蒸汽机的发明，1768 年)及随后的工业革命(蒸汽动力的大规模应用，1784 年)引起整个社会对科学技术力量的刮目相看。由于大机器生产方式的确立，物质生产过程变为科学在生产中的应用，科学技术成为生产力，从此，科学技术开始成为一种社会事业。

20 世纪以来，科学技术从“小科技”发展成“大科技”，形成国家规模及国际合作事业，科学技术已成为第一生产力。发展高科技、抢夺经济发展的制高点，成为各国政府战略发展的重要组成部分。与此同时，也出现了对科学技术的人文批判、社会批判与生态批判的各种思潮，它提醒人们在充分评价科学技术正面效应时，也不应忽视它的负面效应。

(二)科学技术既是一种物质力量，又是一种精神力量

科学技术起源于人类认识自然和改造自然的需求，最初的社会功能主要体现为社会认识能力和社会生产力能力。发展至目前，科学技术已成为社会发展过程中最引人注目的社会力量，它既是一种物质力量，又是一种精神力量。

1. 科学技术的生产力功能

生产力一般指物质生产的能力。但是，社会生产除物质生产外，还包括精神生产及人的生产。因此，从广义角度来说，生产力可以分为物质生产力、精神生产力以及人的生产力(人自身生产的能力)三种类型。

科学技术是生产力包含着两方面的含义：科学技术作为一种知识形态，在其进入生产过程之前，只是一种潜在的生产力或可能的生产力，而当科学技术进入了生产过程之后，就被“物化”而转变成直接的生产力或现实的生产力。所以说，科学技术既是潜在生产力(尚未“物化”)，又是直接生产力(已被“物化”)。

“科学技术是生产力”是一个历史命题。

在大机器生产方式确立以前，人类的生产主要凭借经验，因此，科学技术尚未成为生产力。18 世纪 80 年代，大机器生产方式确立，第一次使自然科学为直接的生产过程服务，第

一次产生了只有用科学方法才能解决的实际问题，第一次达到使科学的应用成为可能和必要的规模，第一次把物质生产过程变为科学在生产中的应用，从而使科学技术成为生产力。

20 世纪 50 年代以来，科学技术与现代生产力系统已融为一体，它广泛而深入地渗透到（“物化”）生产力系统（由生产力各要素相互联系构成的一个整体），从微观到宏观的各个层次，渗透到生产力系统的每一要素、生产力系统的整体结构以及生产力系统的外部环境之中。科学技术已成为现代社会生产力发展的主要源泉，具有开辟道路、决定水平及确定方向的作用，从而科学技术已成为第一生产力。

2. 科学技术的文化功能

科学不仅是一种知识体系，而且是一种产生知识的社会活动；技术则是在科学指导下利用与改造对象世界的社会实践活动。在这些活动中，科学技术除了本身的物质力量（主要体现在生产力功能方面），还有一种精神力量，那就是科学精神。主要表现在以下方面。

(1) 实事求是。科学认识起于经验，以实践（理论与实验的一致性）作为检验科学理论的唯一标准。实事求是是科学的基本精神，偏离实事求是，科学将寸步难行。在这个意义上，科学是自发的唯物论或天然的唯物论。

(2) 崇尚理性。科学重视经验，但反对狭隘的经验主义。科学强调理性思维（逻辑的与直觉的）在科学发展中的作用，把揭示事物固有的因果性、规律性、统一性作为自己的目标，因此，科学是一种理性的事业。

(3) 不畏权势。科学以实事求是作为自己的基本精神，以崇尚理性为自己的基本风格，科学中的最高权威是真理（由实践来检验），而不是金钱或权势。许多科学家为追求真理而献身，代表了科学的本性。

(4) 团结协作。现代科学技术已由科学家、发明家的个体活动变成了科学技术共同体的群体活动，科学技术已成为社会事业。进入 20 世纪 80 年代以来，许多迫切需要解决的科学技术问题，如环境、信息网络、人口、能源、气象、生态、宇航等问题的研究要求全球性合作。

3. 科学技术是推动历史发展的革命力量

恩格斯在马克思墓前的演说中曾经指出：“在马克思看来，科学是一种在历史上起推动作用的革命力量。”正因为马克思把科学看成一种革命力量，所以“任何一门理论科学中的每一个新发现，即使它的实际应用甚至还无法预言，都使马克思感到衷心喜悦”。

为什么马克思把科学技术看成一种革命力量？这是因为，按照历史唯物主义，物质资料的生产是人类社会的基础，而人类要生产就必须同自然界发生联系，形成一定的生产力，同时人与人之间又要结成一定的生产关系。生产力与生产关系的结合，就构成一定的社会生产方式。而“物质生活的生产制约着整个社会生活、政治生活和精神生活的过程……社会的物质生产力发展到一定的阶段，使同它们一直在其中活动的现存生产关系或财产关系（这只是生产关系的法律用语）发生矛盾。于是这些关系便由生产力的发展形式变成生产力的桎梏。那时社会革命时代就到来了”。也就是说，按照历史唯物主义观点，生产力是历史发展最终的决定力量。而科学技术是生产力，并且在当代已经成为第一生产力。因此，科学技术必然成为一种推动历史发展的革命力量。

科学技术成为一种革命力量，除了它的生产力功能，还由于它的文化功能。实事求是、崇尚理性、不畏权势、团结协作——这些科学精神代表着人类社会的光明与前景，它将作为一种有形或无形的力量批判着人类社会中的黑暗及反动，推动社会不断前进。

三、科学技术革命与全球问题

1. 全球问题

人类在追求社会进步的奋斗中，极大地发展了科学技术。科学技术特别是现代科技革命带来了社会生产力的飞速发展，促进了社会的全面进步。然而，我们必须清醒地意识到，科学技术是一把双刃剑，它对人类社会的发展既有正面效应，也有负面效应。随着现代科技革命带来人对自然界的巨大改造能力，人类对自然平衡的干预已超过了自然界再生能力和自我调节能力，严重违背了自然界的客观规律，带来了不利于人类生存发展的严重后果，从而产生了触及世界所有国家和民族利益的全球问题。全球问题突出地表现为人口增长过快、粮食短缺、能源和资源枯竭、环境污染和生态失衡等问题。这些问题的出现，使人类的进一步发展面临困境。

全球问题深刻地反映了人类与自然的矛盾。人生活在大自然中，是自然界的一部分，不能离开自然而存在；人与自然是统一的，应该有一种协调关系。全球问题的出现，从一定意义上说，是由科学技术广泛应用于自然而又失去控制所引发的。当人类只看到利用自然为人类服务的一面，而看不到自然有其自身运动规律的一面，甚至把自然视为统治、征服的对象而为所欲为时，全球问题的出现是必然的。这就告诉我们，科学技术造福于人类，关键在于掌握科学技术的人对科学技术应用的合理控制。我们必须看到，全球问题不仅仅是一个科学技术问题，更是一个社会问题，是一个涉及社会制度、社会意识形态、民族或国家的整体社会进步乃至全人类进步的复杂问题。为此，解决全球问题应坚持统一的辩证自然观和唯物主义社会历史观的指导，增强环境意识、生态文明意识和全球意识，变革和完善社会制度与社会体制，创造合理利用科学技术的社会环境，确立科学技术、经济、社会与自然相统一、相协调发展的整体观念，加强国际的合作与对话。

2. 可持续发展战略与科学发展观

伴随着全球问题和人类生存环境的恶化，社会可持续发展问题日益成为全世界关注的焦点。1987 年，世界环境与发展委员会在《我们共同的未来》一文中提出了“可持续发展”的战略思想，认为社会发展的基本目标是为了满足人类的需求；发展不仅要满足当代人的需要，还应考虑后代人的需要；今天的人类不应以牺牲今后几代人的幸福来满足自己的需要。1992 年，在联合国环境与发展大会上，100 多个国家的首脑共同签署了著名的《地球宣言》，提出了要遵循可持续发展的模式，即环境与发展密不可分，两者相辅相成。

社会的健康发展和自然界的合理开发利用，需要极大地提高人的素质，处理好以下两方面的关系。第一，要处理好当代人与下一代人的关系，当代人的发展不应损害下一代人的利益。具体地说是要在不危及后代人需要的前提下，寻求满足当代人需要的发展途径。第二，要处理好当代人与当代人之间的关系，当代一部分人的发展不应损害另一部分人的利益。

可持续发展是一种全新的发展观念和发展战略，它具有重要的哲学方法论意义。第一，它表明社会的发展是一个人类与自然相互协调发展的过程，一旦破坏了人类与自然的平衡关系，社会的发展就会出现灾难性的后果。第二，社会发展是合目的性与合规律性的统一。人类在推动社会发展的过程中，无疑应该把人类利益作为发展的最终目标，但应同时尊重自然发展和社会发展的客观规律，也就是把人的尺度和物的尺度结合起来，在遵循客观规律的基础上，充分发挥人的主观能动性。第三，社会发展的客观规律不仅存在于人与人的关系之中，而且体现在人类与自然的关系之中。这就要求人们应从更宽的视角和更深的层面上不断探索社会发展规律，把人类的内在尺度和客观世界的外在尺度统一起来。

党的十八大报告指出：面向未来，深入贯彻落实科学发展观，对坚持和发展中国特色社会主义具有重大现实意义和深远历史意义，必须把科学发展观贯彻到我国现代化建设全过程。必须更加自觉地把推动经济社会发展作为深入贯彻落实科学发展观的第一要义，牢牢抓住经济建设这个中心，坚持聚精会神搞建设、一心一意谋发展，着力把握发展规律、创新发展理念、破解发展难题，深入实施科教兴国战略、人才强国战略、可持续发展战略，加快形成符合科学发展要求的发展方式和体制机制，不断解放和发展社会生产力，不断实现科学发展、和谐发展、和平发展，为坚持和发展中国特色社会主义打下牢固基础。必须更加自觉地把“以人为本”作为深入贯彻落实科学发展观的核心立场，始终把实现好、维护好、发展好最广大人民根本利益作为党和国家一切工作的出发点和落脚点，尊重人民首创精神，保障人民各项权益，不断在实现发展成果由人民共享、促进人的全面发展上取得新成效。必须更加自觉地把全面协调可持续作为深入贯彻落实科学发展观的基本要求，全面落实经济建设、政治建设、文化建设、社会建设、生态文明建设五位一体总体布局，促进现代化建设各方面相协调，促进生产关系与生产力、上层建筑与经济基础相协调，不断开拓生产发展、生活富裕、生态良好的文明发展道路。必须更加自觉地把统筹兼顾作为深入贯彻落实科学发展观的根本方法，坚持一切从实际出发，正确认识和妥善处理中国特色社会主义事业中的重大关系，统筹改革发展稳定、内政外交国防、治党治国治军各方面工作，统筹城乡发展、区域发展、经济社会发展、人与自然和谐发展、国内发展和对外开放，统筹各方面利益关系，充分调动各方面积极性，努力形成全体人民各尽其能、各得其所而又和谐相处的局面。

“解放思想、实事求是、与时俱进、求真务实”是科学发展观最鲜明的精神实质。实践发展永无止境，认识真理永无止境，理论创新永无止境。只有从中国特色社会主义建设实践出发，立足于中国特色社会主义建设实践，中国的社会主义建设方能取得巨大进步。

思 考 题

1. 简述现代科学的特点。
2. 简述科学技术的社会功能。

参 考 文 献

白思胜，2013．科学技术发展概要．成都：西南交通大学出版社．
杜利英，2013．马克思主义哲学原理与方法：以实践为基础．北京：人民出版社．
顾家山，2014．诺贝尔科学奖与科学精神．2版．合肥：中国科学技术大学出版社．
庞小宁，2008．科学技术哲学概论．西安：西北工业大学出版社．
钱时惕，2007．科技革命的历史、现状与未来．广州：广东教育出版社．
张子文，2010．科学技术史概论．杭州：浙江大学出版社．